Le bébé du Dr Campbell

*

Imprévu aux urgences

*

Les deux passions du Dr Tremont

ANNE FRASER

Le bébé du Dr Campbell

éditions HARLEQUIN

Cet ouvrage a été publié en langue anglaise
sous le titre :
DR CAMPBELL'S SECRET SON

Traduction française de
GENEVIEVE BLATTMANN

Ce roman a déjà été publié en juillet 2007

Photo de couverture

Médecin & enfant : © L. WILLIAMS/CORBIS/PUNCHSTOCK

83-85, boulevard Vincent-Auriol, 75646 PARIS CEDEX 13.
Service Lectrices — Tél. : 01 45 82 47 47
www.harlequin.fr
ISBN 978-2-2802-8161-4

1.

Sarah Jane Carruthers ferma les yeux et prit une profonde inspiration avant de pousser les doubles portes du service des urgences du Royal Hospital de Glasgow.

Tout se passerait bien, se répéta-t-elle. Après tout, elle n'était pas novice dans la profession, loin s'en fallait. Ce poste couronnait des années d'efforts soutenus et un gros sacrifice personnel. Et personne, à l'exception peut-être de sa mère, ne savait ce qu'il lui en avait coûté pour devenir ce qu'elle était aujourd'hui : une des urgentistes les plus jeunes et les plus estimées du pays.

Elle eut une brève pensée pour sa mère et son bébé. C'était la première fois qu'elle quittait Calum une journée entière depuis sa naissance, six mois auparavant, et elle avait beau s'y être préparée, elle avait eu du mal à contenir ses larmes lorsqu'elle l'avait confié à sa mère.

— Ne t'inquiète pas, Sarah Jane, l'avait rassurée Alice. N'oublie pas que j'ai de l'expérience en la matière…

Elle était la seule à l'appeler par son vrai prénom. Tout le monde se contentait de Sarah…

— Je sais, maman. C'est juste qu'il est si petit… Il a besoin de moi. J'aurais peut-être dû attendre deux ou trois mois de plus.

— Ça n'aurait pas été plus facile, ma chérie. Et l'hôpital a besoin de toi.

Elle s'écarta légèrement d'elle pour mieux la regarder.

— Tu es superbe, tu sais ?

Après avoir passé les derniers mois en jean et T-shirt, Sarah avait mis beaucoup de soin à s'habiller, ce matin.

Son ensemble pantalon noir était impeccablement ajusté à sa silhouette mince et son chemisier vert reflétait à la perfection l'émeraude de ses yeux. Ses épais cheveux blonds mi-longs étaient rassemblés avec une sobre barrette de bois noir sur sa nuque.

Quoiqu'elle eût tout à fait confiance en ses capacités médicales, elle n'avait encore jamais dirigé d'équipe et se devait de faire bonne impression sur celle qui serait désormais sous ses ordres. Or l'apparence, pour un premier contact, était primordiale.

Elle avait à peine posé le pied dans le service qu'elle ressentit la poussée d'adrénaline familière et se rappela que, si elle aimait son fils, elle aimait aussi la carrière qu'elle avait embrassée.

Et elle ne craignait pas de reconnaître, sans la moindre prétention, qu'elle y excellait.

Une infirmière aux cheveux colorés au henné, et qu'elle reconnut pour l'avoir vue lors de sa précédente visite, se précipita vers elle.

— Docteur Carruthers… Bienvenue chez nous. Vous avez peut-être oublié mon nom…, ajouta-t-elle en souriant. Je suis Elizabeth York, Lizzie pour les intimes.

Son sourire généreux était communicatif et Sarah se détendit aussitôt.

— Je suis ravie d'être ici, Lizzie, répondit-elle avec soulagement.

— Le Dr MacDonald regrettera de ne pas avoir pu vous accueillir lui-même, mais son remplaçant est excellent.

Sarah sentit une légère appréhension la gagner. Elle avait appris l'avant-veille que le Dr MacDonald, le médecin chef, victime d'un accident vasculaire cérébral quelques semaines plus tôt, risquait fort de ne pas pouvoir reprendre ses fonctions de sitôt. Elle devrait donc ne compter que sur elle-même.

— Pas de problème, dit-elle. Nous nous arrangerons. Vous voulez bien me présenter à l'équipe ?

— Bien sûr. Euh… Avant que nous commencions, vous voudrez peut-être nettoyer votre veste… Vous avez une tache sur l'épaule.

Sarah tourna la tête et découvrit qu'elle avait en effet emporté avec elle un souvenir de Calum…

— Oups ! Ce doit être quand j'ai fait un dernier câlin à mon bébé avant de sortir.

— C'est rassurant de savoir que vous n'êtes pas parfaite, finalement, plaisanta Lizzie. On a tellement entendu parler du fantastique Dr Carruthers que je commençais à croire que vous n'étiez pas humaine. Vous savez, une *wonderwoman* jonglant entre une magnifique carrière et une famille, toujours élégante et toujours de bonne humeur !

Sarah rit de bon cœur avec elle, en se félicitant d'avoir peut-être trouvé une amie et une alliée en cette jeune fille très nature.

— Vous n'avez pas d'inquiétude à avoir, je suis loin d'être Miss Perfection. Donnez-moi une minute pour passer un peu d'eau là-dessus…

Quand elle revint à la réception, elle trouva Lizzie entourée du reste du personnel.

— Tout le monde est là, sauf le remplaçant du Dr MacDonald. Et c'est bizarre car d'habitude, il est le premier sur place ; il a peut-être été retenu dans les embouteillages. Et puis il n'est pas encore 9 heures.

Sarah promena son regard sur tous ces visages tournés vers elle.

— Avant tout, je tiens à vous dire que je suis très heureuse d'être ici et je me réjouis de travailler avec vous, commença-t-elle. Cependant, autant vous avertir tout de suite que j'attends de mon équipe la rigueur et le dépassement que je m'impose à moi-même. Nous sommes dans un service exigeant et éprouvant, et j'estime qu'une attitude professionnelle irréprochable et de chaque instant est le garant du bon accomplissement de la tâche que nous avons choisie de faire.

Son bref discours provoqua deux sortes de réactions sur son public : la plupart parurent satisfaits, mais d'autres en furent manifestement contrariés. Elle le remarqua à la façon qu'ils eurent d'éviter son regard et de fixer le bout de leurs chaussures.

C'était à prévoir ; après tout, il était impossible de plaire à tout le monde. Elle espérait seulement qu'avec le temps, le courant finirait par passer.

Elle sourit pour adoucir l'impact de cette entrée en matière.

— Par ailleurs, si l'un de vous a des problèmes, qu'ils soient d'ordre professionnel ou personnel, je vous en prie, n'hésitez pas à m'en faire part. Nous avons tous, à un moment ou un autre, besoin d'être épaulés…

Plusieurs opinèrent du chef.

— Vous vous rendrez compte aussi que je m'efforcerai d'être sur tous les fronts. Je sais que certains médecins choisissent d'accorder le plus de responsabilités possibles à leur équipe, mais je n'aime pas laisser mes qualités cliniques se rouiller, alors je mets souvent la main à la pâte. Autrement dit, n'ayez aucun scrupule à m'appeler au secours en cas de besoin. Ah… un dernier détail de la plus haute importance : je prends mon café noir et sans sucre.

Cette remarque détendit la petite assemblée qui se dispersa ensuite vers les boxes et les salles voisines.

Sarah dénoua discrètement ses poings crispés qu'elle avait dissimulés derrière son dos. Il était essentiel de partir du bon pied, mais elle savait qu'il faudrait du temps pour que son équipe apprenne à la connaître et à lui faire confiance. Le Dr MacDonald avait dirigé ce service pendant de nombreuses années et tant ses compétences que son humanité avaient su gagner le respect de son personnel et de ses patients.

Toutefois on ne lui avait pas caché, lors de son entretien d'embauche, que certaines des méthodes du Dr MacDonald n'étaient plus d'actualité. Elle en déduisait qu'elle serait chargée, avec l'aide du remplaçant, de faire souffler un vent de modernité dans le service.

— Je me fais un peu vieux pour cette nouvelle technologie, lui avait confié le vieux médecin lorsqu'elle l'avait rencontré. Et je crains qu'on finisse par oublier les principes de la pratique médicale et qu'avec toutes ces machines, ces moniteurs, on perde de vue le patient… N'oubliez jamais, docteur Carruthers, que rien n'est plus précieux que votre intuition. Vous m'apparaissez comme une jeune femme intelligente — malgré vos impressionnantes références, avait-il ajouté, une lueur de malice dans les yeux. Je ne serai là qu'un mois avec vous, après quoi je prendrai ma retraite. A partir de là, vous aurez la charge de ce service avec mon remplaçant. Faites-en quelque chose dont vous pourrez être fière…

Elle souhaitait de tout cœur être à la hauteur des espérances de celui avec qui, n'en déplaise à certains, elle était d'accord sur bien des points…

— Vous venez, docteur Carruthers ? dit Lizzie. On va commencer la visite par la réa.

— Appelez-moi Sarah, Lizzie. Sauf devant les patients, bien sûr…

Sarah eut plaisir à constater que tout était d'une propreté irréprochable, bien rangé et avec ce qu'il fallait de fournitures et de médicaments en stock.

— C'est encore calme… Si vous voulez un café, c'est maintenant ou jamais, suggéra Lizzie. On a un petit coin de détente juste à côté de la salle de garde.

La pièce était en effet exiguë et simplement meublée de deux vieux fauteuils, d'une table basse et de trois chaises. Une bouilloire et quelques mugs étaient posés sur un mini-réfrigérateur.

Mais Sarah ne vit rien de tout cela car, à peine avait-elle franchi le seuil que son regard s'était rivé sur l'homme assis dans l'un des fauteuils, ses longues jambes étirées devant lui.

Son cœur se crispa douloureusement dans sa poitrine. Jamie ? Mais que faisait-il ici ? La dernière fois qu'elle avait entendu parler de lui, il était encore en Afrique du Sud.

Il se leva avec nonchalance à leur entrée ; apparemment, il n'était pas étonné de la voir. Elle surprit même un certain amusement dans ses yeux d'un brun profond.

— Ah… Notre nouveau chef de service, dit-il de sa voix grave qui, comme elle le constata à son grand regret, avait toujours le pouvoir de la faire frémir.

— Sarah, je vous présente le Dr Jamie Campbell, notre médecin chef remplaçant, dit Lizzie. Il n'est ici que depuis deux semaines, mais nous espérons tous qu'il reprendra le flambeau pour de bon quand le Dr MacDonald partira officiellement à la retraite. Jamie, voici le Dr Sarah Carruthers.

Sarah en resta sans voix. Jamais elle n'aurait imaginé le voir ici.

Alors qu'il lui serrait la main, elle remercia la maîtrise qu'elle avait toujours exercée sur elle-même car cela lui permit d'ignorer les émotions qui l'assaillaient. Il ne pouvait *pas* être ici. Elle n'était pas prête…

— Jamie ? dit-elle d'une voix tendue. Qu'est-ce qui t'amène au Royal ?

— La même chose que toi, je suppose : le travail. J'ai besoin de m'actualiser, alors j'ai accepté ce poste pour quelques semaines. Mais je repars en Afrique dès que possible. Tu vois, tu n'as aucune crainte à avoir, ce n'est pas moi qui remplacerai le Dr MacDonald.

Lizzie les regarda avec stupéfaction l'un après l'autre.

— Vous vous connaissez ?

— Nous avons déjà travaillé ensemble, répondit Jamie.

— Ah oui ? Le monde est petit ! plaisanta Lizzie, visiblement inconsciente du malaise qui planait entre eux. Au fait, que vous est-il arrivé ce matin ? Vous nous avez manqué, pour les visites.

Jamie haussa les épaules.

— J'étais là de bonne heure, alors j'en ai profité pour aller voir Mme MacLeod, de l'autre côté de la rue. Vous vous rappelez ? C'est la vieille dame qui s'est cassé la jambe la semaine dernière… Elle est rentrée chez elle hier et je voulais m'assurer que tout allait bien. Elle vit seule, et les infirmières m'ont dit qu'elle refusait d'être aidée. Il m'a fallu de la patience, mais j'ai réussi à la faire changer d'avis.

Il était pour le moins inhabituel qu'un urgentiste aille voir un patient à son domicile. Mais Jamie n'avait jamais été très à cheval sur le règlement.

Et c'était une des choses qu'elle aimait — qu'elle *avait* aimées — chez lui…

Elle avait toujours su qu'elle le reverrait un jour, mais dans ses scénarios, elle était invariablement l'instigatrice de leur rencontre ; une rencontre à laquelle elle s'était bien préparée, où elle était sûre de ne pas avoir les jambes en coton, des palpitations et les idées embrouillées… comme maintenant.

Mais elle avait des excuses : le teint hâlé acquis sous le soleil africain le rendait encore plus beau, et le torse aux muscles fermes qui tendait sa tunique verte lui évoquait trop leurs étreintes passées…

Elle aurait volontiers embrassé l'infirmière qui surgit à la porte à cet instant, la sauvant à point nommé de cette situation embarrassante.

— Accident de la route multiple, annonça-t-elle. Arrivée de l'ambulance dans cinq minutes.

Sarah réagit aussitôt à l'annonce familière. Penser à Jamie et ce que représentait sa présence dans cet hôpital devrait attendre.

— Combien de blessés ? s'enquit-elle.

— Trois : les deux conducteurs et un enfant de cinq ans.

— D'accord, alors on se prépare. Lizzie, pouvez-vous prévenir que nous aurons peut-être besoin d'un bloc en urgence ? Ensuite, rejoignez-moi à l'entrée.

Jamie avait lui aussi réagi à l'alerte. Sa désinvolture avait disparu au profit d'une intensité qu'elle connaissait bien.

Si elle faisait abstraction du tourbillon émotionnel qu'il soulevait en elle, elle était heureuse qu'il soit à ses côtés ; quoi qu'il pût être d'autre, Jamie était l'un des meilleurs urgentistes qui fût.

— Je n'avais aucune idée que tu étais de retour au pays, dit-elle comme ils attendaient les blessés.

— Et je ne me doutais pas, moi, que tu avais été nommée chef de service ici. Je l'ai appris il y a seulement trois jours, autrement, je n'aurais pas accepté ce poste. Félicitations, au fait. C'est ce que tu as toujours voulu.

« C'est *toi* que je voulais », songea-t-elle avec amertume.

— Je suis sûre que nous parviendrons tous les deux à mettre le passé derrière nous, répondit-elle un peu sèchement.

Et soudain elle pensa à Calum. Mon Dieu, Calum… Jamie ignorait jusqu'à son existence. Comment pourrait-elle jamais oublier le passé ?

— Je dois te parler, Jamie.

Il plissa les yeux.

— Je croyais qu'on s'était déjà tout dit… Mais quand tu veux. Tu m'indiqueras où et quand…

Les hululements croissant des sirènes signalèrent l'arrivée des ambulances et tous deux passèrent à l'action. Sarah s'avança vers la première et laissa les deux autres à Jamie et Lizzie.

Une femme au visage exsangue d'une trentaine d'années était allongée, inconsciente, sur la civière. Elle avait visiblement déjà perdu beaucoup de sang par la plaie béante qui lui barrait le front.

Tandis que Sarah se penchait sur elle, l'infirmier lui débita les informations qu'il avait pu recueillir.

— Elle conduisait l'une des deux voitures ; son fils était à l'arrière, il est dans l'une des autres ambulances. Elle est inconsciente mais respire par elle-même. Score de Glasgow sept. La plaie de la tête semble superficielle — sa voiture n'était pas équipée d'un airbag. Fracture de la jambe. Pas d'autre blessure apparente. Pouls 110, tension 11/5. Et puis elle est enceinte, comme vous pouvez le voir. Grossesse bien avancée.

— D'accord. On l'emmène en réa.

Elle se tourna vers l'un des internes à qui on l'avait présentée plus tôt.

— Docteur Thompson, vous pouvez l'y conduire ? Je vous rejoins dès que j'ai examiné les deux autres victimes.

Le second conducteur, un septuagénaire, était assis sur le chariot, le visage couvert d'un masque à oxygène. Lizzie s'efforçait de le réconforter par des paroles rassurantes.

— M. James se plaint de douleurs thoraciques, lui dit-elle quand elle arriva près d'elle, mais il ne paraît pas être blessé. Je l'emmène tout de même en réa par sécurité. Jamie y est déjà avec le garçon.

— Très bien. Merci, Lizzie. Vous pouvez organiser un ECG ? Je vous rejoins dans une minute.

A l'intérieur, elle s'arrêta en chemin devant le box où Jamie examinait le garçon effrayé mais conscient.

— Neil va bien, dit-il. Un peu secoué, mais son siège d'enfant l'a complètement protégé. On va juste le garder en observation une heure ou deux. Il m'a dit que sa mère s'était endormie, mais c'est tout ce que j'ai pu apprendre pour l'instant. Ça et son nom : Lucy Croy. Tu as besoin d'aide ?

— Oui, je veux bien.

— O.K. Neil, je dois aller voir ta maman. Mlle Winters va s'occuper de toi en attendant, tu veux bien ? dit-il en le confiant à une jeune infirmière. Je reviens te voir après.

La salle de réanimation était une véritable ruche. Médecins et infirmières s'activaient autour des deux patients, mais malgré la tension, cependant, chacun travaillait avec calme et efficacité.

Bill James avait été branché à un électrocardiographe, et une jeune femme médecin au visage rond et jovial, le Dr Karen Davidson, les accueillit avec un sourire.

— J'aurai les résultats de l'ECG et son taux de troponine dans quelques minutes.

D'un accord tacite, Jamie et Sarah décidèrent de se concentrer entre-temps sur Lucy qui venait de reprendre connaissance.

— J'ai lancé une analyse de sang et d'urine, les informa Keith Thompson, et l'obstétrique nous envoie quelqu'un. On a une idée de ce qui est arrivé ?

— Pour l'instant, non. Le petit dit qu'elle dormait, mais ça pourrait aussi bien être *après* l'accident…

— Mon fils ! s'écria soudain Lucy. Où est-il ?

Elle promena un regard effrayé sur la pièce en tentant de se redresser, ce dont Sarah, avec douceur, la dissuada.

— Détendez-vous, madame Croy. Neil va très bien et vous pourrez le voir très bientôt, dès que nous vous aurons examinée. Vous rappelez-vous ce qui s'est passé ?

Lucy secoua la tête.

— Non. Je me suis réveillée ici et… Oh ! Mon bébé ! dit-elle en posant les mains sur son ventre. Est-ce qu'il va bien ?

Lizzie écouta le cœur du fœtus à l'aide du fœtoscope.

— Le cœur bat normalement, mais par précaution, je crois que nous devrions brancher Lucy à un moniteur fœtal.

— Bonne idée, approuva Sarah.

Du regard, elle interrogea Jamie, penché sur la plaie qui barrait le front de la patiente.

— Apparemment, elle est superficielle, mais même si elle a beaucoup saigné, je ne pense pas que ce soit ça qui ait provoqué la perte de conscience. On va faire un scanner.

— Docteur Carruthers, j'ai les résultats des analyses de M. James, annonça le Dr Davidson.

— Vas-y, intervint Jamie. Je te rejoins dès que j'aurai celles de Lucy.

Le vieux monsieur était à présent allongé sur le chariot. Un peu sonné, lui non plus n'avait pu fournir une explication claire des circonstances de l'accident.

— Monsieur James… Comment vous sentez-vous ? s'enquit-elle.

— Groggy, mais j'ai ces douleurs, là, dit-il en posant la main sur son torse. Ça me fait un mal de chien.

Il ne présentait pourtant aucune lésion thoracique, elle s'en était assurée lors de son examen initial.

— Est-ce que quelqu'un pourrait prévenir ma femme ? ajouta-t-il en tentant de se lever. Elle doit être aux cent coups car j'étais juste sorti acheter de l'engrais pour mes rosiers.

— Bien sûr, monsieur James, on va tout de suite l'avertir, mais je vous en prie, ne bougez pas.

Perplexe, elle étudia l'ECG. Elle s'attendait à découvrir des changements ischémiques sur le tracé de l'électrocardiogramme, mais tout paraissait normal. Et sa tension était basse alors que cela aurait dû être l'inverse. Karen Davidson espérait manifestement d'elle une explication qu'elle était incapable de lui fournir.

Pas de chance… C'était son baptême du feu dans cet hôpital, et elle se trouvait devant un cas insoluble.

— Un problème ? s'enquit Jamie en arrivant près d'elle.

Il avait toujours été très protecteur, avec elle, pendant leur internat, et même après.

— Je ne comprends pas les symptômes, admit-elle, mettant sa fierté de côté. Son ECG ne révèle rien qui justifierait ses douleurs.

— Je peux jeter un œil ?

— Ne te gêne pas. J'ai vraiment besoin d'aide sur ce coup-là.

Jamie étudia le tracé, puis eut une moue indécise.

— Tu as raison, c'est très curieux, mais ça me rappelle un cas similaire… Il faudrait que j'étudie ses radios.

— Je les ai ici. Tiens…

Il la frôla pour lever la radio à la lumière, et Sarah tressaillit. Elle pesta intérieurement. Le temps et l'éloignement n'avaient de toute évidence pas atténué l'effet qu'il exerçait sur elle…

— Dis-moi ce que tu vois, lui dit-il en la lui montrant.

Avec un effort, elle se concentra à son tour sur le cliché.

— L'aorte semble un peu dilatée, mais je ne peux pas l'affirmer…

— C'est mon avis aussi. Il faudrait savoir si elle a toujours été comme ça ou si c'est nouveau.

— Peut-être qu'ils ont un dossier en radiologie ? suggéra-t-elle.

— Bien vu. On pourrait comparer…

Ils se sourirent et, pour elle, ce fut comme si le passé avait été soudain aboli. C'était si bon de retravailler avec lui, comme avant.

« Retravailler seulement ? » murmura une petite voix en elle.

Quelques minutes plus tard, après une rapide intervention de Lizzie, les radios plus anciennes de Bill James apparaissaient sur l'écran de l'ordinateur.

— Bingo ! s'exclama Sarah. On peut voir que l'aorte est incontestablement plus dilatée qu'avant. Ce serait une rupture d'anévrisme, alors ? Cela expliquerait ses douleurs. Lizzie, vous pouvez prévenir la cardio ? On doit le conduire immédiatement en salle d'op.

Se tournant vers Jamie, elle vit son propre plaisir reflété dans ses yeux.

— C'était du bon boulot, dit-elle.

— On a toujours fait une bonne équipe, tous les deux, non ?

Le sang battit plus fort à ses tempes. Même s'il évoquait l'époque de leur internat, la lueur, dans son regard, suggérait un autre sens à sa remarque…

Une fois que Bill eut été conduit en cardiologie, elle retourna auprès de Lucy. La jeune mère était plus calme à présent que son fils était auprès d'elle. Neil lui tenait la main tout en suivant avec intérêt l'activité autour de lui.

— Elle descendra en radiologie dans cinq minutes, l'informa Jamie. D'ici là, elle reste en observation.

Alors, seulement, Sarah s'autorisa à souffler un peu. Discrètement, elle s'étira afin de détendre la rigidité de ses épaules.

— Excellent travail, tout le monde, dit-elle en regardant sa montre. Oh… Il est déjà si tard ?

Les heures avaient filé, depuis l'arrivée des ambulances, et elle prit tout à coup conscience de la faim qui la tenaillait. De plus, elle souhaitait prendre des nouvelles de Calum.

— Si certains d'entre vous veulent aller déjeuner, je peux assurer la permanence.

Elle se tourna vers Jamie qui secoua la tête.

— J'ai mangé copieusement, ce matin, je peux attendre. Vas-y avec Lizzie, ce sera l'occasion pour elle de te mettre au courant de ce qui se passe dans ce service…

— Non, protesta la jeune infirmière. Vous y allez tous les deux. J'ai vérifié et on n'a pas besoin de médecins, pour l'instant. Je resterai avec Lucy. De plus, je suis au régime : il faut absolument que je perde deux kilos si je veux rentrer dans ma robe de mariée. En cas de besoin, je vous biperai.

Sarah n'avait pas franchement envie de se retrouver seule avec Jamie. Elle avait des choses à lui révéler, c'était certain, mais pas dans le cadre de l'hôpital où ils risquaient à tout instant d'être interrompus.

Et puis elle avait du mal à garder les idées claires, en sa présence ; elle avait besoin d'un peu de recul pour se ressaisir.

— Je vais prendre une tasse de café et me reposer un peu avant, prétexta-t-elle. J'ai les pieds en compote.

Jamie, visiblement, ne l'entendit pas de cette oreille.

— Tu dois avaler quelque chose, décréta-t-il fermement. Je vais chercher des sandwichs au réfectoire ; fais chauffer l'eau, en attendant. Tu pourras mettre tes pieds en l'air pendant qu'on mange.

Sarah, qui n'avait pas la force d'argumenter, y consentit à contrecœur.

Dans la salle de détente, après avoir rempli et branché la bouilloire, elle décrocha le téléphone pour appeler sa mère.

A cet instant, Jamie entra et il déposa une pile de sandwichs sur la table.

— Et voilà… Ça devrait nous aider à tenir jusqu'à ce soir. Oh, désolé, je n'avais pas vu que tu étais au téléphone.

— Ce n'est pas grave, ça ne répond pas, de toute façon, dit-elle, soucieuse, en raccrochant.

Pourquoi n'y avait-il personne ? Y aurait-il eu un problème avec Calum ? Non, c'était idiot. Sa mère avait tout simplement dû l'emmener promener. Ou bien elle était en train de le changer et ne pouvait pas l'abandonner pour aller décrocher…

— Un ennui ? demanda Jamie.

— Ma mère ne répond pas.

— Elle est malade ? s'enquit-il avec une inquiétude sincère.

— Non, ce n'est pas ça. En fait…

Elle s'apprêtait à lui révéler l'existence de Calum lorsqu'on frappa à la porte.

— Une visite pour vous, docteur Carruthers, annonça un infirmier en s'écartant pour laisser entrer sa mère avec Calum dans les bras.

— Maman ? Mais que se passe-t-il ? Il y a un problème avec Calum ? demanda-t-elle en tendant impulsivement les bras vers le bébé.

Toutefois, à voir le sourire et les grands yeux bruns rieurs de son fils, il était évident que son anxiété était totalement infondée.

— On était sortis faire une promenade, et j'ai pensé qu'on viendrait te dire un petit bonjour en passant, expliqua Alice. Oh… Jamie… Je ne m'attendais pas du tout à vous voir ici !

Sarah se figea. Tout à son inquiétude, elle avait oublié la présence de Jamie, et elle dut résister au brusque besoin de se sauver avec Calum.

Elle se contenta de le regarder à la dérobée. Il fronçait les sourcils, ne comprenant manifestement pas.

— Jamie remplace le médecin chef, maman, expliqua-t-elle. Jamie, je te présente Calum... Mon fils.

— Ton fils ? répéta-t-il.

A son expression, Sarah comprit qu'il devait se livrer à un rapide calcul. Elle affecta de préparer les cafés, mais ses mains tremblaient trop ; elle faillit renverser un mug et y renonça.

Comme Calum protestait, se débattant dans les bras de sa grand-mère, Jamie intervint.

— Occupe-toi du petit, dit-il. Je me charge du café.

Sarah étreignit son bébé, enfouissant le visage dans son cou pour l'embrasser, ce qui le fit hoqueter de rire, comme d'habitude... Et elle vit le père et le fils se regarder... Et elle vit aussi le visage de Jamie changer de couleur alors qu'il découvrait les yeux du bébé.

La réplique exacte des siens...

Elle eut la sensation que l'oxygène avait brusquement déserté la pièce. Jamie n'était pas seulement étonné... Il était furieux.

— Madame Carruthers, dit-il d'une voix blanche, si vous voulez bien nous excuser... Je crois que Sarah et moi avons certaines choses à éclaircir...

2.

— Il faut que nous parlions, c'est évident, Jamie, mais ce n'est ni le lieu ni le moment.

Sarah détacha les petites mains agrippées à son cou.

— Maman, tu peux ramener Calum à la maison, s'il te plaît ?

Alice s'avança mais le bébé, sensible à la tension ambiante, refusa de lâcher sa mère.

— Je vais sortir un instant, d'accord ? dit-elle en battant aussitôt en retraite dans le couloir.

— Tu n'avais pas le droit ! déclara Jamie dès que la porte se fut refermée.

Il avait l'air furieux. A moins que ce ne fût de la peur ? Serait-il terrifié de se retrouver soudain père ? Il n'avait aucune raison de l'être. Calum et elle s'étaient très bien débrouillés sans lui jusqu'à présent, et il n'y avait aucune raison pour que ça change.

Du moins était-ce ce dont elle voulait se persuader, en ayant soin, surtout, de ne pas évoquer toutes ces nuits blanches où son corps esseulé avait réclamé ses étreintes rassurantes, où son cœur tourmenté avait pleuré son amour perdu.

Sans parler de ses angoisses à l'idée de devoir assumer seule le rôle de parent…

— Tu n'es pas concerné, Jamie. Ton message était très clair : tu ne voulais pas d'enfants — pas plus que tu ne voulais de moi, d'ailleurs.

Elle avait du mal à maintenir une voix ferme. Il était hors de question qu'il devine à quel point son départ l'avait ravagée.

— Tu avais l'intention de me mettre au courant un jour que j'avais un fils ?

— Qu'est-ce qui te dit que c'est le tien ?

Elle n'avait pas pu s'en empêcher, mais elle regretta aussitôt cette pique. Evidemment que c'était le sien. Elle aurait eu du mal à soutenir le contraire : au fil des mois, Calum lui ressemblait de plus en plus.

— Pourquoi ? Il ne l'est pas ?

Devant l'étincelle d'espoir qui éclaira ses yeux, elle eut l'impression qu'une main se resserrait durement sur son cœur. Et lorsqu'il s'avança vers elle, elle recula instinctivement en protégeant Calum.

S'immobilisant, il rencontra son regard, et elle crut lire des questions dans le sien qu'assombrissait l'anxiété.

Et puis, doucement, il repoussa la couverture qui couvrait le bébé. Calum releva vers lui ses yeux si semblables aux siens et, après une légère hésitation, il enroula ses petits doigts sur l'index de Jamie et le porta à sa bouche pour le mordiller avec la pointe d'une dent qui venait de percer.

— Oh, Sarah… Mais qu'est-ce que tu as fait ? murmura Jamie avec une détresse qui la troubla.

Sarah avait passé des heures d'insomnie à imaginer cet instant. Le retour de Jamie dans sa vie. Jamie qui, à défaut de l'aimer elle, aimerait son fils.

Jamais elle n'avait envisagé de quémander son aide financière car elle gagnait suffisamment bien sa vie pour s'en passer. En revanche, Calum avait besoin d'un père ou, à tout le moins, d'une image paternelle.

— Ce n'est pas seulement moi, Jamie. Tu es bien placé pour savoir qu'il faut être deux pour faire un bébé, ironisa-t-elle avec un petit sourire chancelant.

Jamie recula comme pour mettre le plus de distance possible entre lui et le bébé.

— Tu m'avais dit que tu prenais la pilule, dit-il, accusateur. Autrement, je n'aurais jamais…

— Jamais quoi, Jamie ? le défia-t-elle. Tu ne m'aurais jamais fait l'amour ? Si j'ai bonne mémoire, le dernier soir, quand tu es venu me trouver, tu étais plutôt impatient de m'entraîner de nouveau dans le lit…

Ses joues s'enflammèrent au souvenir de leur ultime nuit ensemble… Et de lui dans son petit salon, aussi beau et dangereusement séduisant qu'un ange diabolique. Et aussi de leurs étreintes enfiévrées jusqu'à son départ, aux petites heures du matin.

Elle s'était réveillée pour le voir debout près d'elle, qui la regardait. Avait-ce été une illusion due au clair de lune ou y avait-il eu réellement de la tendresse dans ses yeux ?

Se redressant, elle l'avait attiré contre elle.

— Je pars avec toi, avait-elle murmuré sans se soucier de lui dévoiler ses sentiments.

Avec douceur, il lui avait détaché les mains autour de son cou.

— Tu es sur le point d'obtenir ce dont tu as toujours rêvé, Sarah. Ne gâche pas ta carrière pour moi ; je ne pourrai jamais te donner ce que tu espères. Je ne suis pas…

Il avait hésité.

— Je ne suis pas de ceux qui épousent.

Il l'avait embrassée une dernière fois, longuement, puis avait franchi la porte.

Elle ne l'avait jamais revu… Jusqu'à aujourd'hui.

Avec un effort, elle revint au présent.

— Je prenais la pilule, c'est vrai, jusqu'à ce que tu m'annonces que c'était terminé entre nous, répondit-elle. Je l'ai cru, et rien ne me permettait de penser que… que tu reviendrais.

Comme Calum commençait à s'agiter dans ses bras, elle lui frotta doucement le dos pour le calmer.

— Et pourquoi ne m'avoir rien dit quand tu as découvert que tu étais enceinte ? s'enquit-il, presque agressif. Tu ne crois pas que j'avais le droit de savoir ?

Elle redressa le menton.

— Et comment aurais-tu réagi ? En revenant ventre à terre vers moi pour régulariser la situation ? Non, Jamie. Tu ne m'as jamais caché que le mariage et les enfants n'avaient pas leur place dans tes projets.

— Tu aurais pu avorter, objecta-t-il d'un ton dénué d'émotion.

La brutalité de sa suggestion la fit presque sursauter.

— Avorter ? Oui, pourquoi pas ? J'avoue l'avoir moi-même envisagé ; je n'étais pas prête pour élever un enfant… Et encore moins pour être une mère célibataire. Mais je n'aurais pas pu.

Incapable d'imaginer sa vie sans lui, elle serra plus fort Calum contre elle.

— Tu penses toujours que cela aurait été la meilleure solution, maintenant que tu l'as vu ? reprit-elle. Non… Garder Calum est la plus belle décision que j'aie jamais prise. Et si tu n'es pas d'accord, alors j'avais raison de ne pas t'informer.

Jamie se passa une main dans les cheveux avec un soupir las. Sa colère semblait être subitement retombée.

— Tu ne comprends pas…, commença-t-il.

Mais un coup bref retentit à la porte qui s'ouvrit aussitôt.

— Désolée de vous interrompre, dit Lizzie, mais Lucy Croy, la femme enceinte, m'inquiète.

Réagissant au quart de tour, tous deux emboîtèrent le pas à la jeune infirmière.

Alors que Sarah confiait Calum à sa mère qui attendait dans le couloir, le petit se mit à pleurer.

— Je peux m'occuper de Lucy, proposa Jamie.

— Je m'en doute, mais c'est aussi mon rôle. Le chagrin de Calum ne durera pas longtemps ; dans deux minutes, il sera consolé.

— Tu es sûre ?

Elle allongea le pas vers la salle de réanimation, déterminée à ne pas lui laisser voir à quel point les pleurs de son fils lui déchiraient le cœur. Ainsi qu'elle venait de le remarquer, elle avait un rôle à tenir. Et après tout, des milliers de femmes abandonnaient leurs enfants tous les jours pour travailler…

Le regard terrifié de Lucy passa de l'un à l'autre alors qu'ils s'arrêtaient devant son lit.

— Je n'ai pas senti une seule fois mon bébé bouger depuis l'accident… Ce n'est pas normal, n'est-ce pas ?

Sa main s'agrippa au bras de Jamie.

— Je vous en prie, docteur, faites qu'il ne lui arrive rien.

— Avant tout, calmez-vous, lui conseilla-t-il gentiment. Nous allons tout faire pour être sûrs qu'il soit en bonne santé.

— L'obstétricien est venu tout à l'heure, les informa Lizzie. Il a préféré que Mme Croy reste ici pour les examens, et nous l'avons laissée sous monitoring.

A son ton, Sarah devina son anxiété ; elle aussi pressentait un problème.

— Je peux voir le tracé, s'il vous plaît ? demanda-t-elle.

Ainsi qu'elle le craignait, elle put se rendre compte que les lignes représentant les battements cardiaques du bébé étaient anormalement plates.

Sans un mot, elle les désigna à Jamie avant de se pencher vers Lizzie.

— Rappelez l'obstétricien, ainsi qu'un pédiatre et un anesthésiste, ajouta-t-elle à voix basse afin de ne pas affoler davantage Lucy.

Jamie, d'un hochement de tête, approuva sa décision.

— Je voudrais une nouvelle fois vous examiner, madame Croy, si ça ne vous ennuie pas…

Calmement, il lui palpa le ventre puis se tourna vers Sarah.

— Tout semble normal au toucher, mais que penses-tu de ça ?

Sarah se pencha sur ce qu'il lui montrait : une ligne blanche sous le ventre distendu.

— On dirait l'empreinte de la ceinture de sécurité, suggéra-t-elle.

— Oui. Elle n'y était pas tout à l'heure ; il faut souvent une heure ou deux pour que la marque apparaisse.

Sarah comprit immédiatement à quoi il faisait allusion.

Avec précaution, elle convainquit Lucy de lui laisser faire un examen plus intime qui lui confirma ce qu'elle redoutait : il y avait bien un saignement.

— Lucy, dit Jamie avec tous les ménagements possibles, nous pensons que vous avez pu avoir un décollement prématuré du placenta ; c'est-à-dire qu'il se serait détaché de la paroi utérine. Et cela signifie que nous allons devoir provoquer immédiatement la naissance par césarienne.

— Est-ce que… il va mourir ? chuchota-t-elle.

— Nous ferons tout ce qui est en notre pouvoir pour l'en empêcher. Lizzie, vous pouvez demander qu'on prépare un bloc ?

Bon sang, que faisait l'obstétricien ? se demanda Sarah. Il y avait des années qu'elle n'avait pas pratiqué de césarienne. En tant qu'urgentiste, elle avait été formée pour en être capable, mais cela avait toujours été sous la supervision d'un spécialiste.

Devinant son angoisse, Jamie lui adressa un sourire rassurant alors qu'il commençait à se brosser les avant-bras.

— Donald ne devrait pas tarder, mais on n'a pas le temps d'attendre. J'ai eu amplement l'occasion de m'entraîner en Afrique ; l'hôpital ne peut pas s'offrir le luxe d'un obstétricien… Tu te sens prête à m'assister ?

— J'en frémis d'impatience, marmonna-t-elle entre ses dents.

Pour un premier jour, on pouvait difficilement faire pire…

— Ou encore mieux, tu pourrais t'en charger, et je te guide ?

Il avait raison, bien sûr. Elle avait bien besoin de se perfectionner sur cette technique, d'autant plus qu'elle avait toujours aimé la partie chirurgicale de ses fonctions.

— D'accord, répondit-elle. Lizzie, vous pouvez prévenir les membres du personnel qui sont libres ? Ce serait une bonne chose, pour eux, de suivre l'intervention.

Le Royal était un hôpital d'enseignement, il ne fallait pas l'oublier, et une des tâches des médecins était de faire en sorte que leur équipe acquière de l'expérience dans tous les domaines de la médecine d'urgence.

Elle se tourna vers Lucy, toujours aussi effrayée.

— Avons-nous votre permission, Lucy ? demanda-t-elle. Il est essentiel que nous sortions le bébé aussi vite que possible.

La jeune femme acquiesça d'un clignement de paupières.

— Faites ce que vous voulez, du moment que vous sauvez mon enfant.

Quelques minutes plus tard, le personnel était prêt, la parturiente recouverte d'un drap, et l'anesthésiste administrait l'épidurale afin de neutraliser toutes les sensations au-dessous de la taille. Sept ou huit internes et infirmières faisaient cercle autour de la table. Sarah avait conscience qu'ils devaient être curieux de voir leur nouveau chef à l'œuvre…

Prenant le scalpel de la main de Jamie, elle fit une incision transverse qui suivait à peu près la marque de la ceinture. Jamie écarta les couches de muscles et de graisse afin qu'elle pût mieux voir ce qu'elle faisait, et elle en était à la dernière incision dans l'utérus lorsque Donald, l'obstétricien, apparut en tenue de chirurgien.

— Désolé, dit-il, l'air harassé. C'est le chaos, là-haut. Tout était encore tranquille il y a une heure, et d'un coup, ça a été le branle-bas général. Mais je vois que vous vous en sortez très bien. Vous avez besoin de moi pour refermer ? Sinon, je remonte me jeter dans la mêlée…

A cet instant, Sarah sortit le bébé du ventre de sa mère.

— Ça ira, merci, dit-elle.

— Nous avons la situation en main, Donald…, renchérit Jamie. On va terminer tranquillement.

L'obstétricien repartit sans demander son reste et Sarah se pencha vers Lucy.

— Vous avez une magnifique petite fille, Lucy. Je vais vous la laisser une minute avant que le pédiatre l'examine pendant que je vous recouds.

Jamie coupa le cordon et s'assura que la nouveau-née respirait avant que Sarah la pose au creux du bras de Lucy qui pleurait en l'embrassant.

Quelques minutes plus tard, Sarah recousit l'incision et Jamie regarda, fasciné, ses mains fines manier l'aiguille sans trembler. Ces mêmes mains qui avaient couru sur son corps et…

Il ferma les yeux et se retint de secouer la tête pour chasser des images qui n'avaient vraiment pas leur place dans ce bloc opératoire. Dès qu'il fut certain que sa présence n'était plus nécessaire, il se retira sans bruit.

Quatre heures plus tard, il remontait le couloir en direction de la salle de détente. Après la césarienne, il avait réussi à éviter Sarah. Mais cela n'avait pas été très difficile : une file ininterrompue de patients l'avait obligé, de même que tous les autres médecins, à être constamment sur le pont.

A présent, un calme relatif régnait dans le service ; les internes étaient rentrés chez eux, et le plus gros du personnel avait été remplacé par la relève de nuit.

Il était pratiquement sûr que Sarah était partie, elle aussi. Surtout à présent qu'elle avait charge de famille…

Bon sang… La nouvelle l'avait anéanti. Apprendre qu'il devrait travailler avec elle l'avait déjà perturbé, mais là… Ils avaient un fils !

Ils allaient sérieusement devoir discuter, tous les deux, mais pas maintenant. Il lui fallait d'abord mettre un peu d'ordre dans son esprit…

Cependant, la salle de détente, contrairement à ce qu'il pensait, était déjà occupée : Sarah était dans un des fauteuils, un mug de café vide entre les mains, la tête en arrière, la gorge exposée. Elle semblait dormir. Elle avait dénoué sa lourde chevelure dorée qui se répandait librement sur le dossier ; ainsi, elle paraissait plus jeune que ses vingt-neuf ans, et beaucoup plus vulnérable.

Puis il eut conscience, en la voyant aussi paisiblement assoupie, qu'en dépit des quinze mois et de la distance qui les avaient séparés, ses sentiments pour elle resurgissaient, intacts.

Son cœur se serra… Comment réagirait-elle en apprenant la vérité ? D'une façon ou d'une autre, il devrait la lui révéler…

— Sarah ? murmura-t-il en lui ôtant doucement le mug des mains.

Elle ouvrit les yeux. Des yeux d'un vert incroyablement lumineux et frangés d'épais cils sombres, qui se fixèrent sur les siens.

— Jamie ? chuchota-t-elle rêveusement.

Puis, soudain, elle bondit sur ses pieds.

— Il y a longtemps que tu es ici ?

— Non, je viens d'arriver. Je croyais que tu serais partie depuis longtemps. Tu n'as pas quelqu'un qui t'attend ?

— Calum !

Elle consulta sa montre.

— Oh non… Il va être l'heure de le coucher.

— Alors dépêche-toi de rentrer. Je finirai, ici.

— Il est hors de question que j'aie droit à un régime de faveur. J'accomplirai ma part de travail, comme tout le monde.

Jamie remarqua les cernes qui ombraient légèrement ses yeux et la façon dont elle bougeait les épaules pour tenter de détendre son dos.

Sans réfléchir, il se plaça derrière elle et commença de la masser.

— Mmm…

Comme elle se laissait aller contre lui, il respira son discret parfum, et cet instant d'intimité en évoqua d'autres, bien plus sensuels, au point que son corps ne tarda pas à manifester le désir que leur séparation avait depuis si longtemps privé de toute satisfaction.

Aussitôt, il s'écarta d'elle et elle se retourna vers lui, visiblement surprise de cette interruption presque brutale de son massage.

— Rentre chez toi, Sarah, dit-il.

— J'ai quelques dossiers à compléter avant.

— Je m'en charge. Vas-y, avant que je te jette dehors, insista-t-il.

Une seconde, il lut la rébellion dans son regard, juste avant qu'elle capitule.

— D'accord. Tu as gagné…

Attrapant un bloc et un stylo sur la table, elle y inscrivit son téléphone et son adresse avant de lui tendre la feuille.

— Tiens… Il faudra qu'on discute un jour, mais de préférence pas à l'hôpital.

Dès qu'elle fut partie, Jamie se laissa tomber dans le fauteuil encore tiède de sa chaleur, et regarda fixement le plafond.

Pourquoi avait-il fallu qu'il aille la retrouver, ce dernier soir ? Quel idiot. Un idiot égoïste, en plus.

Et à présent, il devait affronter les retombées de son inconséquence…

En soupirant, il décrocha le téléphone.

— Robert ? C'est Jamie. J'ai un service à te demander.

Tu pourrais passer chez moi ce soir, disons vers 20 heures ? Super… Oui, je te raconterai ça. A tout à l'heure.

Après avoir raccroché, il quitta la pièce et se dirigea vers le bureau des infirmières. S'assurant qu'il n'y avait personne alentour, il ouvrit le placard à fournitures, prit deux seringues, des aiguilles et des petites bouteilles pour un prélèvement de sang, glissa le tout dans sa poche et ressortit.

Après avoir mis le pyjama et la grenouillère sales dans la machine à laver, Sarah prépara les biberons du lendemain. Calum avait été plus long que d'habitude à s'endormir. Sans doute cette journée entière loin d'elle l'avait-elle perturbé.

Elle-même était épuisée. Pour un premier jour, elle n'avait pas été gâtée… Mais le travail n'était pas en cause. Au contraire, l'effervescence des urgences l'avait toujours stimulée. Et même si elle avait l'impression le soir d'être un boxeur au sortir d'un match de quinze rounds, pour rien au monde elle ne renoncerait à cette carrière qu'elle avait choisie en toute connaissance de cause.

Non, sa fatigue était d'un autre ordre. C'était la réapparition de Jamie venant s'ajouter au fait qu'elle avait dû quitter Calum toute la journée.

Son fils et son travail, c'était tout ce qu'elle pouvait gérer pour l'instant ; les émotions et les souvenirs que réveillait le retour de Jamie dans sa vie étaient vraiment de trop.

— Tu devrais aller te coucher, ma chérie, dit Alice en la rejoignant dans la cuisine.

Elle aussi était fatiguée, et cela alimentait sa culpabilité. Sa mère n'était plus jeune et Dieu sait que garder un bébé de six mois n'était pas une mince affaire…

— Non, ça va, répondit-elle. Mais toi, tu devrais rentrer. En plus, je…

— Tu espères qu'il va appeler, c'est ça ? Tu ne crois pas qu'il est un peu tard, ce soir ?

— Pourquoi ne m'a-t-il pas prévenue de son retour ? Cela m'aurait permis de me faire à l'idée de lui apprendre la nouvelle…

— Je croyais que tu ne voulais rien lui dire ?

— C'est vrai. Le connaissant, j'avais peur qu'il abandonne tout pour revenir et assumer ses responsabilités car il en aurait été capable. Mais je ne veux pas de lui à moins que…

—… à moins qu'il t'aime, toi aussi, et pas seulement parce que tu es la mère de son fils, termina Alice pour elle.

Elle la suivit dans la chambre voisine où toutes deux échangèrent un sourire devant le bébé qui dormait dans son berceau, sous les dauphins rieurs de son drap.

Sarah soupira.

— On s'en sort bien sans lui, non ? Je vous ai, toi et Calum, et j'ai mon travail. Ça me suffit. De toute façon, je n'aurais pas le temps pour autre chose ! dit-elle avec un rire qui sonnait faux à ses propres oreilles. Tu as vu comment il a réagi quand il a compris que Calum était son fils ? Il ne mentait pas quand il me disait qu'il ne voulait pas d'enfants… Pourtant, maintenant qu'il l'a vu, comment pourrait-il encore refuser d'être père ?

Frustrée, elle secoua la tête.

— Pourquoi est-il revenu, bon sang ? On n'avait pas besoin de lui.

— Laisse-lui le temps… Ça a sûrement été un choc, pour lui. Après tout, toi, tu as eu presque neuf mois pour te faire à l'idée que tu allais être mère…

— Tu continues à le défendre, comme tu l'as toujours fait.

— Mais non… J'aurais du mal, après avoir vu l'état dans lequel t'a mise son départ. Et puis, un jour, je suis sûre que tu rencontreras quelqu'un qui saura vous aimer, toi et le petit.

— Je ne veux personne, et Jamie encore moins qu'un autre. Pas question que Calum ait un père qui entre et sorte de sa vie comme dans un moulin. Je suis bien placée pour savoir ce qu'il en est d'attendre quelqu'un qui ne vient jamais…

Le visage d'Alice se rembrunit.

— Ton père était un faible, dit-elle en attrapant son manteau pour l'enfiler. Pas Jamie.

— Faible, il ne l'est pas, c'est sûr. Mais égoïste, ça, oui. En tout cas, il n'a pas de place dans nos vies.

Qui essayait-elle de convaincre ? se demanda-t-elle en embrassant sa mère avant de lui ouvrir la porte.

— En attendant, je vais devoir collaborer avec lui jusqu'à ce qu'il retourne en Afrique — le plus vite possible, j'espère.

Jamie plaça le garrot au-dessus de son coude en tirant une des extrémités entre ses dents, puis tapota une veine gonflée avant d'y insérer l'aiguille. Le sang se rua dans le tube.

Deux coups retentirent à la porte, dix minutes plus tard, alors qu'il rebouchait la deuxième petite bouteille pleine.

20 heures. Robert avait toujours été d'une ponctualité de coucou suisse…

Ils échangèrent quelques banalités tandis que Jamie servait deux doses de vieux whisky.

— Tu ne m'as pas fait venir pour parler du temps, je suppose ? dit Robert après avoir avalé une gorgée d'alcool.

— Non.

Rapidement, Jamie lui expliqua ce qu'il attendait de lui, et pourquoi. Quand il eut terminé, Robert resta pensif un moment.

— Tu as parlé à quelqu'un d'autre de tout ça ?

— Non. Je n'avais aucune raison de le faire, et ça ne regardait que moi.

— Jusqu'à aujourd'hui.

— Jusqu'à aujourd'hui, oui.

Un léger sourire étira les lèvres de Robert.

— Je m'étais toujours demandé pourquoi tu l'avais quittée. Et je n'étais pas le seul ; on était tous persuadés que tu avais trouvé l'âme sœur, avec Sarah…

— C'était bien le cas, et c'est précisément pour cette raison que je devais le faire. Avec les autres femmes, ça n'avait pas d'importance ; elles savaient que je ne serais qu'un météore dans leur vie. Mais avec Sarah… c'était différent.

— Pourquoi ne pas t'être confié à elle ? Elle est médecin, elle aussi. Si elle t'aimait vraiment, elle aurait compris.

— Cela aurait été terriblement égoïste de ma part. Tu

aurais voulu que je l'empêche d'avoir des enfants afin de la garder pour moi seul ? Non, ce n'est pas mon genre.

— Tu aurais pu au moins faire les tests *avant*.

Jamie secoua lentement la tête puis avala une rasade de son scotch.

— Non. J'ai décidé, il y a longtemps, que je préférais ne pas savoir si j'avais ou non hérité de cette maladie. Ça me permet de vivre comme si chaque jour était le dernier.

— D'accord, mais maintenant, tu es au pied du mur. Tu vas le dire à Sarah, j'imagine ? Elle a le droit de savoir.

— Pourquoi ? Si le test est négatif, elle se sera fait un sang d'encre pour rien en attendant le résultat. Autant lui épargner ça. Par contre, s'il est positif…

Il ouvrit les mains avec une moue fataliste.

— Là, évidemment, je n'aurai plus le choix.

Il se leva, mettant implicitement un terme à leur entretien.

— Je te remercie d'avoir répondu présent à l'appel, Robert. Maintenant, si tu peux emporter les échantillons et les expédier là où il faut le plus vite possible, ça m'aidera.

— En principe, il est conseillé de voir un psy avant les résultats, lui rappela son ami en empochant les bouteilles.

— Ce n'est pas un psy qu'il me faut, Robert, mais des réponses. Je compte sur toi…

3.

— C'est quoi, ce champ de bataille ? s'exclama Alice en arrivant dans la cuisine, le lendemain matin.

Sarah soupira. Calum avait découvert le plaisir de souffler sur ses petits-suisses et il avait décoré le peignoir qu'elle portait de mouchetures blanches. De plus, il avait réussi avec un cri de victoire à lui prendre la cuillère dont il tambourinait à présent la tablette de sa chaise en projetant la crème onctueuse tous azimuts, et manifestait sa joie sans mélange en exhibant son unique dent toute neuve.

— Qu'est-ce que je vais faire de toi ? dit-elle, amusée malgré elle. Encore heureux que j'aie attendu pour prendre ma douche…

Calum répondit en battant des jambes avec ravissement.

— Tu ferais mieux d'y aller maintenant, Sarah Jane, lui conseilla sa mère. Je vais prendre ta place… et après, mon bonhomme, au bain !

Après des mois de recherches, Sarah avait réussi à trouver une maison pour tous les trois à dix minutes de l'hôpital. Elle était petite, mais le jardin ainsi que l'étage, aménagé en appartement indépendant de deux pièces, avec entrée séparée, compensaient largement cet inconvénient. Ainsi sa mère était-elle toujours à pied d'œuvre, et Sarah était également rassurée de la savoir là au cas où elle aussi, qui approchait la soixantaine, aurait besoin d'aide.

A son arrivée à l'hôpital, bien qu'il ne fût pas encore 8 heures, les urgences étaient déjà en pleine activité.

Elle avait mal dormi. Revoir Jamie avait soulevé trop de questions et arraché le voile derrière lequel elle s'était commodément réfugiée après qu'il l'avait quittée : contrairement à ce qu'elle avait voulu croire, elle n'était pas guérie de son amour pour lui…

Et si elle n'avait pas été prête à le revoir, elle l'avait été moins encore à lui annoncer qu'il avait un fils. Tout était arrivé trop vite. Comment pourrait-elle lui en vouloir d'avoir été choqué ?

Souhaitant connaître la situation avant l'arrivée des internes, elle partit à la recherche de l'équipe de nuit, et ne fut pas surprise, en croisant Jamie dans le couloir, de découvrir qu'il avait été encore plus matinal qu'elle.

— Bonjour, dit-il. Cette première journée ne t'a pas dissuadée, alors ?

— Même pas. Elle n'avait d'ailleurs rien d'exceptionnel.

— A certains égards, si, objecta-t-il calmement.

— Euh… oui, c'est vrai.

Ce n'était sûrement pas tous les jours, en effet, qu'on se découvrait père d'un bébé de six mois… Du moins l'espérait-elle pour lui.

— Prêt pour les visites ? demanda-t-elle.

— J'ai déjà fait un tour. Il n'y a rien de trop grave et les internes pourront s'en charger… J'allais monter voir nos deux patients d'hier ; j'ai appelé le personnel, et tout le monde va bien, y compris la petite.

— Lucy en aurait été anéantie de perdre son bébé. Ça t'ennuie si je viens avec toi ? Ça me permettra de visiter un autre service de l'hôpital, et de constater de visu le résultat de nos efforts. On n'en a pas trop l'occasion… Généralement, on raccommode nos patients et on les renvoie chez eux.

Refusant de céder à la solution de facilité de l'ascenseur, elle gravit avec lui les quatre étages menant au service de maternité. Ça ne pouvait pas lui faire de mal, surtout qu'elle avait du mal à perdre les deux kilos qu'elle avait pris depuis la naissance de Calum…

— Tu fais toujours de la varappe ? ironisa-t-il alors qu'elle reprenait tant bien que mal son souffle à l'arrivée.

Tous deux avaient partagé la même passion pour la varappe et les randonnées, même si elle n'avait jamais pris autant de risques que lui. Jamie avait toujours cherché à se dépasser, toujours cherché des parois plus abruptes, des montagnes plus hautes, mais en refusant catégoriquement de l'entraîner dans ces expéditions périlleuses, même lorsqu'elle l'avait accusé d'abus de pouvoir et de sexisme.

Une fois qu'il avait décidé quelque chose, elle savait la difficulté, et le plus souvent l'impossibilité, d'infléchir sa détermination. Elle en avait eu l'amère confirmation lorsqu'il avait résolu de la quitter…

— Entre Calum et mon job, ce n'est plus trop à l'ordre du jour, répondit-elle.

— Oui, évidemment. Question stupide… Désolé, dit-il avec un sourire qui fit instantanément courir une onde de chaleur jusqu'au bout des orteils de Sarah.

S'il parvenait encore à produire un tel effet sur elle, elle avait du souci à se faire…

— Dans quelle chambre est Lucy ? demanda-t-elle.

Toute en parlant, elle avait passé la tête dans celle qui faisait face au bureau des infirmières, là où, dans tous les hôpitaux, étaient installés les patients ayant subi une intervention chirurgicale.

Elle avait vu juste. La jeune femme était assise dans son lit, la nouveau-née dans ses bras. Une ombre au tableau, toutefois : les larmes qui roulaient sur ses joues.

— Tu peux peut-être prévenir le personnel que nous sommes ici ? suggéra-t-elle à Jamie en désignant Lucy d'un signe de tête.

Elle désirait être quelques instants seule avec Lucy, et de plus le règlement exigeait que toute visite de médecin fût signalée aux infirmières.

Comme Jamie s'avançait vers le bureau, Sarah frappa à la porte entrouverte.

— Je peux entrer, Lucy ?

La jeune maman essuya ses joues du revers de la main.

— Docteur Carruthers… C'est gentil de venir nous voir.

Sarah tendit les bras vers le bébé.

— Je peux ?

Lucy le lui confia sans un mot. Sarah repoussa la couverture qui l'enveloppait et sourit en voyant le petit visage paisible aux lèvres roses.

Puis le bébé ouvrit ses grands yeux bleus et, aussitôt, commença à pleurer.

— Flûte… Je l'ai dérangée…

— Ce n'est pas vous, dit Lucy dont les sanglots accompagnèrent ceux de sa fille. C'est moi. Elle a faim et elle n'arrive pas à téter. Je n'ai pas pu non plus allaiter Neil. J'aurais tant voulu, pourtant…

— Les premiers jours ne sont jamais faciles, répondit Sarah. Il m'a fallu un moment avant d'y arriver. Et croyez-moi, j'ai copieusement mouillé mon oreiller aussi…

— Vous ? s'étonna Lucy. Vous m'apparaissez plutôt comme quelqu'un auquel rien ne résiste…

Sarah eut un sourire amusé.

— Détrompez-vous ! Les médecins ne sont pas plus que les autres à l'abri de l'échec ! Mais j'avais la chance d'avoir à mes côtés quelqu'un qui a eu la patience de me montrer comment il fallait s'y prendre et qui a persévéré jusqu'à ce que j'aie confiance en moi. Voudriez-vous que je vous aide, Lucy ?

— Vous… vous pourriez ? Vous n'êtes pas trop occupée pour ça ?

— Pas pour apprendre à une mère à allaiter son enfant, non. Tenez, reprenez la petite.

Dix minutes plus tard, après quelques faux départs, la nouveau-née tétait avec un bonheur manifeste.

Les deux femmes se sourirent.

— Et voilà, dit Sarah. Je reviendrai plus tard.

Voyant le regard de Lucy dériver vers la porte, elle se retourna. Jamie était là, dans l'embrasure, avec une expression étrange qu'elle ne lui connaissait pas. Depuis quand les observait-il ?

— Je ne vais pas vous déranger maintenant, madame Croy, dit-il. Je repasserai à un autre moment. Tu viens, Sarah ?

Alors qu'ils s'apprêtaient à quitter le service, une infirmière vint à leur rencontre. La familiarité avec laquelle elle posa une main sur le bras de Jamie agaça Sarah. Et le fait qu'elle était jolie n'arrangeait rien…

— C'est toujours d'accord pour ce soir, Jamie ? demanda-t-elle.

— Oui, mais je serai de garde, alors on ira dîner quelque part pas loin de l'hôpital. Oh… Je te présente le nouveau chef de service des urgences, le Dr Sarah Carruthers, dit-il. Sarah, c'est Annie Walker, sage-femme responsable de la maternité.

Le regard d'Annie se posa sur elle, la jaugeant.

— Ravie de vous rencontrer. Et super travail, hier… Je n'ai jamais vu une aussi belle broderie. Lucy peut être heureuse d'être tombée sur vous deux.

De chaleureux, son sourire se fit résolument charmeur quand elle s'adressa de nouveau à Jamie.

— Je n'ai pas très envie de sortir, en fait. Tu ne veux pas plutôt venir chez moi ? Je te cuisinerai des lasagnes et on passerait une soirée tranquille, non ?

Devant la brillance de ses yeux, Sarah n'avait pas de mal à se figurer ce qu'elle entendait par « soirée tranquille »…

— Excusez-moi mais je dois redescendre, dit-elle peut-être un peu plus sèchement qu'elle ne le souhaitait. Je te retrouverai dès que j'aurai vu M. James, Jamie.

— Je te rejoins dans une minute, dit-il.

Pour ne rien arranger, il avait une lueur rieuse dans le regard qui porta son agacement à son comble.

Bon sang, il n'allait tout de même pas imaginer qu'elle était jalouse ! Elle lui adressa un regard noir avant de tourner les talons.

Bill James était en soins intensifs, et son épouse, une femme aux cheveux blancs et aux yeux vifs, était assise à son chevet.

— C'est le Dr Carruthers, Mary, dit Bill James avec une voix que l'intubation de la veille avait rendu éraillée. C'est elle qui m'a sauvé la vie.

Mary pressa la main de Sarah entre les siennes.

— Je ne vous remercierai jamais assez, docteur. C'est un vieux grincheux, mais il m'est très précieux…

— Nous ne faisions que notre travail, madame James,

répondit Sarah, émue. Je dois cependant vous avertir que votre mari n'est pas encore sorti d'affaires.

Sans vouloir les effrayer, elle tenait néanmoins à ce qu'ils comprennent qu'une rupture d'anévrisme de l'aorte, déjà très sérieuse chez un homme jeune, pouvait être gravissime chez un patient de l'âge de Bill.

— Vous avez de la chance que le Dr Campbell ait pu diagnostiquer le problème à temps, ajouta-t-elle.

— Et où est-il, votre amoureux ? s'enquit Bill, la prenant au dépourvu.

— Pardon ? dit-elle, déconcertée.

— Oh, j'ai bien vu comment il vous regardait…

— Bill ! intervint Mary. Voyons, tu embarrasses cette jeune femme. Elle n'a pas à discuter de ses histoires de cœur avec un vieux bonhomme comme toi !

En dépit de ces remontrances, l'affection qui existait entre eux était évidente. Sarah soupira. Certaines personnes avaient de la chance. De trouver l'amour et d'être capable de le garder.

— Depuis combien de temps êtes-vous mariés ? s'enquit-elle, anxieuse de changer de sujet.

— Cinquante-deux ans ! répondit Mary. Et on a l'impression que c'était hier. Quand on rencontre l'âme sœur, il faut s'y accrocher de toutes ses forces. L'amour, le vrai, ne se présente qu'une seule fois dans la vie. J'ai bien failli perdre mon Bill pendant la guerre… Mais s'il n'était pas revenu, je n'aurais jamais cherché à le remplacer.

Sarah ramena prudemment la conversation sur la nécessité absolue pour Bill de suivre les directives du cardiologue puis s'esquiva avant qu'il ne l'entreprenne de nouveau sur le sujet de son « amoureux »…

A son retour aux urgences, elle alla trouver Lizzie qui la mit au courant de la situation.

— On a les bobos et les foulures habituels. Keith — le Dr Thompson — est en train de recoudre un garçon qui a failli se sectionner le pouce avec un cutter, et Karen supervise les internes. Deux patients attendent de passer en radiologie et un autre doit se faire plâtrer. En bref, l'un dans l'autre, tout est sous contrôle. Les internes savent qu'ils doivent vous appeler, vous ou le Dr Campbell, avant de renvoyer quelqu'un chez lui.

Elle fronça les sourcils.

— Au fait, vous vous êtes connus comment, avec Jamie ?

Sarah eut un geste vague.

— Oh… On a suivi une formation ensemble.

Lizzie avait beau lui inspirer sympathie et confiance, elle n'avait aucune envie de lui révéler sa vie privée. Les hôpitaux étaient réputés pour être de vrais foyers de commérages, et elle ne tenait pas à ce que Jamie et elle en fassent les frais.

— Il est plutôt pas mal, non ? insista Lizzie. J'aurais volontiers tenté ma chance si je n'étais pas déjà amoureuse…

Doux Jésus… Ils s'étaient donné le mot, tous, pour lui parler de lui ?

— Oui, peut-être, répondit-elle avec une fausse nonchalance. Mais ce n'est pas vraiment mon type. Et puis ce genre d'homme est généralement suffisant…

Lizzie secoua la tête.

— Pas lui. Je ne suis même pas sûre qu'il se rende compte de l'effet qu'il a sur les femmes…

— Ne vous inquiétez pas pour lui ; il en est tout à fait conscient… Excusez-moi, Lizzie, je dois aller me changer, ajouta-t-elle en s'éloignant vers les vestiaires.

Elle passa la matinée à courir d'un box à l'autre et à distribuer ses conseils. Jamie et elle installèrent tacitement entre eux un rythme harmonieux, se partageant les patients et la supervision des internes. Quand ils se retrouvaient, c'était pour discuter des cas et des traitements.

L'après-midi était déjà bien avancé quand elle parvint à se ménager assez de temps pour avaler un sandwich. Au moins, à cette cadence, elle ne devrait avoir aucun mal à se débarrasser de ses deux kilos superflus.

La salle de détente était prise d'assaut car une bonne moitié du personnel profitait de ce répit pour souffler en mangeant quelque chose ou en buvant un café. Lizzie, en racontant à la cantonade les préparatifs de son proche mariage, décourageait toute conversation, sans se rendre compte des expressions résignées de ses collègues qui, manifestement, les avaient déjà entendus.

Elle se tourna vers Sarah, ravie de trouver en elle un public neuf.

— Ça se passera dans l'église du village où je suis née, à quelques kilomètres de Glasgow. Désolée, tout le monde ne pourra pas y entrer car elle est trop petite, mais la réception sera donnée au Shore Club, un grand hôtel sur les rives du Loch Lomond.

Sarah le connaissait bien. C'était un cinq étoiles réputé pour la magnificence de son cadre.

— J'ai une amie qui y a aussi célébré son mariage, dit Karen. Ça coûte les yeux de la tête de faire une réception là-bas ! J'aimerais bien y fêter le mien, mais il me reste encore à trouver le mari…

Lizzie haussa les épaules, presque gênée.

— Oui, ce n'est pas donné, mais… mon père tient à ce que la cérémonie soit inoubliable. Vous viendrez, n'est-ce pas, Sarah ? C'est samedi prochain.

— Ça me ferait très plaisir, Lizzie, mais je ne suis pas certaine. Avec Calum, ce n'est pas facile. Comme j'aurai été absente toute la semaine, il a envie de me voir, et ma mère a besoin d'un peu de repos.

— Vous pourriez engager une baby-sitter, suggéra Lizzie. Oh, je vous en prie, venez, même si ce n'est que pour une heure ou deux. Ou amenez-le ; je suis sûre que ce ne seront pas les volontaires qui manqueront pour veiller sur lui. Il est tellement adorable…

Sarah avait remarqué un agacement croissant dans l'attitude de Jamie qui, finalement, reposa le journal qu'il affectait de lire.

— Je ne pense pas qu'une réception bruyante soit un endroit idéal pour un enfant de six mois, déclara-t-il sèchement.

Sarah le fixa, interdite. Et au silence qui tomba soudain sur la petite pièce, il était clair que Jamie venait de dévoiler une facette de lui que le reste du personnel n'avait pas encore eu l'occasion de découvrir…

— Et il est temps que nous reprenions le travail et laissions le Dr Carruthers se reposer à son tour, ajouta-t-il sur le même ton sans réplique avant de sortir.

Comme tout le monde lui emboîtait le pas sans un mot, Lizzie et Sarah se retrouvèrent seules.

Sarah était aussi furieuse qu'étonnée. Que lui prenait-il ? Et, surtout, de quoi se mêlait-il ? Etre le père biologique de Calum ne lui donnait pas le droit d'intervenir sur sa façon de l'élever.

Lizzie avait l'air dans ses petits souliers.

— Je verrai ce que je peux faire, Lizzie, dit Sarah, mais je ne vous promets rien.

— D'accord. Ça me ferait plaisir, mais je comprendrai si ce n'est pas possible.

— D'accord. Venez, maintenant. On va rejoindre le gros de la troupe. Notre patient au poignet brisé devrait être revenu de la radio…

Il était relativement tôt quand Sarah se décida à partir, mais le service était calme, et sa présence n'était plus indispensable. Elle pourrait ainsi passer deux heures avec Calum avant de le coucher.

Après s'être changée, elle saluait les membres du personnel présents quand Jamie, la mine sombre, vint vers elle.

— Il faut que je te parle, Sarah.

— Maintenant ? Ça ne peut pas attendre ? dit-elle, contrariée. J'étais sur le point de partir.

Il la regarda un instant avec quelque chose d'indéfinissable dans les yeux qui la mit soudain très mal à l'aise.

— Jamie ! Dis-moi, à la fin ! Il s'est passé quelque chose ?

— Je crains d'avoir des mauvaises nouvelles pour toi, Sarah.

4.

— Qu'y a-t-il ? demanda-t-elle, angoissée.

— C'est Bill James… Ça ne va pas du tout. Le personnel avait jugé qu'il se remettait assez bien pour être transféré en cardio, mais il a eu une attaque peu de temps après. Même s'ils ont réussi à le réanimer, je crains qu'il n'en ait plus pour longtemps. En accord avec Mary, il a été décidé de ne pas le ramener en soins intensifs ; ils l'ont installé le plus confortablement possible dans une chambre individuelle.

Sarah soupira tristement.

— Je m'y attendais plus ou moins depuis le début. Son âge et le fait qu'il aurait dû être traité depuis longtemps jouaient contre lui. Pauvre Mary… Je vais monter les voir tout de suite. De toute façon, j'avais l'intention d'y aller avant de rentrer.

— Tu n'étais pas pressée d'aller retrouver Calum ? Je suis de garde, ce soir ; je pourrai t'appeler pour te tenir au courant…

Sarah était déchirée. Elle savait que ce serait difficile de jongler entre sa vie de mère et sa carrière. De devoir choisir entre Calum et ses patients…

— Je vais au moins passer quelques minutes avec eux, dit-elle. Et tu n'auras qu'à me prévenir au moindre changement, à n'importe quelle heure.

— D'accord. Tu veux que je t'accompagne ?

— Merci, mais ça ira. Je sais que tu as encore du travail, ici. Et puis n'oublie pas que tu as rendez-vous, ce soir, ajouta-t-elle avec une pointe d'ironie. Il faut que tu te prépares…

— Oh flûte, j'avais oublié !

Alors qu'elle montait au service de cardiologie, Sarah se réjouit perfidement de constater que, selon toute vraisemblance, la pulpeuse Annie Walker n'assiégeait pas ses pensées…

La chambre était plongée dans une semi-pénombre ; Mary, assise près de son mari, lui tenait la main.

— Reste avec moi encore un peu, Bill, murmurait-elle. Jack est en route, il arrivera bientôt. Tiens bon.

Relevant la tête à l'entrée de Sarah, elle lui adressa un faible sourire.

— Jack est notre fils.

Sans bruit, Sarah tira une chaise pour s'asseoir près d'elle.

— Il vit dans la région des Lacs, expliqua Mary à voix basse. Bill et lui ne se sont jamais entendus… Bill était dans l'armée, et comme nous devions constamment déménager, nous laissions Jack en pension en croyant que c'était ce qu'il y avait de mieux pour lui… En fait, il en était très malheureux, et il en a reporté la faute sur son père. Ce n'était pas justifié, mais tous deux sont aussi obstinés l'un que l'autre.

Elle eut un petit sourire triste.

— Il y a deux ans, ils se sont fâchés pour de bon et aucun des deux n'a voulu faire le premier pas pour se réconcilier. Des vraies têtes de mule, autant l'un que l'autre…, ajouta-t-elle avec une affection poignante. J'ai appelé Jack tout à l'heure, et il veut avoir une chance de dire à son père qu'il regrette et qu'il l'aime malgré tout ce qui a pu les séparer…

Mary se tourna vers son mari.

— Mais tu le sais déjà, n'est-ce pas, Bill ?

Un faible battement de paupières fut toute la réponse qu'elle put obtenir de lui.

— Je suis désolée…, chuchota Sarah. Je croyais que nous l'avions sauvé.

— Ne vous faites surtout pas de reproches, la rassura Mary. Nous savons tous les deux que ce n'est pas votre faute. L'heure de Bill a sonné, c'est tout… Grâce à vous, sa vie aura été suffisamment prolongée pour qu'il puisse revoir son fils, et nous vous en serons éternellement reconnaissants.

Une boule semblait s'être logée dans la gorge de Sarah qui contenait mal son émotion.

— Avez-vous quelqu'un de cher dans votre vie ? reprit Mary après un instant de silence.

— Un fils de six mois.

— Et le père ?

— Il ne vit pas avec nous, répondit-elle.

La chambre obscure et les circonstances favorisaient étrangement les confidences.

— Il ne voulait pas... il ne *veut* pas d'enfants.

— Tout enfant a besoin d'un père, docteur Carruthers, et tout père...

Mary pressa la main de Bill.

—... a besoin de son enfant, termina-t-elle en se retournant. Jack ! Mon garçon, enfin !

L'homme d'une quarantaine d'années qui venait d'apparaître dans la pièce regarda avec anxiété la forme inerte sur le lit.

— Est-ce qu'il est...

— Non. Il est encore avec nous, mais plus pour longtemps.

Alors que Jack étreignait sa mère, Sarah s'éclipsa après avoir murmuré quelques mots d'adieu à Bill.

Comme elle remontait le couloir, des images lui revinrent à la mémoire... Elle revit son père alors qu'il la jetait en l'air pour la rattraper dans ses bras et entendit presque ses propres cris de joie. Voir Bill et son fils, enfin réunis après leur longue brouille, avait réveillé des souvenirs enfouis depuis longtemps.

La blessure de l'abandon avait été si profonde qu'elle n'avait jamais pu penser à son père sans que cela remue douloureusement le couteau dans la plaie.

Toutefois, et elle en prenait conscience à cet instant, elle avait connu des moments de bonheur, avec lui. Mais elle les avait petit à petit oubliés pour ne plus éprouver que tristesse et déception lorsqu'elle songeait à lui.

Peut-être, s'il avait été cruel et indifférent envers elle, aurait-elle plus aisément accepté qu'il déserte sa vie. Mais son seul crime avait été de ne pas avoir su tenir compte d'elle et de ses sentiments.

Comme Jamie...

*
* *

Avant de monter voir Bill et Mary, Jamie fit un détour par la maternité afin de clarifier ses rapports avec Annie. Il jugeait en effet injuste d'entretenir en elle l'idée qu'elle pût lui inspirer autre chose qu'une simple amitié. L'attitude qu'elle avait eue devant Sarah, la veille, avait été pour le moins déconcertante, et à aucun prix il ne voulait l'encourager dans cette voie.

— Pressé de me voir, docteur Campbell ? dit-elle, aguicheuse, quand il la trouva seule dans le bureau des infirmières.

— Désolé de te prévenir à la dernière minute, Annie, mais je ne serai pas libre ce soir. Et autant que ce soit clair entre nous : j'apprécie beaucoup ta compagnie, seulement tu sais que je repars bientôt en Afrique et, en plus, ma vie est plutôt compliquée, en ce moment, alors…

— Alors nous ne sortirons pas ensemble…, acheva-t-elle, ne paraissant pas plus déçue que cela. Ne t'inquiète pas, je savais que notre relation n'irait pas très loin. Tu avais été assez honnête pour me laisser entendre que je n'avais rien à espérer. Et puis, pour être franche à mon tour, mon ex-fiancé vient de me relancer. J'avoue que je me suis un peu servie de toi pour attiser sa jalousie. Tu ne m'en veux pas ?

Soulagé, Jamie sourit.

— Non. Si j'ai pu te rendre service, tant mieux. Mais méfie-toi tout de même… Ce genre de petit jeu pourrait se retourner contre toi.

— En amour, tous les coups sont permis. Si tu veux que je te renvoie l'ascenseur, un de ces jours, tu pourras compter sur moi…

— Merci, mais pour l'instant, personne ne peut m'aider.

Penchée sur le berceau, Sarah observait le croissant sombre des longs cils de Calum se dessiner sur ses joues rebondies tandis qu'il glissait dans le sommeil. Si seulement Jamie pouvait le voir à cet instant, il saurait alors lui aussi ce qu'il en était d'avoir le cœur débordant d'amour…

Laissant la porte de la salle de bains ouverte pour le cas

où il se réveillerait, elle prit une douche rapide et elle enfilait un pyjama de coton satiné turquoise quand le carillon de l'entrée retentit.

Intriguée, elle attrapa son peignoir et alla ouvrir.

— Jamie ?

— Je peux entrer une minute ? Je sais que tu voulais que j'appelle, mais certaines choses passent mal au téléphone…

A son expression, elle devina immédiatement la raison de sa visite.

— C'est Bill, n'est-ce pas ? dit-elle en le précédant vers le salon.

— Oui. Son cœur s'est arrêté un peu avant 20 heures.

Elle n'en aurait pas été autrement peinée s'il s'était agi d'un ami ou d'un parent. En sa qualité de médecin, ce n'était bien sûr pas la première fois qu'elle était confrontée à la mort d'un patient, mais Mary et Bill, ainsi que leur réunion avec leur fils, l'avaient profondément touchée. Et puis, contre toute probabilité, elle avait voulu croire que Bill s'en sortirait.

Elle essaya vainement de refouler ses larmes.

— Chacun a fait son possible, Sarah, dit Jamie en s'approchant d'elle, et grâce à toi, il a eu le temps de se réconcilier avec son fils, ce qui lui permet de partir en paix.

Sans même savoir comment, elle se retrouva dans ses bras et respira l'odeur de son blouson de cuir alors qu'elle posait la tête sur son torse.

— Et Mary ? dit-elle. Comment pourra-t-elle continuer à vivre maintenant que son compagnon de cinquante ans l'a quittée ?

Doucement, il repoussa les cheveux de son visage.

— Elle a encore son fils ; il sera là pour l'aider…

Se rappelant ce que Mary lui avait dit sur un père et son enfant, Sarah releva les yeux pour tenter de lire dans les siens ce qu'il ressentait pour elle, pour Calum…

Pourquoi ne pouvait-il l'aimer ? Et leur bébé ?

Les émotions, conjuguées à l'épuisement, eurent raison des efforts qu'elle fournissait pour contenir ses larmes qui roulèrent sur ses joues.

— Ne pleure pas, Sarah, murmura Jamie qui se pencha

pour les essuyer de ses lèvres, pour en suivre le chemin jusqu'à sa bouche qu'il couvrit tendrement de la sienne.

Cramponnée à lui, Sarah inspira son odeur si masculine qui, avec le goût de son baiser, réveilla brusquement ses sens engourdis.

Elle eut soudain un besoin impératif de le sentir en elle… Peut-être était-ce la mort de Bill qui, par réaction, lui insufflait une furieuse envie de vivre, et quelle meilleure façon de manifester la vie que par l'amour ?

Ses mains se faufilèrent sous le T-shirt de Jamie et une sorte d'ivresse se saisit d'elle quand elle sentit ses muscles frémir sous ses paumes.

En proie à une flambée de désir, Jamie ôta son blouson qu'il jeta par terre avant de lui retirer son peignoir et la veste de son pyjama. Sarah gémit et ses seins se durcirent sous la caresse humide de sa langue.

C'était si bon de la tenir de nouveau dans ses bras, et si naturel, aussi, comme s'ils n'avaient jamais été séparés. Leur passion rejaillissait, intacte. Sarah était si pleine de fougue, si souple et douce entre ses bras…

Et puis la voix froide de la raison se fit entendre. Etait-il juste ou raisonnable de raviver entre eux un feu qui devait rester éteint ?

A quoi pensait-il, bon sang ?

La prenant par les épaules, il la repoussa.

— Je suis désolé, Sarah, je… Je ne peux pas.

Se dégageant de l'étreinte de ses mains, Sarah recula vivement comme s'il l'avait giflée. Il la rejetait ? Encore ? Mais pour qui la prenait-il ? Pour une poupée gonflable dont on se servait suivant l'humeur du moment ?

Avant qu'elle ait pu lui dire ce qu'elle pensait de son attitude, cependant, des pleurs leur parvinrent de la pièce voisine.

— C'est Calum ? dit Jamie.

— Oui. Il attend son dernier repas.

Ils se regardèrent un instant. Puis, quelque peu étourdie, Sarah ramassa de ses mains tremblantes la veste de son pyjama qu'elle renfila en hâte avant de se diriger en silence vers la chambre de Calum dont elle laissa la porte ouverte afin de voir clair sans avoir à allumer la lampe. Les pleurs cessèrent dès qu'elle le sortit de son berceau.

— Je ferais mieux d'y aller, dit Jamie, sur le seuil.

— Oui, murmura-t-elle sans se retourner. Il serait dommage de faire attendre Annie Walker.

Elle regretta aussitôt sa remarque, et plus encore son ton acerbe, mais cela avait été plus fort qu'elle.

— J'ai annulé, répondit-il.

— Ah oui ? Pourquoi ?

— Parce que, comme toi, j'ai bien assez de soucis sans devoir en plus…

Contrarié qu'on ne s'occupe pas de lui, Calum l'interrompit en protestant avec véhémence.

— Tiens, dit-elle en le lui tendant. Prends-le une minute pendant que je vais chercher son biberon. J'imagine que tu ne sais pas changer une couche ?

L'air désemparé, Jamie tenait Calum à bout de bras, paraissant terriblement mal à l'aise, à la limite de la panique…

— Moi ? Changer une couche ? Tu plaisantes !

— Pourquoi ? Il faudra bien que tu apprennes, un jour ou l'autre. Que ça te plaise ou non, tu es son père.

Puis elle tourna les talons, les laissant seuls en tête à tête…

Jamie baissa les yeux sur le petit être qui avait cessé de gigoter. A présent silencieux, Calum le fixait avec intérêt.

— Salut, toi…, dit Jamie.

Calum répondit en agitant les jambes avec vigueur, et pendant un moment horrible, Jamie crut qu'il allait le laisser tomber, aussi le prit-il contre lui, comme il avait déjà tenu des centaines d'enfants contre lui. Mais celui-ci n'était pas n'importe quel enfant. C'était le sien. *Son fils*… Et, sans s'y attendre le moins du monde, il éprouva soudain une bouffée de tendresse pour son fils qu'il serra contre lui. Mon Dieu…, gémit-il intérieurement. A quel genre d'avenir avait-il condamné ce petit être innocent ?

Avant de s'engager plus avant avec lui et Sarah, il devait connaître le résultat des analyses.

Des petits doigts se posèrent soudain sur sa figure avant de s'accrocher à sa lèvre qu'ils tirèrent avec vigueur. Jamie grimaça, remarquant la force du bébé. Il ferait un bon varappeur, avec une poigne comme ça, songea-t-il, s'imaginant des années plus tard en train d'escalader avec son fils.

Et prenant conscience que, pour la seconde fois de sa vie, il venait de tomber désespérément et irrévocablement amoureux…

Le biberon à la main, Sarah les observait. Le père et le fils… Jamie avait abandonné sa rigidité initiale et Calum semblait lui aussi plus à l'aise. Tant mieux. Mais elle n'en était pas moins déconcertée par le comportement de Jamie.

Que cherchait-il ? Qu'attendait-il d'elle ? Elle avait besoin de réponses à ses questions.

— Je vais le changer et lui donner son biberon. Après, quand il dormira, on pourrait peut-être discuter un peu ?

— De quoi ? s'enquit-il en lui redonnant le petit.

— De nous. Ou plutôt de toi et de Calum.

— Je suis prêt évidemment à participer aux frais, dit-il sans hésiter.

— Ce n'est pas du tout ce que je te demande, Jamie. Qu'est-ce que tu crois ? Que je compte sur toi pour me donner un chèque en fin de mois et quelques heures de plaisir de temps à autre en prime ?

Jamie passa nerveusement une main dans ses cheveux bruns.

— Désolé, Sarah, ce n'était pas ce que je voulais dire. Mais je ne pense pas pouvoir répondre à ce que tu espères de moi… Pas encore.

Elle regarda quelques secondes le visage sérieux de Calum tandis qu'il buvait avidement son biberon qu'elle avait finalement commencé à lui donner là, debout contre le mur.

Quelle idiote… Elle avait voulu croire, dans ce trop bref instant d'égarement, que Jamie la désirait encore. Et elle s'était trompée, une fois de plus…

— Tu ne peux pas entrer et sortir de notre vie à ta guise, Jamie, dit-elle. Pour Calum, au moins, il va falloir que tu choisisses. Soit tu t'engages vis-à-vis de lui, avec tout l'investissement émotionnel que ça implique, soit tu restes en dehors. Pour son bien… et le mien.

Elle redressa les épaules, déterminée à ne pas révéler à quel point cette mise au point lui coûtait.

— Il me faut un peu de temps, Sarah. Dans l'immédiat, je ne veux pas faire de promesses que je ne suis pas sûr de pouvoir tenir…

— Alors je crois qu'il vaut mieux que tu partes…

— Oui. Tu as raison… Je n'aurais pas dû venir.

Sarah eut l'impression de voir un bref éclair d'angoisse dans ses yeux quand il les posa sur Calum, puis sur elle.

— Bonne nuit, Sarah, dit-il doucement en quittant la chambre.

Elle entendit à peine la porte d'entrée qu'il referma sans bruit derrière lui.

5.

Sarah rasait presque les murs du service en direction de la salle de repos, espérant pouvoir avaler un bon café noir avant de rencontrer Jamie. Le désir qu'il avait réveillé en elle la veille et la honte d'avoir été rejetée l'avaient empêchée de dormir jusqu'à une heure avancée de la nuit.

Apparemment, il n'avait pas changé : seules l'intéressaient les aventures sans lendemain. Et si un soutien financier était tout ce qu'il était prêt à lui offrir, mieux valait qu'il reparte en Afrique, et le plus tôt serait le mieux.

Pourquoi avait-il fallu qu'il revienne ? se demanda-t-elle, sa colère le disputant à une douloureuse déception.

A peine fut-elle entrée dans la pièce que Lizzie lui tendit un mug de café bien fort.

— Vous avez des dons de télépathie ? plaisanta faiblement Sarah. Comment saviez-vous que j'étais presque en manque ?

— Je commence à vous connaître… Vous fonctionnez mieux quand vous avez votre dose. En plus, vous avez un jeune patient avec blessures multiples qui arrive dans cinq minutes. Il a été trouvé au pied du pont Clyde. On ignore ce qui est arrivé. Il est peut-être tombé tout seul, à moins qu'on l'ait aidé… En tout cas, on ne va pas chômer. Alors profitez-en, vous n'aurez peut-être pas d'autre occasion avant un bout de temps…

Sarah avala deux longues gorgées puis alla se changer. Alors qu'elle ressortait du vestiaire, elle vit Karen se quereller avec un patient. A en juger par l'expression de cette dernière, l'homme, débraillé et avec un chapeau mou rabattu sur le front, avait réussi le tour de force de lui faire perdre son calme et sa bonne humeur habituels…

Elle s'approcha.

— Donnez-moi une ordonnance, à la fin ! tempêtait le patient.

Sarah afficha un sourire poli.

— Je peux vous aider, monsieur… ?

— Wilson. Kenny Wilson. Le docteur ne veut pas me donner d'antidouleur !

Karen leva les yeux au ciel.

— C'est la troisième fois que M. Wilson est ici en quelques semaines, et je lui avais déjà expliqué qu'on n'administre pas d'antalgiques forts pour les migraines. Mais il n'est pas d'accord.

— Je suppose qu'il a eu droit aux examens d'usage ?

— Naturellement, et rien n'a pu être détecté. Et d'après plusieurs membres du personnel, M. Wilson est un habitué de notre service…, ajouta Karen en échangeant avec elle un regard appuyé.

Sarah n'eut pas besoin de dessin. Tous les services avaient leur lot de drogués de tout acabit. Et si elle comprenait leurs souffrances, elle savait aussi que ce n'était pas aux urgences qu'ils trouveraient de l'aide.

Kenny s'avança vers elle, s'approchant si près qu'elle sentit l'alcool dans son haleine.

— Vous êtes bien tous les mêmes, vous les toubibs, marmonna-t-il, furieux.

— Je crois qu'il est temps pour vous de partir…, déclara une voix grave derrière Sarah. A moins que vous préfériez que j'appelle la sécurité ?

Un seul regard à la carrure de Jamie suffit à convaincre l'indésirable de ne pas insister. Il battit en retraite vers la sortie en marmottant des injures.

— Ouf ! soupira Karen. Merci à tous les deux. J'ai cru que je n'allais pas m'en sortir.

Dès qu'elle se fut éloignée, Jamie se tourna vers Sarah.

— Ça va ?

— Très bien. Mais je suis une grande fille, tu sais, je me serais débrouillée seule, répondit-elle avec un rien d'agressivité.

— Je n'en doute pas. Tu me l'as clairement dit hier.

— Oublions ce qui s'est passé hier, si tu veux bien. C'était une erreur. Tu… tu m'as surprise quand j'étais… vulnérable, rien de plus.

— C'était ma faute. Mais je ne suis pas certain de vouloir vraiment tout oublier, ajouta-t-il avec un petit sourire nonchalant.

— En tout cas, ne compte pas que ça se reproduise, rétorqua-t-elle, agacée. Maintenant, si on peut se concentrer sur notre travail…

Il reprit son sérieux.

— Il vaut mieux, oui. Ah, justement, je crois que le garçon que nous attendions vient d'arriver…

Pendant que la victime était conduite en réanimation, l'infirmier d'ambulance leur fournit les informations sur son état.

— Tom Fraser, vingt-quatre ans d'après son permis de conduire. Découvert inconscient au pied du pont Clyde il y a trente minutes par un passant. Score de Glasgow six, tension 9/4,5, pouls 125 et 18 respirations par minute. Grosse hémorragie suite à un traumatisme crânien, fractures du tibia et du péroné droits stabilisées. Meurtrissures à l'abdomen.

La pièce fut bientôt envahie par tous les internes et les infirmières libres du service qui firent cercle autour du chariot.

— O.K., dit Sarah en enfilant ses gants. Quelqu'un peut-il lui stabiliser la tête et la nuque ? Merci.

A l'aide d'une paire de ciseaux, Lizzie découpa les vêtements ensanglantés du patient.

— Pas de morphine administrée en raison de son inconscience et de l'insuffisance respiratoire, continua l'infirmier. Perf faite sur place, deuxième litre de sérum phy presque terminé. Oxygène à vingt-huit pour cent.

Tandis que Jamie enfilait la tenue que lui présentait une infirmière, Sarah avait mis des lunettes protectrices et s'assurait que tout le personnel présent en avait fait autant.

— Je me charge des voies aériennes et du traumatisme

crânien, ça te va, Sarah ? demanda Jamie en se préparant déjà à insérer le tube endotrachéal dans la trachée.

— O.K. Keith et moi nous occupons du reste.

Relevant brièvement les yeux, elle rencontra ceux d'Elspeth, une des plus anciennes infirmières du service.

— Demandez qu'on prépare un bloc. Lizzie, vous pouvez...

La jeune femme, anticipant sa requête, décrochait déjà le téléphone.

—... appeler pour un scanner, des radios du torse et de l'abdomen, et prévenir l'orthopédie... C'est parti !

Keith Thompson plaçait les fils du moniteur cardiaque sur le torse de Tom lorsque le Dinamap — l'appareil mesurant la tension, la saturation du sang en oxygène et le pouls — émit un signal d'alarme.

— La tension chute : 8/4, pouls 130, annonça-t-il.

— O.K.

Sarah, sans perdre son calme, palpa le ventre et le torse du patient.

— On va lui injecter plus de liquides en attendant de connaître le groupe sanguin ; Lizzie, une poche de Hartmann, s'il vous plaît, dit-elle en posant le stéthoscope sur le flanc gauche de Tom.

— Un coup de main ? proposa Jamie. Il est intubé, voies aériennes dégagées. Les pupilles répondent à la lumière, mais je ne peux rien faire de plus tant qu'on n'a pas le scanner.

— Il a un pneumothorax sous tension côté gauche ; j'ai besoin d'un drain tout de suite. Elspeth, vous pouvez me passer le kit, s'il vous plaît ?

Tamponnant le flanc gauche d'antiseptique, elle prit le scalpel de la main de Jamie. Avant qu'elle ait pu atteindre la peau, cependant, le moniteur émit un nouveau signal.

— Fibrillation auriculaire ! s'écria Keith.

— Continue, Sarah, on va le ventiler, répondit calmement Jamie en fixant déjà l'ambu au tube qu'il avait inséré plus tôt.

Trop focalisée sur son patient pour être consciente de la tension croissante dans la salle, Sarah fit sans hésiter la petite incision dans l'espace intercostal.

Relevant les yeux, elle vit le signe d'encouragement

presque imperceptible de Jamie ; tous deux savaient que le plus petit dérapage pouvait se révéler catastrophique. Mais ils n'avaient pas une seconde à perdre ; ils devaient impérativement rétablir la circulation sanguine et l'insertion du drain, à cet égard, était cruciale.

Saisissant un long tube de plastique, elle le poussa avec autant de fermeté que de précaution entre les côtes de Tom et jusque dans son torse. Soudain le tube se remplit de sang rouge vif qui se déversa dans le récipient auquel il était relié. Le signal du moniteur se tut sur-le-champ, aussitôt remplacé par les bruits rassurants indiquant le retour d'un rythme cardiaque régulier.

— C'est bon, tout le monde, il est stable, déclara Sarah. On l'emmène en radio pour un scanner qui nous dira l'importance du trauma crânien.

Lizzie lui dégagea le passage alors que, aidée de Jamie, elle poussait le chariot vers le service de radiologie. Une infirmière de triage les rattrapa comme ils en franchissaient les doubles portes battantes.

— Mme Fraser, la mère du patient, est arrivée. L'un de vous peut-il aller lui parler ? demanda-t-elle.

— Vas-y, Sarah, dit Jamie. Keith et moi resterons avec Tom.

— Merci. J'y serai dans une minute, dit-elle à l'infirmière. Conduisez-la dans la salle réservée aux familles, je vous prie.

Tandis qu'elle ôtait ses gants et sa tenue tachée de sang, Sarah profita de ce répit pour se ressaisir.

Annoncer de mauvaises nouvelles était un aspect de son travail qu'elle haïssait, mais au moins, cette fois-ci, pourrait-elle assurer à cette femme que son fils survivrait à ses blessures, même si les jours à venir ne seraient pas faciles. De plus, une fois qu'il aurait suffisamment récupéré, Tom devrait subir un interrogatoire de la police qui chercherait à élucider les circonstances de l'accident.

Une demi-heure plus tard, après qu'elle eut laissé la mère en larmes mais rassurée dans la salle d'attente, elle rejoignit Jamie qu'elle trouva en train de discuter avec le radiologue devant les clichés exposés sur l'écran de l'ordinateur.

— Alors ? dit-elle. Le verdict ?

— Bonne nouvelle…, répondit Jamie. Pas de fracture, ni d'évidence d'œdème cérébral. En fait, il est même en train de reprendre conscience.

— Tant mieux. Il va pouvoir aller en orthopédie pour sa jambe, et ensuite, espérons que les soins intensifs auront un lit de libre.

Soudain, l'adrénaline qui l'avait maintenue en état de vigilance extrême durant plus d'une heure se retira, remplacée par une intense fatigue. Et elle devinait aisément que Jamie devait être peu ou prou dans le même état.

— Je t'offre un café ? suggéra-t-elle. Je le fais, cette fois. Laisse-moi juste cinq minutes pour avertir sa mère.

— Super… De mon côté, je vais briefer le chirurgien sur Tom. On se retrouve en bas.

Sarah s'effondra en bâillant dans un des fauteuils. Elle aurait donné cher pour pouvoir s'allonger dans un bon lit et dormir jusqu'au lendemain…

En fait, elle dut se contenter de nettement moins. A peine dix secondes après, en effet, Lizzie venait s'installer face à elle en soupirant, et son expression soucieuse pouvait difficilement être ignorée.

— Un contretemps pour le mariage, Lizzie ? s'enquit-elle.

— Le mariage ? Oh non, tout s'annonce très bien. Non, le problème est ici. Et je doute que ça vous plaise…

— D'accord. Attendez juste que je prenne mon café, et vous allez me raconter ça…

Quand elles eurent toutes deux un mug dans les mains, Lizzie exposa le sujet de ses tracas sans tourner autour du pot.

— Il manquait de la morphine sur un des chariots de réa.

Sarah se redressa dans le fauteuil.

— Vous êtes sûre ? Avec autant de médecins et d'infirmières qui se servent pendant les urgences, il ne doit pas être simple de tenir un compte précis ?

— Je suis bien placée pour le savoir… C'est mon boulot de m'assurer que tout ce qui sort est inscrit. Après chaque urgence, je vérifie tout de suite et je commande ce qui manque.

Mais aujourd'hui, une ampoule de morphine a disparu, et on n'en a pas donné à Tom Fraser. J'ai fait le tour du personnel pour savoir si quelqu'un en avait pris pour un autre patient, mais jusqu'à présent, mon enquête n'a rien donné. Au pire, j'aurais dû trouver une ampoule vide quelque part car j'ai même fouillé dans la poubelle à aiguilles…

— Méfiez-vous de ne pas vous piquer…

— Je fais toujours attention. Le plus ennuyeux, c'est que c'est la deuxième fois en deux semaines que ça arrive. Je n'ai pas signalé la fois précédente, sauf à l'infirmière générale ; sur le moment, j'ai pensé que celui qui l'avait prise avait oublié de le noter…

— Mais aujourd'hui, vous avez des doutes…, dit Sarah.

— Oui. Une fois, ce serait possible. Mais pas deux. Et ce n'est pas tout…

Lizzie se mordit la lèvre ; il était flagrant que ce qu'elle s'apprêtait à lui révéler ne lui plaisait pas du tout.

— Quelqu'un, l'autre soir, a vu le Dr Campbell glisser deux seringues dans sa poche…

Sarah écarquilla les yeux. Lizzie n'imaginait tout de même pas que Jamie puisse être responsable de la disparition de la drogue ?

— Oui, je sais que c'est fou, soupira Lizzie devant son scepticisme, mais si, au moins, on savait pourquoi il les a pris, on pourrait l'éliminer d'office. S'il vous plaît, Sarah… Normalement, je devrais en parler avec ma chef, mais si on peut démêler cette histoire d'abord, j'attendrai jusqu'à demain.

— Je suis certaine que Jamie avait une raison tout à fait plausible d'emprunter ces seringues. Il devait peut-être tout bêtement faire une prise de sang à un patient ?

— C'était juste avant qu'il rentre chez lui le soir, objecta Lizzie, et nous savons très bien que ce n'est pas le rôle d'un médecin chef, en plus.

— Bon… De toute façon, inutile de s'inquiéter pour lui, il nous fournira l'explication quand on la lui demandera. De votre côté, soupçonneriez-vous quelqu'un d'être assez désespéré pour voler de la drogue au risque de ruiner sa carrière ?

— La plupart des infirmières travaillent ici depuis des

années et je n'imagine aucune d'elle capable de faire quelque chose d'aussi stupide. Même si certaines ont des problèmes personnels, c'est évident. La mère d'Elspeth, par exemple, souffre d'arthrite chronique, mais je refuse de penser qu'Elspeth irait jusqu'à voler de la morphine pour la soulager ; elle est bien trop scrupuleuse pour ça.

— Mais le responsable pourrait être quelqu'un d'un autre service… Ecoutez, Jamie sera là dans une minute, et je vais lui en parler. Oh, j'y pense… Karen a eu ce matin des mots avec un patient qui insistait pour avoir une ordonnance d'antalgiques… On peut aussi aller voir de ce côté-là. Ne vous faites pas trop de mauvais sang, Lizzie, on découvrira le fin mot de l'histoire…

Une fois seule, Sarah se renfonça dans le fauteuil en fermant les yeux. Ce rôle de détective auquel la contraignait la situation lui déplaisait souverainement.

Soupçonner ses confrères ou le personnel était idéal pour créer une ambiance détestable. Il fallait au plus vite tirer cette affaire au clair.

Tout à ses préoccupations, elle sursauta quand Jamie entra dans la pièce.

— Et alors, ce café ? plaisanta-t-il. Où est-il ?

Elle se releva pour aller le servir.

— Jamie… Il faut que je te pose une question, commença-t-elle, mal à l'aise, en se rasseyant face à lui. Rien à voir avec Calum, c'est en rapport avec le travail, ajouta-t-elle aussitôt devant son air suspicieux.

Il se détendit visiblement.

— Je t'écoute…

— Quelqu'un a pris de la morphine en réa, deux fois en deux semaines. Et tu as été vu en train de glisser des seringues dans ta poche, l'autre soir…

Jamie la considéra un instant avec une incrédulité qui, devant son air sérieux, se mua brusquement en colère.

— Et tu as bien sûr rapproché les deux faits ! Dans ta tête, je ne peux être qu'un junkie qui n'hésite pas à se servir dans le stock au détriment des patients.

— Arrête, Jamie… C'est ridicule. Je sais très bien que

tu n'irais pas voler de la drogue. Et une fois que tu m'auras dit pourquoi tu as emporté ces seringues, tu m'aideras à découvrir qui a pu le faire…

Elle attendait qu'il s'explique sans hésiter, mais il secoua la tête.

— Désolé, je ne peux pas. Il va falloir que tu me croies sur parole quand je t'affirme que ce n'était pas pour administrer de la drogue, ni à moi-même ni à personne.

— Je regrette, mais ça ne suffira pas, insista-t-elle, déterminée à aller au bout de cette histoire. Il faut que j'aie la certitude que tu n'as rien à voir avec le vol de morphine.

Il se leva, furieux.

— Bon sang, tu me connais, Sarah ! Tu crois vraiment que je serais capable de…

— Je *t'ai connu*, Jamie, rectifia-t-elle. Je ne te connais plus si bien que cela.

Lui tournant le dos, il s'appuya un instant des deux mains sur le petit réfrigérateur, la tête baissée, rigide, puis il fit une brusque volte-face.

— Je n'ai pas pris cette drogue, Sarah, déclara-t-il en détachant chaque syllabe, et c'est tout ce que tu dois savoir quant à moi. Mais si tu veux réellement trouver ton coupable, je te suggère de visionner les cassettes des caméras de surveillance. Et si ça ne donne rien, préviens la police, conclut-il en quittant la pièce.

Sa colère devait être contagieuse car Sarah était hors d'elle aussi. Non qu'elle doutât de son innocence, mais son refus de lui révéler le pourquoi de cet « emprunt » de seringues l'exaspérait. Il lui cachait quelque chose, c'était évident…

Toutefois, son conseil était judicieux. Les caméras de surveillance pouvaient fort bien avoir la solution de l'énigme. D'ailleurs, plus elle y pensait, plus elle était certaine que le coupable n'était autre que Kenny Wilson ; la confusion que l'arrivée de Tom Fraser avait provoquée dans le service avait très bien pu lui permettre de se servir tout seul.

Profitant du calme relatif régnant dans la grande salle des urgences, elle alla trouver George, le chef de la sécurité, qui sortit les cassettes concernées pour les visionner avec elle, et ils eurent bientôt confirmation de ses soupçons. Kenny Wilson y était vu, dans les deux cas, qui attendait l'arrivée d'un blessé pour subtiliser une ampoule de morphine avant de s'esquiver.

— Votre système de sécurité n'est pas au point, commenta George. Si ça ne vous embête pas, je passerai la journée dans votre service, demain, pour voir où ça pèche…

— Entendu, répondit Sarah en soupirant.

Encore une tâche supplémentaire avant qu'elle puisse s'occuper de ses patients. Mais c'était sans doute un petit prix à payer pour gagner l'amélioration de leur sécurité.

Après l'avoir chaleureusement remercié, elle quitta George pour partir à la recherche de Lizzie et de Jamie.

Au moins avait-elle la preuve, désormais, qu'il n'était pour rien dans ce vol.

Mais pourquoi les seringues ? s'interrogea-t-elle encore. N'avait-il pas confiance en elle ? *N'avait-elle pas confiance en lui ?*

Avec sa tête, si. Pas avec son cœur… Plus jamais avec son cœur.

Lizzie fut soulagée qu'elle lui ôte ce poids des épaules.

— Dieu merci, j'avais tellement peur que ce soit l'un de nous… Vous l'avez dit à Jamie ?

— Pas encore. Il était en colère qu'on ait pu le soupçonner…

— Je comprends, mais entre nous, ça n'avait rien d'extraordinaire. Il n'est ici que depuis quinze jours et il est très discret sur sa vie privée. Intuitivement, remarquez, je ne l'aurais jamais suspecté s'il n'y avait pas eu cette histoire de seringues… Et vous ? Oh, mais c'est vrai, j'oubliais que vous l'aviez connu avant…

Sarah eut le désir impulsif de s'ouvrir à cette jeune femme avec qui elle serait sans doute amenée à travailler pendant longtemps.

— Lizzie, si je vous avoue quelque chose, me promettez-vous de le garder pour vous ?

— Vous avez ma parole… Croix de bois, croix de fer…, ajouta-t-elle en souriant.

— Jamie et moi nous sommes rencontrés à la fac de

médecine. A l'époque, j'ai refusé de sortir avec lui ; je ne voulais pas être simplement une parmi toutes celles qui étaient pendues à ses basques. On s'est perdus de vue un moment, et puis nous avons de nouveau été réunis pour notre internat. Il semblait s'être assagi ; toute l'énergie qu'il dépensait avant dans les fêtes et avec les filles, il l'investissait alors dans les sports extrêmes. Et Dieu sait qu'il en avait à revendre… Son enthousiasme arrivait à conquérir autant les médecins que les patients. Cette fois-ci, après avoir résisté encore un peu, j'ai fini par céder et sortir avec lui.

Elle marqua une légère pause avant de poursuivre :

— Nous nous sommes découvert une passion commune pour les longues randonnées et il m'a transmis celle de la varappe. Jusqu'à ce que…

— Que quoi ? l'encouragea Lizzie quand elle s'interrompit.

— Que nous terminions notre formation et que nous décrochions nos diplômes de médecin… Peu de temps après, il m'annonçait un beau jour qu'il partait pour l'Afrique du Sud.

— Sans vous demander de l'accompagner ?

— Non. Il m'avait avertie depuis le début qu'il n'avait aucune intention de s'engager et qu'il ne se marierait jamais. J'ai dû l'effrayer lorsque j'ai évoqué la possibilité d'avoir des enfants…

— Vous pensiez pouvoir le changer, n'est-ce pas ? dit gentiment Lizzie.

— Sans doute. Je croyais vraiment qu'il m'aimait.

— Cela a dû être dur, pour vous… Mais c'est peut-être mieux ainsi ; il a l'air d'être de ces hommes qui ont un besoin maladif de passer d'une femme à l'autre. Pour être franche, le bruit circule qu'il aurait quelqu'un qui l'attend en Afrique ; Elspeth l'a entendu discuter au téléphone, l'autre jour, et il promettait à quelqu'un qu'il rentrerait bientôt. Et puis il y a aussi Annie Walker, la sage-femme…

Sarah eut un sourire amer.

— Oui. On comprend qu'il se soit enfui à toute vitesse quand j'ai commencé à vouloir le garder pour moi toute seule… En tout cas, moi, j'étais folle amoureuse de lui. Ma naïveté a été de croire que c'était réciproque…

— Il est donc parti et, ensuite, vous n'avez plus eu de nouvelles ?

— Pas un mot.

— Mmm… Il a dû être surpris de vous retrouver avec un fils, alors.

Sarah vit les yeux de l'infirmière s'arrondir.

— Oh… Est-ce que Calum…

— Oui, dit-elle. Et ça a été un choc pour lui de l'apprendre, tout autant que moi de découvrir qu'il remplaçait le Dr MacDonald…

— Mais maintenant qu'il sait, il doit vouloir voir son fils grandir et partager votre vie, non ?

— Apparemment non…

— Non ? C'est drôle, j'aurais cru qu'il était plus responsable que ça.

Sarah eut subitement l'impression d'en avoir trop dit. Il était temps qu'elle arrête là ses confidences pour l'instant.

— Je suis désolée, Lizzie, de vous importuner avec mes histoires.

— Pas du tout, Sarah. Si ça vous a fait du bien d'en parler, alors tant mieux. Et vous pouvez compter sur moi ; je sais être muette comme une carpe quand il le faut. Et ne craignez pas non plus que je juge Jamie pour autant. D'une part, ça ne me regarde pas, et de plus, ce qui compte, dans le cadre de l'hôpital, c'est sa valeur professionnelle. Et là, c'est certain, c'est un des meilleurs médecins avec qui j'ai collaboré depuis que je travaille…

— Oui, c'est sûr. Merci, Lizzie…

6.

Keith Thompson vint à sa rencontre alors qu'elle se dirigeait vers la grande salle des urgences.

— Vous avez une minute, docteur Carruthers ?

Bien qu'elle l'eût à plusieurs reprises encouragé à l'appeler par son prénom, Keith persistait à lui donner son titre. Toutefois, elle se rappelait sa propre expérience de jeune interne où elle aussi était trop intimidée par les médecins chevronnés pour se permettre ce genre de familiarité avec eux.

— Bien sûr. De quoi s'agit-il ?

— D'une femme de soixante et onze ans qui souffre de douleurs cardiaques et qui devrait être hospitalisée. Le problème, c'est qu'elle refuse parce qu'elle est seule à s'occuper de son fils de quarante et un ans trisomique, qui est venu en ambulance avec elle. Et elle s'est énervée quand j'ai évoqué les services sociaux. Maintenant, elle est en train de se rhabiller pour rentrer chez elle et j'avoue que je ne sais pas comment la retenir…

— Dans quel box est-elle ?

En se présentant à Margaret Loveday, septuagénaire au menton volontaire et au regard vif, Sarah comprit que la partie n'était pas gagnée.

La patiente était de toute évidence angoissée, mais elle portait aussi sur son visage marqué toutes les batailles qu'elle avait dû livrer dans une vie semée d'épreuves, et qu'elle avait remportées.

Son fils, assis près d'elle, lui tenait la main ; ses traits avaient les caractéristiques très reconnaissables du syndrome de Down. Il lui adressa un sourire auquel elle répondit avec chaleur.

— Vous allez devoir rester ici cette nuit, madame Loveday, dit-elle.

— Je ne peux vraiment pas revenir faire les tests demain ?

— Non, nous devons vous garder en observation, insista-t-elle d'un ton rassurant afin de ne pas l'alarmer davantage. Je sais que vous êtes inquiète pour votre fils, mais les services sociaux pourront envoyer quelqu'un qui restera chez vous avec lui un jour ou deux.

— Ce serait faire entrer le loup dans la bergerie, répondit Margaret. Après ça, ils ne nous laisseraient plus en paix. Ils voudront m'enlever mon David pour le mettre dans un de leurs établissements spécialisés en prétextant que je ne suis pas capable de m'en occuper, comme ils voulaient le faire quand il est né. Ils disaient qu'il ne pourrait jamais rien faire tout seul, même pas s'habiller ou aller aux toilettes, et que je devrais tout bonnement l'abandonner. Vous savez…

Elle saisit la main de Sarah avec une force étonnante qui contredisait son apparente fragilité.

—… je n'avais pas de mari, et à l'époque, c'était très mal vu. Ils disaient qu'être une mère célibataire était assez difficile comme ça, sans parler d'élever seule un handicapé.

— Est-ce cela qui vous effraie ? demanda-t-elle. Qu'ils vous enlèvent David ? Je comprends votre inquiétude, madame Loveday. Mais les temps ont changé, et les services sociaux aussi. Aujourd'hui, ils s'efforceront au contraire de vous aider à le garder chez vous, parce qu'il ne sera jamais mieux qu'avec sa mère.

Margaret n'avait toujours pas l'air convaincue.

— Vous savez qu'il fait tout lui-même ? N'est-ce pas, mon chéri ? Il a même un travail.

David s'épanouit sous les compliments de sa mère qui se tourna de nouveau vers Sarah.

— Les médecins se sont trompés, à l'époque, pourquoi est-ce que je devrais vous faire confiance maintenant ?

Sarah s'assit au pied du lit.

— Vous avez raison. Les médecins, pas plus aujourd'hui qu'hier, ne sont à l'abri d'une erreur. On oublie trop souvent que nous sommes humains, nous aussi… Ils ont eu tort, pour David, et vous avez eu raison de vous battre. A présent, toutefois, nous avons les moyens de déceler très tôt les anomalies du fœtus, et les parents peuvent ainsi prendre leur propre décision.

Elle remarqua que la patiente commençait à se calmer, mais elle devait absolument gagner sa confiance.

— J'ai un petit garçon qui a presque sept mois, dit-elle. Au début de ma grossesse, les analyses ont révélé qu'il y avait un risque qu'il soit trisomique.

Cette fois, Margaret rencontra son regard et l'écouta avec attention.

— A votre époque, ce test que l'on fait maintenant à toutes les femmes enceintes n'existait pas. Or le mien était positif, et j'ai été confrontée à un dilemme : soit je ne bougeais pas, et je priais pour que mon bébé soit normal, soit je subissais une amniocentèse, avec la possibilité de faire une fausse couche. Après avoir longuement réfléchi et discuté avec des femmes qui ont élevé des enfants comme David, je me suis rendu compte du bonheur que leur apportaient ces enfants qui, pour la plupart, sont devenus eux aussi des adultes raisonnablement indépendants. Alors j'ai couru le risque. Pourtant, au début, j'avais presque renoncé à le garder parce que, comme vous, je suis une mère célibataire. Mais ma résolution, une fois qu'elle a été prise, était l'engagement formel envers mon bébé que je l'aimerais et le chérirais quoi qu'il arrive.

Après quelques secondes de silence, Mme Loveday lui tapota affectueusement la main.

— Alors je comprends votre angoisse, conclut Sarah. Et je comprends aussi que vous vouliez protéger David, mais n'est-il pas souhaitable qu'il apprenne à connaître et à se fier à d'autres personnes pour le jour où, espérons le plus tard possible, vous ne serez plus là pour lui ?

Margaret acquiesça en soupirant.

— Vous avez raison, bien sûr… Mais il est difficile de leur donner leur indépendance.

— Ça l'est pour tous les parents… Je vous en prie,

madame Loveday, faites confiance aux services sociaux. Et n'oubliez pas qu'en refusant de vous soigner, vous risquez tout simplement d'écourter le temps qu'il vous reste à passer avec David…

Cet ultime argument emporta l'assentiment de Margaret.

— D'accord, dit-elle enfin. Je n'ai pas vraiment le choix, de toute façon… Mais à la condition qu'ils envoient quelqu'un à la maison ; je ne veux pas que David soit plus perturbé qu'il ne l'est déjà.

— Je m'en assurerai personnellement, promit Sarah.

Jamie s'écarta du rideau qui isolait le box. Il avait par hasard surpris quelques mots en passant et s'était arrêté pour écouter jusqu'au bout les confidences de Sarah. Ce qu'il venait d'apprendre l'avait atterré.

Jamais il n'aurait imaginé qu'elle ait dû affronter une telle épreuve — et seule. Et à présent, il était probable que, par sa faute, elle doive traverser des années d'angoisse et de souffrance. Attendre les résultats était insupportable ; il appellerait Robert dès que possible pour lui dire d'accélérer le processus.

Ce soir-là, il téléphona en Afrique du Sud, à l'hôpital Lebowa, ainsi qu'il le faisait régulièrement pour s'assurer qu'ils n'avaient toujours pas besoin de lui.

Aujourd'hui, cependant, son confrère Greg ne fut pas aussi optimiste que d'habitude. Un autre médecin expérimenté, en raison d'une urgence familiale, avait dû rentrer en Europe, et Greg ne lui avait pas caché son inquiétude devant le surcroît de travail que cela représentait pour l'équipe.

— Veux-tu que je revienne tout de suite ?

Alors même qu'il le lui proposait, Jamie avait conscience que ce ne serait pas aussi simple. Pas à cause du Royal ; contrairement au petit hôpital africain pauvrement financé, un établissement de cet ordre n'aurait pas trop de mal à lui trouver un remplaçant.

Non, ce qui le retenait désormais était d'un ordre plus personnel…

Calum et Sarah.

— Non, répondit Greg. On pourra encore se débrouiller pendant une quinzaine. Si on sait que tu viens, on tiendra jusque-là.

— Et Sibongele ? Comment va-t-il ?

— Ça va, répondit Greg après une infime hésitation. Tu lui manques, bien sûr ; il demande tous les jours après toi.

— Les recherches ont donné quelque chose ?

— On essaie toujours de retrouver la sœur de sa mère. Une des infirmières pense savoir dans quel village elle vit et on a fait transmettre le message que Sibongele est assez rétabli pour quitter le Lebowa.

— Si elle n'a toujours pas donné signe de vie à mon retour, j'irai la chercher moi-même. Ce gosse a besoin d'une famille.

— Le problème, Jamie, c'est qu'il n'a pas envie de partir. Tu sais très bien que, pour lui, depuis que sa mère est morte, c'est toi, sa famille. Il est depuis si longtemps dans le service qu'il ne se souvient plus de rien d'autre, et il adore nous aider, en plus. C'est un gamin très vif ; il récite par cœur tout ce qu'il a appris de toi… Je te jure que certains patients ont plus confiance en son opinion qu'en la nôtre ! conclut Greg en riant.

Jamie songea avec affection au garçon de quatorze ans, à son sourire franc et son irrépressible besoin de se rendre utile.

Toutefois l'attachement qu'il lui vouait l'inquiétait ; Dieu sait pourquoi il avait voulu voir l'image d'un père en lui qui ne savait même pas s'il serait capable d'en être un pour son propre fils.

Mais la tuberculose avait emporté sa mère, ce qui l'avait obligé lui-même à rester six mois à l'hôpital, et qu'il le veuille ou non, Sibongele l'idolâtrait.

Et lui-même n'était pas insensible au charme du préadolescent, il s'en fallait. Il devait même s'avouer que, même s'il souhaitait le voir retrouver une famille, il regretterait sûrement de ne plus l'avoir avec lui quand il retournerait là-bas.

Après avoir raccroché, incapable de tenir en place, il arpenta la pièce unique du studio mis à sa disposition par le Royal. A une ou deux reprises, il fut sur le point d'appeler Sarah, mais se ravisa. Pour lui dire quoi ?

La pluie battante qui tambourinait sur les vitres n'était pas de nature à lui remonter le moral et il éprouva soudain le désir ardent de revoir ce pays où il avait passé plus d'un an et demi.

Les grands espaces et le soleil lui manquaient ; le Lebowa, créé à l'origine par des missionnaires, aussi. Le personnel devait sans doute mettre les bouchées doubles pour compenser son départ et celui de son confrère.

Devait-il donner sa démission dès maintenant afin de laisser à la direction le temps de lui trouver un remplaçant ? Il avait suffisamment mis ses connaissances à jour, à présent, il était prêt.

Prêt à sortir de la vie de Sarah et de Calum ?

C'était peut-être mieux ainsi.

La sonnerie du téléphone l'arracha à ses pensées déprimantes.

— Salut, Jamie, c'est Robert. Tu peux me rejoindre au pub en face de chez toi dans dix minutes ?

Le cœur de Jamie s'accéléra.

— Tu as les résultats ?

— Oui, mais tu attendras d'être face à moi pour les connaître. Tu peux venir ?

— J'arrive tout de suite.

A part deux couples bavardant calmement à une table près de la grande cheminée, le pub était presque vide. Robert l'attendait devant le bar.

— Qu'est-ce que tu prends ? demanda-t-il.

— Je commanderais bien un triple whisky bien tassé, mais je suis de garde, alors je me contenterai d'un Coca.

Sur des charbons ardents, Jamie patienta jusqu'à ce que le serveur leur apporte leurs consommations à la table isolée qu'ils avaient choisie.

— Alors ? dit-il, impatient, quand ils furent enfin seuls.

Robert leva son verre en souriant.

— A ta santé, Jamie. Les résultats sont négatifs. Tu n'es pas porteur du gène.

Jamie eut la sensation qu'il venait de recevoir un coup en plein plexus solaire.

Fermant les yeux, il reprit le souffle qui lui avait été une seconde coupé. A aucun moment il n'avait osé envisager une fin heureuse à des années d'incertitude.

— Tu es sûr ? insista-t-il, incapable de s'en empêcher. Il faut que je le sois à cent pour cent.

— Je savais que tu me dirais ça, et j'ai usé de mon influence pour demander qu'on revérifie les tests. Et il n'y a aucun doute. Tu n'es pas porteur.

Jamie s'affaissa contre le dossier de sa chaise.

— Oh, Dieu merci…

— Tu peux me remercier aussi…, plaisanta Robert. J'ai dû sacrément me démener et faire jouer mes relations pour que tu aies ces résultats aussi vite.

— Je te revaudrai ça, vieux. Ce que tu veux… Tu n'as pas idée de ce que ça représente pour moi.

Sa première pensée fut pour Calum. Son fils n'avait ainsi aucun risque d'avoir un jour la chorée de Huntington, une affection dégénérative héréditaire de l'adulte. Il ne connaîtrait jamais l'horreur de perdre peu à peu le contrôle de ses muscles et donc de devenir de plus en plus dépendant. Il ne devrait jamais, comme Jamie avait vu son propre père le faire, se battre pour accomplir des gestes aussi simples que manger et respirer.

Rien de tel ne se dresserait sur le chemin que Calum choisirait pour son avenir.

Et sur le sien non plus. Il pourrait enfin vivre sans cette épée de Damoclès au-dessus de la tête.

Pour la première fois depuis que la maladie de son père lui avait été révélée, alors qu'il était en première année d'internat, Jamie pouvait s'envisager un futur.

Y inclurait-il Calum ? Certainement.

Et Sarah ? Pourrait-elle apprendre à lui faire de nouveau confiance ? A l'aimer de nouveau ? N'était-il pas trop tard ?

Il devait lui parler, et tout de suite. Seule sa bonne éducation le dissuada d'abandonner Robert pour aller sur-le-champ sonner à sa porte.

— Tu en prends un autre ? s'enquit-il en le voyant finir son verre.

— Non, merci. J'ai pitié de toi, tu trépignes déjà pour me fausser compagnie… Tu comptes le dire à Sarah ?

— Au moins, je peux maintenant lui expliquer la raison de mon comportement. Je n'ose imaginer ce qu'elle doit penser de moi. Je l'abandonne pour fuir en Afrique, et quand je reviens, je me conduis comme si je ne voulais pas de mon fils…

— Mmm, c'est sûr que les apparences jouent contre toi. Mais tu as de la chance, Sarah est assez intelligente pour comprendre. Allez, ne m'attends pas… Il est grand temps que tu organises le reste de ta vie.

Sarah venait de sortir Calum de son bain quand le carillon de l'entrée retentit. Enveloppant le petit dans une grande serviette moelleuse, elle alla ouvrir et fut surprise de trouver Jamie, un sourire jusqu'aux oreilles, sur son paillasson.

— Bonsoir, Sarah… Je peux entrer ?

Jamie ? Que faisait-il ici à cette heure ?

— Je suis occupée, comme tu le vois. Tu choisis mal ton moment…

— Je peux t'aider à le coucher, si tu veux, répondit-il en le lui prenant d'office des bras.

Elle faillit le lui reprendre. Qu'est-ce que ça signifiait ? Un jour, il ne voulait plus entendre parler d'elle ou de son fils, et le lendemain, il débarquait chez elle comme en pays conquis…

— Que viens-tu faire ici, Jamie ? Si c'est Calum que tu veux voir, il va falloir qu'on discute un peu avant…

— Je veux te parler, coupa-t-il. Mais on va d'abord mettre ce bonhomme-là au lit pour ne pas être dérangés. Dis-moi ce que je dois faire.

Elle réprima un sourire. Il était manifeste que son expérience en matière de bébé était quasi nulle, et il était plutôt drôle de le voir, lui, un homme capable d'escalader une paroi abrupte avec une assurance insolente, désarmé devant un enfant de six mois.

— D'accord, reste. De toute façon, il fallait que nous abordions le sujet, alors pourquoi pas ce soir ? Donne-le moi, je vais d'abord finir de le sécher.

Jamie la regarda en silence alors qu'elle frictionnait Calum devant le feu craquant dans le petit âtre du salon. Les deux êtres qu'il commençait à considérer comme sa famille…

Mais, déjà, il regrettait de ne pas avoir été là pour voir Calum naître, pour ne pas avoir accompagné Sarah durant sa grossesse…

Pourquoi avait-il refusé de faire les examens plus tôt ? Par lâcheté ? Oui, évidemment. Quoi d'autre ? Il avait préféré se mettre la tête dans le sable pour ne pas avoir éventuellement à affronter un avenir désespérant.

— Tu peux le surveiller une minute ?

Perplexe, Sarah sortit de la pièce pour aller chercher un pyjama blanc sur lequel gambadait une tripotée de lapins bleus imprimés.

L'attitude de Jamie était pour le moins confondante. Avait-il finalement décidé d'intégrer Calum dans sa vie ? Et si c'était le cas, qu'en penserait-elle ?

Quand elle revint dans le salon, elle trouva le fils sur les genoux du père ; tous deux étaient en train de se fixer intensément. Sa gorge se serra devant cette scène touchante.

Elle attendit que Jamie se tourne vers elle pour prendre Calum. Après lui avoir enfilé son pyjama, elle s'assit pour lui donner son biberon qu'il but en s'endormant à demi.

Il avait à peine posé la tête sur l'oreiller, un quart d'heure plus tard, qu'il sombra aussitôt dans le sommeil.

Elle alluma la veilleuse puis, laissant la porte entrouverte, rejoignit Jamie qui mettait une nouvelle bûche dans la cheminée.

— O.K., dit-elle, s'asseyant à même la moquette. Je t'écoute.

Il prit place sur le bord du fauteuil, penché en avant, et elle redouta soudain ce qu'il s'apprêtait à lui dire. Devait-il repartir en Afrique plus tôt que prévu ?

Quelque chose se crispa dans sa poitrine. Elle ne supporterait pas de le perdre une seconde fois…

— J'ai un aveu à te faire, Sarah, commença-t-il. Mais je t'en prie, essaie de ne pas m'interrompre.

L'appréhension de Sarah s'accrut plus encore. Serait-ce une nouvelle fois la grande scène des adieux ?

— Mon père est mort il y a trois ans, mais tu le savais déjà. Ce que tu ignores, par contre, c'est qu'il est mort de la chorée de Huntington.

Elle ne put retenir une exclamation de surprise. Pourquoi ne lui avait-il rien dit ? songea-t-elle, aussitôt affolée par l'implication de cette révélation.

— Hé ! Il n'y a rien de grave, reprit-il. Je viens de découvrir que je ne porte pas le gène. C'est à ça que m'ont servi les seringues que j'ai prises dans le service.

— Mais pourquoi ne pas m'en avoir parlé *avant* ?

— Je n'ai pas pu. Je suis désolé, Sarah… J'avais décidé depuis longtemps que je ne voulais pas savoir si j'étais porteur du gène ; je refusais de vivre en sachant ce qui m'attendrait si les examens avaient été positifs. Et pour cette raison, je ne pouvais pas rester avec toi… Il m'aurait été insupportable que tu te sacrifies pour moi. Et je n'avais pas le droit non plus de t'empêcher d'avoir des enfants à qui j'aurais pu transmettre la maladie.

Sarah le considéra avec stupéfaction. Avait-il si peu foi en elle ? Oui, il avait agi pour la protéger, c'était certain, mais n'était-ce pas pousser le bouchon un peu loin ?

D'un autre côté, si elle avait su, quand elle était enceinte, aurait-elle accepté d'aller au bout de sa grossesse ? La crainte de voir son enfant vivre avec une bombe à retardement dans le cerveau, ajoutée à celle d'une possible trisomie, ne l'aurait-elle pas convaincue d'y mettre un terme ?

— Tu comprends maintenant pourquoi j'étais horrifié d'avoir un fils, reprit-il. A partir de là, j'ai été obligé de faire ce test.

— Tu aurais dû m'en parler, Jamie, insista-t-elle. De quoi avais-tu peur ? Que je m'enfuie en hurlant ? Tu sais pourtant ce que j'éprouvais pour toi…

— Je te l'ai dit, l'interrompit-il. C'est précisément parce que tu te serais sacrifiée que je ne voulais pas partager ce fardeau avec toi. Je n'aurais pas supporté ta pitié.

— Avais-tu pitié de ton père ? Et ta mère ? Avait-elle pitié de lui ?

— Non, elle l'aimait, et elle a investi toute son énergie à le soigner pendant deux années de calvaire. Elle avait même refusé que j'engage une infirmière. Personne d'autre qu'elle ne pourrait mieux l'accompagner sur ce chemin de croix, disait-elle. Elle avait raison, bien sûr, mais elle y a laissé aussi sa santé.

— N'est-ce pas le véritable sens des vœux du mariage, Jamie ? On s'aime pour le meilleur et pour le pire ?

— Exactement. Et tu les aurais respectés à la lettre. Et non, je n'avais pas pitié de mon père ; je me sentais juste abominablement impuissant. A quoi rimaient toutes mes années d'études si j'étais incapable de l'aider ? C'est pour ça que je ne voulais pas d'enfants, pour ne pas risquer de leur transmettre cette saleté de maladie. A tort ou à raison, j'ai fait mon choix.

Sarah laissa s'écouler un petit temps avant de poser la question qui s'imposait après cette confession.

— O.K. Maintenant que tu sais que tu n'as rien à craindre, qu'est-ce que ça change, pour toi ?

— Tout ! s'exclama-t-il spontanément. Je veux une famille. Toi, Calum et moi. N'est-ce pas ce que tu as toujours souhaité ?

— Tu crois ?

Tout à son enthousiasme, Jamie, c'était évident, n'avait pas perçu la froideur de son ton…

— Je veux vous emmener en Afrique, poursuivit-il. Tu pourrais travailler avec moi à l'hôpital, à mi-temps si tu préfères. Tu verras, tu adoreras ce pays…

— Et pourquoi voudrais-tu que je te suive ? Tu ne penses pas que j'ai déjà une vie, ici ? Que fais-tu de mon travail, de ma mère, de mes amis ?

— Ça ne serait que pour un an ou deux, au début. Ta mère et tes amis pourraient venir nous voir… Et je te l'ai dit, tu serais la bienvenue au Lebowa. Ils ont besoin de toute l'aide qu'on peut leur apporter.

— Il vaut mieux que tu rentres chez toi, Jamie.

Il en resta bouche bée ; il était clair que sa réaction n'était pas celle qu'il avait espérée.

Alors, soudain, elle ne put contenir davantage sa colère.

— Mais qu'est-ce que tu crois ? explosa-t-elle à voix basse pour ne pas réveiller Calum. Qu'il te suffit de claquer des doigts pour que j'abandonne tout, mon poste et les gens que j'aime, pour te suivre à l'autre bout du monde ? D'abord, tu disparais de ma vie sans explication après m'avoir mise enceinte et… Bon, O.K., O.K., dit-elle en levant les mains pour prévenir ses protestations. Tu ignorais que je l'étais, mais à la limite, ce n'est pas le problème. Parce que, enceinte ou non, tu aurais pu prendre de mes nouvelles, on a des confrères en commun… Mais non. Silence radio… Je ne t'intéressais plus. Et puis tu resurgis un beau jour, tu as une attitude complètement équivoque avec moi qui ne sais plus sur quel pied danser, et tu me rejettes une fois de plus — avec Calum. Jusqu'à ce que tu décides que ton fils, en fin de compte, est digne de ton intérêt. Et aujourd'hui, au lieu de venir, sinon me présenter des excuses, du moins chercher à se faire pardonner la galère que j'ai vécue par sa faute, monsieur débarque en conquérant et en exigeant que je fasse mes valises pour l'Afrique ! Non, mais tu rêves ou quoi ?

Elle se tut une seconde pour reprendre son souffle, puis pointa son index vers la porte.

— Va-t'en tout de suite avant que je dise des choses que je regretterai, ajouta-t-elle, les dents serrées.

Jamie rentra à pied chez lui, et sous la pluie, mais après la douche glacée qu'il venait d'essuyer, quelle importance. Il devait admettre que son soulagement de ne pas être porteur du gêne avait été tel qu'il n'avait pas une seconde réfléchi à la réaction de Sarah.

Quel idiot… Il aurait dû attendre d'être redescendu sur terre pour aller la voir et discuter calmement de tout cela.

Mais était-ce vraiment trop lui demander que de le suivre en Afrique du Sud ? Oui, sans doute. C'était même égoïste de sa part car elle avait sa vie à Glasgow. Et sa carrière… Elle avait travaillé très dur, pour arriver à ce niveau, et il venait lui proposer de renoncer à tout cela pour le suivre.

Mais il n'avait guère le choix car il avait l'obligation contractuelle de travailler encore un an au Lebowa, et de plus il ne pouvait pas non plus abandonner Sibongele — pas tant que l'avenir du garçon ne serait pas assuré.

Il y avait tant de choses que Sarah pourrait accomplir, là-bas. Si seulement elle lui donnait une chance de la convaincre…

Pour cela, il devrait utiliser le peu de temps qu'il lui restait et faire taire son impatience pour la laisser venir. Il savait qu'elle avait encore des sentiments pour lui, même si, ce soir, elle les avait plutôt bien cachés.

Il sourit en la revoyant face à lui, les joues enflammées, les yeux brillants, le doigt tendu. L'image même de la passion. Une passion qu'elle savait également si bien exprimer dans ses bras…

Très bientôt, il s'en fit le serment, elle serait de retour là où était sa vraie place.

Dans sa vie — et dans son lit.

Et cette fois pour de bon.

7.

Le ciel était clair, ce samedi matin. L'automne cédait doucement la place à l'hiver qui poudrait de gelée blanche l'or et la pourpre des sous-bois et des campagnes. C'était une saison magnifique.

Et le soleil était au rendez-vous pour le mariage de Lizzie…

Sarah avait passé deux jours — et deux nuits — à réfléchir à l'aveu de Jamie et à ses implications. Dès que sa colère était retombée, elle avait pu comprendre le dilemme auquel il s'était heurté.

Savoir, ou ne pas savoir ? Les deux options étaient aussi terribles l'une que l'autre.

Et il avait raison, au moins sur un point : s'il lui avait dit, elle ne l'aurait jamais quitté. Elle aurait renoncé à avoir des enfants pour rester auprès de lui. La force de son amour ne l'aurait pas fait hésiter une seconde.

Mais lui ? L'avait-il aimée ? Si cela avait été le cas, serait-il parti sans se retourner comme il l'avait fait, sans chercher à découvrir s'il leur était permis d'envisager un avenir ensemble ?

Sauf que s'il avait porté ce gène, il n'aurait jamais accepté qu'elle se sacrifie pour lui.

Un cercle vicieux. Un vrai casse-tête…

Tout de même, il aurait pu se confier à elle…

Et aujourd'hui ? Souhaitait-il réellement qu'elle fasse partie de sa vie, ou le voulait-il seulement pour Calum ?

Etait-elle toujours une femme à ses yeux ? Et même s'il ne la considérait plus que comme la mère de son fils, avait-elle pour autant le droit de refuser à Calum une chance de connaître son père ? Car il était visiblement décidé à repartir en Afrique. Avec ou sans eux.

Elle était épuisée. Toutes ces questions sans réponses étaient usantes.

A contrecœur, elle avait laissé sa mère la persuader d'aller à la réception du mariage. D'autant plus que, sur la suggestion de Lizzie, Alice lui avait proposé d'y aller elle-même une heure ou deux et de remmener Calum ensuite, ce qui lui permettrait de rester un peu plus longtemps.

— Vous travaillez trop dur, Sarah, avait insisté Lizzie. Vous avez une petite mine... A moins qu'il y ait autre chose ? Je suis désolée, j'ai été tellement plongée dans les préparatifs que je n'ai pas été très attentionnée... Si vous avez envie de parler...

— Merci, Lizzie. Au moment venu, je n'y manquerai pas. Mais pas maintenant.

— D'accord, je comprends. N'oubliez pas que je suis là si vous avez besoin d'une amie.

Sarah s'en sentait réconfortée. Depuis qu'elle s'était confiée à elle, l'amitié qu'elle avait spontanément éprouvée pour la jeune infirmière avait pris plus de force.

A 15 heures, Alice et elle étaient donc prêtes à partir. Alice était sur son trente et un, Calum aussi, et Sarah avait hésité longtemps avant de choisir sa tenue.

— Tu es superbe ! s'exclama Alice alors qu'elle sortait de la chambre. Pensais-tu à quelqu'un en particulier en te faisant si belle ?

Il faut dire qu'il y avait longtemps qu'elle n'avait pas fait de tels efforts. Après s'être longuement interrogée, elle avait au final choisi une robe qu'elle n'avait jamais encore portée en soie sauvage émeraude comme ses yeux, qui lui tombait à mi-mollets, épousait en souplesse ses formes et se fermait par des lanières dorées croisées dans le dos. C'était l'occasion ou jamais...

Pas question naturellement de mettre ses chaussures plates de tous les jours. Elle avait sorti du fond de l'armoire la paire quasi neuve d'escarpins aux talons incroyablement hauts qui affinaient le galbe de ses jambes.

Ses cheveux libres sur ses épaules, mais relevés de chaque côté par deux petites barrettes exposaient des pendentifs nacrés et un collier d'ivoire végétal, et son maquillage étudié mais discret escamotait commodément les cernes que lui avaient valu ses deux nuits d'insomnie.

Elle sourit à sa mère.

— Non seulement à moi, répondit-elle. Pour être honnête, j'avais oublié ce qu'il en était d'être une femme. Le rôle de mère m'enchante, mais de temps à autre, il est bon de se rappeler qu'on n'est pas que ça.

A vrai dire, c'était bien sûr en pensant à Jamie qu'elle s'était préparée car lui aussi serait présent à la réception ; la direction du Royal, consciente des besoins du service, avait consenti à engager un de ses anciens urgentistes à la retraite pour assurer un week-end de garde sur deux en attendant de trouver un troisième consultant à temps complet.

— Tu me suis, maman ? demanda-t-elle en prenant Calum dans ses bras.

— Oui, mais d'ici un quart d'heure. Vas-y, je connais le chemin, on se retrouvera là-bas.

A leur arrivée, la nuit commençait déjà à tomber et l'hôtel était aussi illuminé qu'un château de conte de fées. Calum, très impressionné par cette débauche de lumières, ouvrait des yeux grands comme des soucoupes.

Elspeth fut la première à se porter au-devant d'elle.

— Mais quel adorable petit ange..., dit-elle en se penchant sur Calum qui, manifestement sensible au compliment, la gratifia d'un sourire épanoui.

— En général, il l'est... La cérémonie s'est bien passée ? s'enquit Sarah.

— Impeccable. Pas une seule fausse note. La robe de Lizzie est une merveille et Stewart est beau comme un dieu. Ils sont au bar, si vous voulez les saluer tout de suite.

— Je vais d'abord aller promener Calum dans le parc avant qu'il fasse nuit. Je les verrai après.

Ses talons n'étaient pas l'idéal pour ça, surtout sur le

gravier, mais en marchant lentement, elle parvint à ne pas se tordre les chevilles. Attentif au moindre frémissement des feuilles sous la brise, Calum était aux anges. La fraîcheur lui fit resserrer son manteau et bien fermer la couverture dont elle avait enveloppé Calum.

Elle s'apprêtait à rentrer quand une silhouette vint à leur rencontre, et elle n'eut aucun mal à reconnaître Jamie. Elle ne l'avait encore jamais vu en smoking, et en resta un instant sans voix.

— Tu me le prêtes ? demanda-t-il en montrant Calum.

Elle le lui tendit et il le souleva à bout de bras au-dessus de lui en tournant sur lui-même, ce qui le fit rire aux éclats.

— Ça va, mon bébé ? dit-il en se hâtant de l'enfouir de nouveau dans sa couverture.

— Je sais que, selon toi, sa place n'est pas à un mariage, mais il ne fera qu'un court passage, dit-elle d'un ton un peu sec.

Il eut un sourire contrit.

— Tu avais raison, je n'avais aucun droit de me mêler de la façon dont tu l'élèves. Surtout quand j'ai brillé par mon absence depuis le jour de sa conception… As-tu réfléchi à ce que nous avons dit l'autre soir ? Es-tu prête à me concéder au moins une part de responsabilité en ce qui le concerne ?

— Je… je ne sais pas encore. En fait, ça dépend surtout de toi.

Elle n'aurait su à quoi attribuer les tremblements qui la saisirent soudain — fraîcheur de la nuit tombante ou conscience de l'enjeu de leur discussion ?

— Viens, allons à l'intérieur, dit-il. Tu as l'air gelée, tout à coup.

Tout en tenant Calum, il ôta sa veste pour la lui poser sur les épaules.

— Il faut que je reparte en Afrique, Sarah, dit-il alors qu'ils retournaient vers l'hôtel. Le mieux serait que tu viennes y passer une quinzaine de jours avec Calum… Tu pourrais te rendre compte de la vie fantastique qu'on y mène…

— Ça ne ferait aucune différence, Jamie. Tu ne comprends donc pas que je ne peux pas renoncer à ma carrière et à ma famille comme ça ? Il est trop tôt pour savoir si nous avons un avenir ensemble. Je pensais te connaître et je me trompais… et je ne suis pas prête à courir le risque.

Elle eut du mal à soutenir l'intensité de son regard.

— Et moi, je ne peux pas rester ici, répondit-il. Je suis encore sous contrat pour un an et ils ont impérativement besoin de personnel. Et puis il y a ce garçon, Sibongele… J'ai promis de m'occuper de lui.

Il lui effleura doucement la joue.

— Donne-nous une chance, Sarah, murmura-t-il avec une indéniable émotion dans la voix. Je sais que j'ai été un idiot, doublé d'un lâche, de t'avoir quittée sans te donner les vraies raisons, mais je croyais sincèrement que c'était la meilleure attitude vis-à-vis de toi. Tu ne peux pas comprendre que j'essayais avant tout de te protéger ?

Elle secoua tristement la tête.

— C'est justement le problème, Jamie. Tu me considères comme une gamine, et pas comme femme responsable capable de décider par elle-même. Et, aujourd'hui, tu me demandes de te faire assez confiance pour te suivre à des milliers de kilomètres et tourner le dos à tout ce qui compte pour moi ?

Jamie changea Calum de bras et son regard se perdit sur les profondeurs sombres du parc.

— Dans ce cas, je suppose que je vais devoir trouver une solution par moi-même. Je ferai tout ce qui est en mon pouvoir pour être avec toi et Calum.

Sarah eut la sensation qu'il venait de lui ôter le poids qui l'oppressait et, un bref instant, elle s'autorisa à être heureuse. Elle le dévisagea, observa les parenthèses qui commençaient d'apparaître autour de sa bouche, les petites rides étoilées aux coins de ses yeux…

— Comment puis-je être sûre que tu ne me veux pas seulement à cause de Calum ? s'enquit-elle.

— Oh, bon sang, Sarah… Comment peux-tu croire ça ? Bien sûr, j'ai envie d'être avec lui tout le temps, de le voir grandir, mais ne va pas imaginer que tu ne serais que sa mère pour moi. A mes yeux, tu es toujours une femme, Sarah. Et une femme terriblement désirable, ajouta-t-il avec un regard insistant sur sa bouche. Nous avons vécu quelque chose de fort, tous les deux, et je suis certain que nous pourrons le revivre si tu nous donnes une seconde chance.

Elle avait désespérément besoin de le croire. Si elle pouvait avoir la certitude qu'il le pensait vraiment.

— Et si on prenait les choses au jour le jour ? suggéra-t-elle. Et on voit ce qui arrive ?

— Je ferai ce que tu veux, je n'ai pas l'intention de te perdre une nouvelle fois. Allez, viens, on va rejoindre les autres.

Elspeth n'avait pas exagéré : Lizzie était radieuse dans sa robe de satin écru fermée par une longue rangée de petits boutons de nacre. Un diadème de roses blanches miniatures ornait ses longs cheveux auburn relevés en un chignon travaillé.

— Je souhaite à tout le monde de connaître le bonheur que j'éprouve aujourd'hui, dit-elle alors que Sarah venait l'embrasser en compagnie de Jamie.

Au regard appuyé qu'elle promena de l'un à l'autre, il ne faisait aucun doute que son vœu était particulièrement ciblé…

— Profitez bien de cette occasion pour vous défouler, ajouta-t-elle. L'orchestre est là pour ça…

Pourquoi pas ? songea Sarah. Il y avait trop longtemps qu'elle ne s'était pas laissée aller. Ce soir, elle se donnait la permission de s'amuser… De plus, l'expression qui avait brillé dans les yeux de Jamie lorsqu'elle avait ôté son manteau et qu'il avait découvert sa robe l'avait émoustillée. Ses efforts, de toute évidence, n'avaient pas été vains…

Ils rejoignirent plusieurs couples en train d'exécuter une danse traditionnelle écossaise et elle s'étonna que Jamie, malgré sa taille et sa musculature, pût se mouvoir aussi légèrement. En fait, cela n'avait rien d'étonnant car les grimpeurs se devaient d'être aussi agiles que forts. Et chaque fois qu'ils se rencontraient au centre de la piste, elle frémissait en sentant ses bras qu'il refermait sur elle pour la faire tourner.

— Ouf ! s'exclama-t-elle, essoufflée, à la fin du morceau. J'avais oublié que les danses écossaises demandaient autant d'énergie. Je vais faire une pause…

— Un peu d'air frais nous fera du bien. Viens…

Lui prenant la main, il l'entraîna vers la vaste terrasse que bordait une haie de bougainvillées.

— Je ne suis plus très en forme, remarqua Sarah. Il faut vraiment que je refasse un peu d'exercice.

— Je vais grimper, demain. Tu veux venir ?

C'était tentant. Les montagnes lui manquaient.

— Qui d'autre t'accompagne ?

— Personne. Mes équipiers habituels ne sont pas libres, mais j'ai décidé d'y aller tout de même.

Elle secoua la tête.

— Seul ? C'est dangereux.

— Je l'ai fait des dizaines de fois ; et en plus, si tu viens, je ne serai pas seul.

— Ton chantage ne marchera pas, répondit-elle en souriant. Je ne pourrai pas venir. Au cas où tu l'aurais oublié, j'ai quelques obligations…

— Oh, tu parles de Calum ? dit-il, l'air faussement innocent. Ta mère se proposait de le garder ; Elspeth et elle mijotent une sortie pour lui, demain. Et Alice trouve qu'une journée d'exercice te serait très salutaire.

— Je vois, c'est une conspiration. Tu crois qu'Elspeth sait…

— Que je suis le père de Calum ? Pas sûr ; en tout cas, je n'en ai parlé à personne, même si je serais très fier de le crier sur les toits. Mais la décision de le révéler t'appartient.

— Oui. Et je ne suis pas certaine pour l'instant que ce soit indispensable…

— Comme tu veux… Et pour demain ?

— Je ne sais pas…, soupira-t-elle.

— D'accord, mais réfléchis-y, au moins, dit-il alors qu'ils retournaient dans la salle. Ça nous donnerait un peu de temps ensemble.

Une heure plus tard, Alice vint lui annoncer qu'elle était prête à rentrer. Calum s'était endormi dans ses bras et elle-même était manifestement fatiguée.

Sarah lui proposa de les raccompagner, mais Jamie s'interposa.

— J'ai pris une chambre ici pour la nuit en prévision de demain, car ce sera plus commode pour partir de bonne heure vers les collines. Alice et Calum pourraient en prendre une aussi ?

— Merci, mais non. Calum a besoin d'être dans son cadre familier, surtout le matin. En plus, je n'ai pas prévu de couches et de biberons pour ce soir. Je vais les remmener ; juste le temps d'aller chercher mon manteau et…

Jamie la retint tandis qu'elle s'éloignait déjà.

— Non, c'est moi qui y vais. Nous prendrons votre voiture, Alice, et je reviendrai en taxi, ce sera plus simple. Je ne peux pas prendre la mienne, elle n'est pas vraiment conçue pour les sièges de bébé…

Sarah lui attribua mentalement un bon point. Jamie faisait preuve d'une réelle bonne volonté pour assumer ses responsabilités.

— Très bien, dit-elle. Puisque tout est arrangé… Maman, tu n'auras qu'à dormir dans ma chambre si tu veux être près de Calum. Je m'installerai sur le canapé.

— Non, je le monterai chez moi, ce sera plus simple. Comme ça tu pourras faire une grasse matinée. A moins que tu ailles grimper avec Jamie, demain ?

Sarah ne fut pas dupe du très bref coup d'œil qu'échangèrent les deux conspirateurs. Mais s'ils pensaient la manipuler aussi aisément, ils en seraient pour leurs frais…

— Non, je n'irai pas, dit-elle. Je ne veux pas quitter Calum toute une journée. On verra une autre fois.

— Peut-être que nous pourrions organiser quelque chose tous les trois, alors ? suggéra Jamie. Je ferai de l'escalade un autre jour.

Voilà qui était différent. Si Jamie était prêt à placer les besoins de Calum avant les siens, tous les espoirs étaient permis…

— J'y penserai. Je te donnerai la réponse avant la fin de la nuit, promis…

— Entendu. Alors à tout de suite ; il ne me faudra que quarante minutes aller et retour. Réserve-moi la dernière danse…

*
* *

Au retour, après que le taxi l'eut déposé devant l'hôtel, Jamie sortit son mobile pour composer le numéro qu'il connaissait par cœur.

— Hôpital Lebowa, annonça une voix féminine.

— Le Dr Lawson, s'il vous plaît. De la part du Dr Campbell.

Dix secondes plus tard, Greg, son ami et confrère, était au bout du fil.

— Jamie ? Heureux de t'entendre. J'espère que c'est pour m'annoncer une bonne nouvelle ? Tu arrives plus tôt que prévu, c'est ça ?

— Non, désolé, Greg… En fait, c'est plutôt l'inverse. J'ai décidé de rester ici. Je reviendrai pour deux ou trois semaines, au moins jusqu'à ce que tu aies trouvé quelqu'un pour me remplacer et que Sibongele soit avec sa famille, mais je ne pourrai pas honorer mon contrat. Je t'expliquerai tout quand je te verrai.

Le court silence qui suivit ne lui dit rien qui vaille.

— Ce n'est pas ce que je voulais entendre, c'est sûr, mais je me doute que tu as de bonnes raisons pour ça. Tout le monde sera déçu ; on a tellement besoin de toubibs de ton niveau… Mais je ne t'apprends rien, évidemment.

— Je sais. Si je pouvais faire autrement, je n'hésiterais pas, je t'assure. Je vais en parler autour de moi, ça pourrait intéresser quelqu'un.

— Ce serait bien, oui. Autant mettre toutes les chances de notre côté… Il y a autre chose, aussi. En fait, j'allais t'appeler.

— Quoi ? C'est Sibongele ? Il y a un problème ?

Le soupir de Greg franchit la longue distance.

— Oui. On a finalement retrouvé sa tante, mais elle a déjà cinq enfants et elle ne peut pas le prendre. Mais quand on a annoncé à Sibongele qu'il devrait aller dans un foyer, il a paniqué. Il veut absolument rester avec toi. On lui a expliqué que ce n'était pas possible… et il s'est enfui. On a fini par le récupérer, affamé et effrayé, le pauvre gosse, et on l'a ramené ici, mais il est évident qu'il filera de nouveau si on cherche à le placer quelque part.

Jamie ferma les yeux un instant en se passant la main sur le visage. Pauvre Sibongele. Il avait déjà connu trop d'adversités dans sa vie : la mort accidentelle de son père quand il avait huit ans, celle récente de sa mère, le rejet de sa tante… Et à présent, il devrait lui annoncer qu'il ne reviendrait pas en Afrique…

— Ecoute, ne lui dis rien quant à mes projets, je le ferai moi-même. Mon remplacement ici se termine à la fin de la semaine prochaine et je me débrouillerai pour venir le plus vite possible après ça.

— O.K., Jamie. Tiens, je te passe Sibongele, qui vient traîner dans le coin, comme par hasard. Salut. Et tiens-moi au courant.

— Tu reviens quand ? demanda Sibongele sans préambule.

— Bientôt, Sibongele, et on aura une longue discussion. Mais d'ici là, promets-moi de ne plus fuguer.

— Seulement si je peux rester avec toi.

Le cœur de Jamie se serra.

— Promets-le moi, insista-t-il cependant. Plus de fugue, d'accord ?

— D'accord. Jusqu'à ce que tu reviennes. Je suis bien, ici, à l'hôpital. Et je vais à l'école, aussi. Si je travaille bien, je pourrai peut-être être docteur comme toi, un jour. Le Dr Greg et les autres disent que j'apprends vite.

— Je m'en suis rendu compte, Sibongele…

Une idée germa dans l'esprit de Jamie. Et s'il s'arrangeait pour que l'adolescent vienne étudier en Grande-Bretagne ? Il allait se renseigner.

En attendant, il devrait retourner au Lebowa jusqu'à ce qu'on lui trouve un remplaçant là-bas. Ce serait l'affaire d'un ou deux mois, pas plus, du moins l'espérait-il. Sarah comprendrait. Parce qu'ensuite, il serait avec elle et Calum. Définitivement.

Sarah avait mal aux pieds. Elle avait dansé une heure durant, passant d'un cavalier à l'autre, et se reposait depuis cinq minutes à une table quand deux mains se posèrent sur ses épaules.

— Cette danse m'est réservée, murmura une voix chaude derrière elle.

Elle frémit et, sans un mot, le laissa la guider jusque sur la piste au son d'un des slows que l'orchestre jouait depuis un moment et qui annonçait la fin de la soirée.

— Je n'ai pas encore eu l'occasion de te dire à quel point tu es belle ce soir, chuchota-t-il, la bouche dans ses cheveux, et les mains plaquées sur la chute de ses reins.

Elle sentit le désir s'enflammer aussitôt au creux de son ventre. Comme il se penchait vers elle, elle crut qu'il allait l'embrasser, là, au vu et au su de leurs confrères encore présents. Mais il se redressa avec un soupir de frustration.

— Sortons d'ici, dit-il.

Elle n'opposa aucune résistance quand il l'entraîna dehors où, s'adossant contre le tronc d'un chêne proche, il l'attira contre lui.

— Tu m'as tellement manqué…, murmura-t-il avant de s'emparer de sa bouche.

Sous ce baiser ardent, Sarah sentit tout son ressentiment fondre et ses blessures se refermer. Quelle importance s'il devait repartir après cela ? Elle avait trop envie de lui pour songer à l'avenir, sur le moment.

Vivre au jour le jour, n'était-ce pas ce qu'elle lui avait proposé ?

— Reste avec moi cette nuit, Sarah. Je t'en prie…

Se refusant à réfléchir, elle acquiesça en glissant ses mains sous la veste de son smoking.

Il n'eut pas besoin d'autre encouragement. Avec détermination, il l'entraîna de nouveau à l'intérieur et Sarah eut à peine conscience des regards qui les suivaient alors qu'ils traversaient la réception pour se diriger vers l'escalier.

Il eut à peine le temps de refermer la porte de la chambre sur eux qu'ils se jetaient presque l'un sur l'autre avec une avidité née d'une trop longue abstinence l'un de l'autre.

En quelques secondes, elle se retrouva allongée sur le lit en sous-vêtements, et Jamie acheva de la déshabiller avec un savoir-faire qui embrasa ses sens déjà enfiévrés.

Nue devant lui, elle éprouva une soudaine timidité ;

surtout lorsqu'il s'écarta d'elle pour ne plus la toucher que de ses yeux qu'il promena lentement sur son corps, traçant des sillons de feu sur sa peau frémissante.

Le désir flagrant qu'elle lui inspirait porta le sien à son comble. Et quand ses mains suivirent à leur tour le chemin qu'avaient emprunté ses yeux quelques secondes plus tôt, elle ne put contenir son impatience plus longtemps.

— Viens, dit-elle en s'accrochant à ses hanches.

Sans se faire prier, Jamie se glissa sur elle et combla enfin ce vide qui l'avait si souvent tenaillée durant ces longs mois de séparation.

Alors qu'ils ondulaient ensemble, il s'arrêta un bref instant afin de lui prendre le visage entre ses mains et plonger son regard dans le sien. Et ce qu'elle y lut lui donna le sentiment d'occuper à cet instant la seule place au monde où elle voulait être…

Après qu'il l'eut tendrement embrassée, ils reprirent leur danse qu'ils portèrent à son paroxysme et qui les mena loin, très loin, dans un univers de plaisir pur dont lui seul, pour elle, détenait la clé…

Sarah reposait, la tête au creux de l'épaule de Jamie, baignant dans une sensation d'indicible bien-être. Elle n'avait nulle envie de parler du passé ou de l'avenir ; seule cette nuit importait et elle voulait prétendre, fût-ce pour quelques heures, que l'éternité était enfermée là, dans cette chambre d'hôtel luxueux.

— Tu crois qu'ils ont remarqué notre départ ? s'enquit-elle, un sourire dans la voix.

— Possible. Mais on s'en moque, non ?

— On sera le sujet de tous les commérages dès lundi, si c'est le cas…

— Ça t'ennuie à ce point-là ? dit-il tandis que, du bout des doigts, il effleurait les contours de son corps que la maternité avait remodelé. J'aime tes nouvelles formes… Elles te vont bien.

Elle retint son souffle alors que sa main descendait vers

le triangle de soie blonde sous lequel déjà se rallumait le feu du désir…

Quand ils se furent aimés de nouveau, qu'ils se furent envolés vers d'éblouissants soleils de nouveau, Sarah quitta le lit et commença de ramasser ses vêtements épars.

— Que fais-tu ? demanda Jamie d'une voix ensommeillée.

— Il faut que je rentre. Je sais que Calum est en sécurité, avec ma mère, mais je veux être là pour lui au matin. Ma mère en fait déjà beaucoup, et elle avait l'air vraiment fatiguée, ce soir.

Jamie se leva à son tour.

— Je te raccompagne.

— Ne sois pas bête. Comment récupéreras-tu ta voiture ?

— Comme tout à l'heure : je prendrai un taxi.

— En pleine nuit ?

— Alors je resterai avec toi. Et on passera la chercher demain matin.

— Non, je ne préfère pas. Mieux vaut avancer en douceur. Jamie, non ! s'exclama-t-elle en riant alors qu'il tentait de l'attirer de nouveau.

Il se rallongea sur le lit défait, les mains croisées sur la nuque, insolemment nu. Elle eut du mal à ne pas se déshabiller pour le rejoindre.

— On a tout le temps souhaité, maintenant…

Il se redressa sur un coude.

— J'ai quelque chose à te dire…

Au brusque sérieux de son ton, elle se figea. Avant même qu'il poursuive, elle sut qu'elle n'allait pas aimer ce qu'il s'apprêtait à lui dire…

— Je regrette, Sarah, mais je vais devoir repartir…

8.

— Repartir ? dit-elle, atterrée. Je croyais que tu étais prêt à tout faire pour rester avec Calum et moi ?

— Et c'est toujours mon intention. Mais ils ont besoin de moi et…

Furieuse, elle refusa d'en entendre davantage.

— Alors c'était quoi, ça ? lança-t-elle en désignant les draps froissés.

Comment avait-elle pu être assez naïve pour lui faire confiance et croire qu'il envisageait honnêtement de refaire sa vie avec eux ?

Il avait toujours eu en tête de retourner en Afrique. Toujours. Mais qu'avait-il imaginé ? Que lui rappeler de façon pratique qu'ils s'entendaient à merveille au lit suffirait à lui faire oublier tout le reste, en l'occurrence sa carrière et sa famille, pour le suivre ?

— J'aimerais que Calum et toi veniez avec moi.

— Et c'est pour m'en persuader que tu m'as invitée dans ton lit ? dit-elle d'un ton accusateur. Tu espérais peut-être qu'après, je ne pourrais plus résister et que j'abandonnerais tout pour sauter dans le premier avion avec toi ?

— Hé, ce n'est pas ce que je voulais dire… Laisse-moi finir !

— Non, ça suffira. J'en ai assez entendu ! lança-t-elle, rageuse, en attrapant son manteau avant de se diriger vers la porte. Je ne te conseille pas de passer demain à la maison. Et à partir de maintenant, si tu veux voir Calum, passe par ton avocat, mais à mon avis, tu auras du mal à obtenir le droit de garde en Afrique…

Ignorant son expression d'incrédulité ahurie, elle sortit en claquant la porte derrière elle.

Sarah utilisa sa clé pour entrer discrètement dans l'appartement de sa mère et se glisser dans la chambre. Calum dormait dans son couffin, son lapin en peluche coincé derrière l'oreiller brodé.

Le cœur serré, elle le regarda un instant, puis effleura sa joue chaude de la main. Qu'avait-il fait pour mériter un père qui ne s'intéressait pas plus à lui qu'à elle ?

Répugnant à le réveiller, elle redescendit sans bruit chez elle.

Son cœur battit plus fort quand elle découvrit la haute silhouette de Jamie qui l'attendait devant la porte. Il avait troqué son smoking contre un jean et un pull de cachemire gris.

— Que veux-tu encore ? dit-elle, mal aimable. Il est tard, Jamie, et je suis épuisée, alors…

— Je veux juste terminer ce que j'ai commencé à te dire.

— J'ai le choix ?

— Non.

— O.K. Alors je t'écoute, dit-elle en entrant dans le vestibule. Mais essaie de faire court…

— Je pensais sincèrement pouvoir rester, dit-il en lui emboîtant le pas dans le salon. J'ai téléphoné à Greg pour le lui annoncer, tout à l'heure, mais ce n'est pas aussi simple. Ils sont vraiment dans le pétrin et je n'aurais pas le cœur de les laisser tomber…

Succinctement, il lui expliqua la situation.

— Sibongele a besoin de moi, pour l'instant, tu comprends ? S'il apprend que je ne reviendrai pas, on ne sait pas ce qui peut lui passer par la tête.

— Et Calum ? Il n'a pas besoin de son père, lui aussi ? Tu as promis, il y a seulement quelques heures, de ne pas l'abandonner.

Jamie se massa la nuque, l'air fatigué et désemparé, et la rancœur de Sarah s'évanouit brusquement.

— Je t'ai dit que je ne le quitterai pas, répondit-il, et c'est pour ça que vous devez venir avec moi tous les deux. Je t'en prie… Tu ne vois pas que c'est la seule solution ?

Consciente de l'horrible alternative dans laquelle le plaçaient ses obligations, elle le considéra avec une détresse croissante.

— Si je le pouvais, Jamie… Mais c'est impossible. Je t'assure que je comprends, pour ce garçon, vraiment. Et il est tout à fait normal que tu retournes là-bas pour tout arranger avec lui. Il *faut* que tu y ailles… Le pire, à présent que je le sais, c'est que je me sentirais coupable de t'obliger à rester… Et tu finirais par m'en vouloir de t'avoir empêché d'agir comme tu le souhaitais.

— Oh Sarah ! pourquoi ne peux-tu me faire confiance ? Viens avec moi… Je t'en supplie.

Elle secoua tristement la tête.

— C'est exactement le nœud du problème, Jamie. Je ne te fais plus confiance. Tu as rompu le pacte entre nous une fois, et rien ne me garantit que tu ne recommenceras pas. Et sans confiance, il ne peut pas y avoir d'avenir pour nous.

S'avançant vers elle, il la prit par le bras.

— Ça, je ne l'accepte pas, Sarah. Je ne te laisserai pas dilapider le bonheur qui s'offre à nous. Et tu ne me feras jamais croire que ce qui vient de se passer à l'hôtel ne compte pas pour toi.

— Je suis humaine, Jamie… et il y a une grosse différence entre l'amour et le sexe.

— Je ne te crois pas, objecta-t-il d'un ton sourd.

— Jamie, franchement, il est trop tard pour discuter de ça. Accepte que c'est terminé entre nous. On peut être amis, ce qui sera déjà très bien pour Calum, mais n'espère rien de plus.

Son visage semblait à cet instant sculpté dans la pierre. Jamais elle ne lui avait vu cette expression à la fois déterminée et douloureuse.

— Très bien, je m'en vais, mais nous en reparlerons. Ne compte pas sur moi pour renoncer. Demain soir, quand je rentrerai de ma varappe, nous irons quelque part où nous ne serons pas dérangés. Je viendrai te chercher à 19 heures.

Elle n'eut pas le temps de protester qu'il avait déjà disparu.

*
* *

Le lendemain, Calum était un peu chaud et grognon.

— Je n'aurais pas dû l'emmener au mariage, dit Sarah, soucieuse.

— Il fait peut-être une deuxième dent, pas plus, la rassura Alice.

— Possible, mais je vais tout de même vérifier sa température.

Elle était un peu élevée, mais rien d'alarmant. Sans doute étaient-ce ses dents, comme l'avait suggéré sa mère. Toutefois, elle avait du mal à ne pas s'inquiéter. L'objectivité était réservée au médecin, pas à la mère…

Elle décida de le garder au chaud et de renoncer à la promenade qu'elle avait prévue avec lui.

Mais au fil des heures, Calum devint toujours plus irritable. Il refusa ses biberons et passa le plus clair de son temps à somnoler dans les bras de Sarah quand il ne pleurait pas.

En fin d'après-midi, elle se résolut à appeler Jamie. Non parce qu'il était le père, mais parce qu'elle se fiait à cent pour cent à ses compétences médicales.

Comme son mobile était sur répondeur, elle pensa qu'il était probablement dans un endroit trop encaissé pour capter le réseau. Elle lui laissa donc le message de la rappeler aussi vite que possible. S'il était toujours décidé à venir la chercher à 19 heures, il serait de retour chez lui avant.

A 18 h 30, cependant, il n'avait toujours pas téléphoné, et Sarah appela directement l'hôpital pour demander à parler au Dr Carty, le pédiatre de garde.

Elle l'avait déjà rencontré lorsqu'elle avait eu besoin d'un avis de spécialiste et avait pu apprécier ses qualités, tant humaines que professionnelles.

— Pouvez-vous me l'amener tout de suite ? dit-il lorsqu'elle lui eut expliqué les symptômes. Si vous n'avez pas de moyen de transport, je peux vous envoyer une ambulance.

Sarah paniqua. Malgré le calme du médecin, il était clair qu'il soupçonnait quelque chose de très sérieux.

— Non, j'habite à dix minutes. Je vous l'amène moi-même.

— Je vous retrouverai aux urgences.

— Attends-moi, je viens avec toi, dit Alice qui sortait de la douche.

— Pas le temps, maman ! Rejoins-moi là-bas si tu veux.

Elle se glissait au volant après avoir installé Calum dans son siège quand Jamie apparut à la vitre.

— On prend la poudre d'escampette ? plaisanta-t-il. L'idée de dîner avec moi te fait donc si peur ?

Puis, comme elle tournait la tête vers lui, il fronça les sourcils.

— Que se passe-t-il ? demanda-t-il, aussitôt alarmé.

— C'est Calum. Il est malade, je l'emmène aux urgences. Le Dr Carty m'y attend.

— Monte à l'arrière de ma voiture avec lui. Tu n'es pas en état de conduire.

Sarah s'exécuta sans protester. Maintenant que Jamie était là, elle se sentait intensément soulagée.

En route vers l'hôpital, elle lui décrivit les symptômes qu'avait manifestés Calum au cours de la journée.

— Ça pourrait être n'importe quoi, Sarah, dit-il.

Il cherchait à la rassurer, mais elle devina à son ton que lui aussi pensait au pire : la méningite. Tandis qu'ils passaient dans une rue bien éclairée, elle souleva la couverture, ouvrit le pyjama de Calum et eut soudain l'impression que son cœur cessait de battre.

— Il a un rash, Jamie !

Les mains de Jamie se crispèrent sur le volant.

— Calme-toi, Sarah. On arrive.

Il s'arrêta devant l'entrée des urgences, sauta de la voiture et ouvrit la porte arrière pour prendre Calum.

Il y avait quelque chose de surréel, dans cette situation, songea Sarah. Elle était sur son lieu de travail, mais de l'autre côté de la barrière, et elle en éprouvait une indicible angoisse.

Mary, une infirmière qualifiée, vint à leur rencontre et prit Calum dans ses bras.

— Le Dr Carty est en salle de réanimation. Si vous voulez bien patienter dans la pièce voisine…

— Il est hors de question que je le quitte, décréta Sarah avec autorité.

— Très bien, mais je vous demanderai de ne pas intervenir, s'il vous plaît, répondit Mary qui posa Calum sur le chariot et commença à le déshabiller.

A demi inconscient, le petit ne réagit pas. Sarah glissa sa main dans celle de Jamie qu'elle serra avec force.

— Tout ira bien, murmura-t-il, mais son regard trahissait ses propres inquiétudes.

Une autre infirmière, Helen, posa les électrodes de l'ECG sur le petit torse de Calum et fixa un oxymètre sur un de ses doigts.

— Il fait de la tachycardie, annonça Mary après un instant, mais au moins sa saturation en oxygène est normale.

Une minute plus tard, le Dr Carty procéda à un examen scrupuleux. A la façon dont il souleva la tête du bébé, elle sut que lui aussi pensait à la méningite. Il porta ensuite son attention sur le rash qui couvrait à présent une bonne partie du corps.

Enfin il se tourna vers les parents.

— Je sais que vous redoutez une méningite, mais seules les analyses pourront nous le confirmer. Paul, dit-il à un interne, on va devoir faire une ponction lombaire. Préparez une perf d'antibiotiques et envoyez les prélèvements de sang en hémato pour les tests habituels. Mary, mettez tout en place pour la ponction, et Helen, vous prenez un échantillon d'urine pour une uroculture.

Les deux heures suivantes se passèrent dans une sorte de brouillard pour Sarah qui s'enfonça presque jusqu'au sang les ongles dans la paume pour ne pas crier quand le pédiatre inséra l'aiguille entre deux vertèbres de Calum afin de recueillir un échantillon de liquide céphalorachidien. Elle-même avait effectué cette opération délicate des dizaines de fois sans problème, mais elle savait aussi que les choses pouvaient déraper à tout instant.

L'inconvénient d'être médecin était qu'elle connaissait les risques encourus. Toutes les complications d'une méningite ne cessaient de tourner de façon obsessive dans sa tête — septicémie, amputation, lésions cérébrales… Mort.

— Il est un peu jeune pour une méningite virale, dit Jamie, s'efforçant toujours de la réconforter. Et même si c'est ça, une grosse majorité s'en sort très bien. Nous devons rester positifs, Sarah.

Elle acquiesça distraitement, ne pouvant se départir d'un tenace sentiment de culpabilité. Pourquoi avait-elle attendu aussi longtemps pour appeler l'hôpital ?

Jamie n'eut apparemment aucun mal à lire dans ses pensées…

— Tu n'as rien à te reprocher. Tu sais que ce genre de choses évolue rapidement, et tu l'as amené ici aussi vite que tu as pu.

— Nous avons lancé les antibiotiques, les informa le Dr Carty. Il semble que nous soyons intervenus à temps, mais nous allons le placer en observation. Les prochaines vingt-quatre heures seront critiques. Comme vous le savez, les rashs peuvent être le fait de beaucoup de maladies virales, mais en l'occurrence je suis presque sûr qu'il s'agit bien d'une méningite. Nous le saurons avec certitude demain, avec le résultat des analyses.

Comme on emmenait Calum en soins intensifs, Sarah se tourna vers Alice qui venait d'arriver et avait entendu le diagnostic du médecin.

— Tu pourras aller me chercher quelques affaires à la maison, maman ? demanda Sarah d'une voix étranglée.

— Bien sûr. Mais il ne faut pas que tu restes seule ici.

— Ne vous inquiétez pas, Alice, intervint Jamie. Je serai avec elle.

Sarah secoua la tête.

— Ce n'est pas la peine, Jamie. Tu devrais rentrer. En plus, l'un de nous doit être au travail, demain.

— Ne te fais pas de souci pour le travail, je m'arrangerai. Quant à te débarrasser de moi, n'y compte pas ; Calum est mon fils aussi. Je ne bougerai pas d'ici tant qu'il ne sera pas tiré d'affaire.

Comme elle soutenait son regard, elle découvrit sa propre

souffrance reflétée dans ses yeux. Il avait raison. Quoi que le destin leur réservât, il serait cruel de sa part de lui nier le droit d'être avec son fils.

De nouveau, elle entrecroisa ses doigts aux siens et sentit la force qu'il infusait en elle. Pour l'instant, elle avait besoin de lui, et il était là. Elle ne voulait pas s'interroger davantage.

Les infirmières du service de soins intensifs leur avaient préparé une chambre où l'un et l'autre pourraient se reposer à tour de rôle.

— Calum est sous sédatif et il est calme, leur avait dit l'une d'elle d'un ton rassurant. Vous devriez aller vous allonger un peu.

Tous deux l'avaient remerciée, mais aucun n'avait souhaité s'éloigner de Calum. Ils se contentèrent de s'installer dans des fauteuils, près du berceau, en se faisant aussi discrets que possible afin de ne pas gêner le travail des infirmières.

Jamais les heures n'avaient paru aussi longues. Le pire, pour Sarah, était de ne pouvoir prendre Calum dans ses bras ; les fils et les tubes ne lui permettaient qu'une simple caresse sur la joue de temps à autre.

Jamie, lui aussi, perdait patience.

— Pourquoi est-ce aussi long ? soupira-t-il à un moment alors que, debout derrière son fauteuil, il lui massait les épaules. Cette impuissance forcée me fait penser à ce qui s'est passé avec mon père ; là aussi, je ne supportais pas d'être incapable de l'aider…

— Mais au moins ton père t'aimait, dit-elle pensivement. Le mien ne s'intéressait pas à moi… Il a quitté ma mère quand j'avais l'âge de Calum, continua-t-elle à voix très basse, presque plus pour elle que pour Jamie dont les mains, sur sa nuque, s'étaient immobilisées. Il est revenu me voir plusieurs fois, mais ses visites se sont de plus en plus espacées jusqu'à cesser complètement.

Comme toujours, elle revécut cette affreuse déception des espoirs trahis. Plus que jamais, elle se jura que son fils ne connaîtrait pas ces sentiments d'abandon et de rejet.

— Je suis désolé, Sarah, j'ignorais… Tu ne m'en as jamais parlé.

— J'ai l'impression qu'il y a beaucoup de choses que nous ne nous sommes jamais confiées…, répondit-elle avec un petit sourire. Nous devions être trop occupés à être ensemble pour échanger vraiment. Je pensais toujours qu'on avait toute la vie devant nous pour le faire…

— Mais je suis parti.

Elle sentit ses mains quitter sa nuque puis il revint s'asseoir face à elle dans le fauteuil.

— Oui, tu es parti… Pas une seconde je n'avais imaginé que tu aurais avec moi l'attitude qu'avait eue mon père pour ma mère. Je te faisais aveuglément confiance…

— J'avais mes raisons, lui rappela-t-il. Je sais aujourd'hui que j'ai eu tort, mais sur le moment j'ai agi uniquement pour te protéger. J'étais en train de tomber amoureux, et ça m'a paniqué.

Il se pencha vers elle pour lui prendre les mains.

— Sarah, il *faut* que tu me croies quand je te dis que jamais je n'abandonnerai mon enfant.

— Et si nous n'avons pas le choix ?

Sa voix se brisa.

— Si nous le perdons, Jamie ? Je ne pourrai pas le supporter.

— Ça n'arrivera pas, Sarah. Tu m'entends ? Ça ne *peut pas* arriver…

Le Dr Carty vint les voir au petit matin.

— Nous avons eu les premiers résultats. C'est bien une méningite, et probablement de type viral. Nous en aurons confirmation plus tard.

Sarah ne put contenir ses larmes. Même s'ils n'avaient pas affaire à une méningite tuberculeuse, bien plus dangereuse, Calum était encore loin d'être sauvé. Rien ne garantissait qu'il en sortirait indemne.

Jamie l'attira dans ses bras où elle laissa libre cours à ses sanglots.

— Chhh…, fit-il en lui caressant les cheveux. Tout ira bien, Sarah, je te le promets.

La calme assurance, dans son ton, parvint à l'apaiser.

Ils passèrent le reste de l'interminable nuit dans leurs fauteuils, silencieux, incapables d'évoquer ce qui pourrait se passer. De temps à autre, Jamie allait leur chercher un café au distributeur. Les infirmières, à intervalles réguliers, venaient vérifier les signes vitaux du petit patient.

— Il résiste bien, dit l'une d'elles à un moment. Apparemment, rien n'indique qu'il fasse une septicémie.

Sarah tressaillit à l'idée de son fils bataillant contre une infection du sang. Si Calum survivait, ce serait l'épreuve suivante ; avec la septicémie, une amputation était toujours à craindre. Au prix d'un effort, elle repoussa ces pensées négatives.

Calum s'en sortirait, il le fallait. Et Jamie le lui avait promis…

A l'aube, Jamie quitta le service.

— Je reviens dès que possible, murmura-t-il. Au moindre changement, demande qu'on me bipe.

Il revint deux heures plus tard, rasé et en tenue de chirurgien, mais ses traits trahissaient sa fatigue.

— Je me suis arrangé pour que le remplaçant des week-ends vienne cette nuit ; pour la journée, je me débrouillerai seul. De son côté, la direction essaie de nous trouver un suppléant en plus.

Incapable de s'intéresser à autre chose qu'au petit être dormant dans le berceau, Sarah acquiesça distraitement.

Au cours de la matinée, plusieurs membres du personnel passèrent la voir, lui demander des nouvelles qu'elle donnait du bout des lèvres. Alice lui apporta les affaires qu'elle lui avait demandées, mais Sarah insista ensuite pour qu'elle rentre se reposer.

Enfin, vers 18 heures, le Dr Carty vint les trouver en souriant.

— J'ai bon espoir, dit-il. Calum répond bien au traitement et vous avez réagi très vite si bien qu'une guérison totale est tout à fait possible. Nous allons réduire la sédation ; il devrait se réveiller bientôt.

De nouveau, Sarah éclata en sanglots dans les bras de Jamie, mais ce furent cette fois des larmes de soulagement et de joie. Calum avait survécu à ces vingt-quatre heures sans faire de septicémie. Ses prières avaient été exaucées.

— Dieu merci…, chuchota Jamie dans ses cheveux, la voix vibrante d'émotion contenue.

S'écartant de lui, elle s'approcha du berceau pour regarder son enfant encore endormi.

— Le service est très calme, pour l'instant, dit Jamie. Pourquoi ne rentres-tu pas dormir une heure ou deux ? Tu es épuisée.

— Tu n'as pas l'air très frais non plus, répondit-elle pour le taquiner.

— Ça ira. J'ai l'habitude de passer des nuits debout. Mais toi…

— Je vais utiliser la douche du service et j'irai dormir un peu dans la chambre qu'on a mise à notre disposition. Je viendrai te relever après, mais…

— Je sais, la coupa-t-il gentiment. Au moindre changement, je t'appelle. Maintenant vas-y, avant que je t'y emmène de force…

Quand elle revint, deux heures plus tard, revigorée par la douche et un peu de sommeil, elle trouva Jamie assoupi dans le fauteuil avec Calum dans les bras. Sa gorge se serra devant le tableau si paisible que lui offraient ces deux êtres si chers à son cœur. L'un qu'elle avait failli perdre, et l'autre qui ne partagerait jamais tout à fait sa vie…

— Tu es là ? murmura Jamie en ouvrant les yeux. Tu te sens mieux ?

— Oui. Je peux te relayer, si tu veux te reposer aussi.

— Ce n'est peut-être pas une si mauvaise idée…

Sarah s'assit et Jamie lui mit Calum entre les bras.

— Il va tellement me manquer, dit-il en effleurant les fins cheveux de son fils.

— Alors reste.

— Tu sais bien que je ne peux pas. Je dois y retourner pour voir Sibongele et les aider à l'hôpital jusqu'à ce qu'ils m'aient remplacé.

— Et ensuite ? Tu reviendras ?

— Tu ne me laisses pas le choix, Sarah. Je ne veux pas que Calum grandisse sans son père.

Les doutes rejaillirent dans l'esprit de Sarah. S'il avait seulement consenti à renoncer à l'Afrique, alors ce sacrifice aurait été la preuve qu'il tenait à Calum, sinon à elle. Mais il était déterminé à y aller…

— Quand comptes-tu partir ?

— Je vais prendre une réservation pour lundi prochain. Calum devrait pouvoir rentrer d'ici un jour ou deux et je tiens à m'assurer qu'il est complètement rétabli avant de m'envoler.

— Et… quand reviendras-tu ?

— Aussi vite que je le peux, bien sûr, mais ce sera l'affaire de quelques semaines au moins. Pourquoi ? Je te manquerai ? ajouta-t-il, malicieux.

— A Calum, oui. Et en plus, il faudra te remplacer ici aussi.

— Il y a déjà plusieurs candidats en lice, et avec de très bonnes références, à ce qu'il paraît.

Elle s'en moquait. C'était Jamie avec qui elle voulait travailler, personne d'autre.

— Je reviendrai pour quelques jours d'ici deux à trois semaines. Je ne veux pas être trop longtemps loin de lui, dit-il en effleurant une main de Calum. Et puis…

Il releva les yeux vers elle.

—… Toi et moi avons encore beaucoup de choses à régler, acheva-t-il avec une promesse dans le regard.

Deux jours plus tard, elle put enfin ramener Calum à la maison. Jamie leur rendit de fréquentes visites, mais tous deux n'eurent finalement que de rares occasions de se retrouver seuls, et encore ce fut pour évoquer leurs patients ou certains bruits de couloir… La parenté de Jamie avec Calum n'était désormais plus un secret pour personne ; il eut fallu être sourd et aveugle pour ne pas s'en être encore rendu compte. Mais Sarah n'y attachait en définitive aucune importance.

En sa qualité de chef de service, elle participa aux entretiens avec les candidats au poste de médecin chef. Deux d'entre eux étaient un couple arrivant d'Australie avec un permis de travail de deux ans, et qui, naturellement, souhaitaient travailler dans le même hôpital. La jeune femme espérait avoir un enfant à leur retour en Australie et elle prévoyait alors de s'arrêter un an ou deux pour l'élever.

Alors que Sarah l'écoutait, une idée germa dans son esprit. L'épreuve qu'elle venait de subir l'avait fortement ébranlée et elle ne pouvait s'empêcher de se sentir coupable. Et si elle réduisait ses heures ? Elle pourrait partager son poste avec un autre médecin et répartir ainsi son temps entre son rôle de mère et celui de médecin.

Elle se promit d'y réfléchir très sérieusement avant d'en discuter avec le service du personnel. Pour l'instant, le mari avait été engagé, et la femme avait un autre rendez-vous dans l'un des plus petits hôpitaux à la périphérie de la ville quinze jours plus tard.

D'ici là, il lui faudrait avoir pris sa décision.

9.

— Il n'est pas question que j'y aille, décréta Alice. Comment feras-tu, si je ne suis pas là ? Tu engageras une baby-sitter pour quarante-huit heures ?

Sa mère, à la suite d'un concours, avait gagné un week-end dans une luxueuse station thermale qui venait d'ouvrir sur la côte, et il était hors de question qu'elle renonce à cette occasion unique de récupérer.

— Je vais essayer de reporter mon week-end de permanence, répondit Sarah. Je ne sais pas comment, mais je vais me débrouiller.

Elle n'avait pas remis les pieds aux urgences depuis que Calum était tombé malade, et elle savait par Lizzie que Jamie, quand il n'était pas auprès de son fils, travaillait comme un damné pour compenser le fait qu'elle soit absente.

Le téléphone sonna, et elle décrocha en cherchant toujours une solution.

— Jamie ? Oui, Calum va bien ; il va bientôt manger.

Avec sa perspicacité coutumière, Jamie saisit aussitôt son inquiétude.

— Tu es sûre que ça va ? insista-t-il.

— Oui, il va très bien, c'est juste que…

Elle lui expliqua le problème auquel elle était confrontée, et sans la moindre hésitation, il lui proposa de la remplacer.

— Tu te dépenses déjà comme quatre depuis presque une semaine, objecta-t-elle. Tu n'es pas Superman, Jamie…

Encore que… Parfois elle s'interrogeait. Dieu sait où il allait puiser son énergie et quand il trouvait le temps de dormir.

Elle eut brusquement une idée.

— Et si tu venais plutôt t'installer ici ce week-end dans ma chambre d'ami ? Calum et toi auriez tous les deux une chance d'être un peu ensemble avant ton départ.

Comme le silence accueillait sa proposition, elle ajouta :

— Tu crains de ne pas être à la hauteur ? Je comprends, tu sais. Après tout, un bébé, c'est du travail…

— Je suis tout à fait capable de m'en occuper, rétorqua-t-il, piqué au vif. A t'entendre, on croirait qu'il faut des années d'études pour ça… D'accord. Je passerai tout à l'heure déposer mes affaires et tu m'initieras à ses habitudes ; et je reviendrai demain matin quand tu partiras à l'hôpital.

Des années d'études, peut-être pas, mais un sacré sens de l'organisation et une patience à toute épreuve…

Sarah raccrocha en souriant. Elle avait la nette impression que Jamie allait avoir une grosse surprise.

Le lendemain matin, alors que Sarah fermait la porte derrière elle, Jamie se tourna vers Calum assis dans sa chaise haute au milieu de la cuisine.

Ravi, il agitait sa cuillère, projetant sa bouillie sur la tablette, par terre, dans ses cheveux et, accessoirement, sur la chemise de son père qui le rejoignait.

Peut-être, finalement, avait-il engendré un joueur de base-ball plutôt qu'un grimpeur, songea Jamie en attrapant l'éponge pour nettoyer la dégoulinure sur le mur.

Sarah lui avait laissé une liste d'instructions : après le petit déjeuner suivrait le bain — elle n'avait pas précisé pour qui, mais au terme de ce repas mouvementé, il serait sans doute candidat aussi — et une visite au supermarché pour renouveler le stock de couches.

Devant le chaos qui régnait dans la cuisine, Jamie commença à déchanter. Le petit week-end en tête à tête avec son fils s'annonçait moins tranquille qu'il l'avait imaginé…

Il était plus de 18 heures quand Sarah rentra. Jamie était content de lui. Tout s'était au bout du compte bien passé : le bain, la pose d'une couche neuve, et même le petit voyage au supermarché où des jeunes femmes s'étaient spontanément proposées pour l'aider à asseoir Calum dans le Caddie.

Devant leurs sourires attendris, tant pour lui que pour Calum, il avait pu se rendre compte du puissant pouvoir de séduction qu'exerçait sur les femmes la présence d'un bébé dans les bras d'un homme…

Sa satisfaction ne fit pas long feu.

— Que s'est-il passé, ici ? demanda-t-elle en tendant les bras à son fils après avoir ôté son manteau.

Jamie suivit son regard… La table de la cuisine était encore maculée de bouillie, les vêtements de Calum traînaient dans le salon, la couche qu'il avait eu l'intention de jeter était restée sur la table à langer… Il avait prévu de tout ranger avant son retour, mais les aiguilles de sa montre avaient paru s'être emballées.

Comment Sarah parvenait-elle à tout gérer ?

— Désolé, dit-il, penaud, c'était écrit dans mon programme de tout remettre en ordre… Je vais le faire.

Elle sourit.

— Laisse tomber, ça attendra. J'aurais dû rentrer plus tôt, mais on a eu quelques cas épineux. Je t'en parlerai pendant le dîner.

— Le dîner ? Oh flûte… J'ai complètement oublié. Mais bon sang, comment trouves-tu le temps de cuisiner en plus du reste ?

— J'ai l'entraînement, mais ça n'a pas toujours été facile.

— O.K. Je vais commander quelque chose. Pizza ou chinois ?

— Chinois. Et il y a un très bon traiteur à cinq minutes à pied d'ici. Si tu veux y aller, ça me donnera le temps de ranger un peu.

Jamie acquiesça sans broncher ; en plus, il avait besoin d'air…

Quand il revint, la maison avait déjà meilleure allure et Calum était en pyjama. Elle le mit par terre à côté d'eux pendant qu'ils mangeaient leurs crevettes sauce aigre-douce et ils le regardèrent qui commençait à ramper.

— Il marchera très tôt, dit Jamie avec une fierté toute paternelle.

— D'ici deux mois, peut-être, oui.

— Fatiguée ? demanda-t-il en la voyant réprimer un bâillement.

— Epuisée. Dès que Calum sera endormi, j'irai prendre un bain. J'espère qu'il n'y aura pas de problèmes cette nuit.

— Tu as eu des patients qui risquent d'en poser ?

Elle lui raconta sa journée tout en donnant son dernier biberon à Calum. Pendant qu'elle le couchait, Jamie lui fit couler son bain puis, tandis qu'elle s'y délassait, avec musique douce en fond sonore, il prépara un feu. Il misait sur cette soirée pour mettre calmement certaines choses au point avec elle et la convaincre de la sincérité de ses sentiments.

Toutefois quand elle apparut une demi-heure plus tard, la tête enturbannée de sa serviette, le teint empourpré, et enroulée dans son long peignoir, il dut se cramponner aux accoudoirs de son fauteuil pour museler le désir qui lui faisait momentanément oublier ses bonnes résolutions.

— Tu...

Il toussota pour s'éclaircir la voix.

— Tu veux un café ?

— Non, j'en ai suffisamment avalé aujourd'hui, mais un chocolat chaud serait divin.

Quand il revint dans le salon, dix minutes plus tard, elle s'était endormie sur le canapé. Il remporta le chocolat et revint la prendre dans ses bras pour aller la déposer dans son lit.

Finalement, c'était peut-être mieux ainsi, songea-t-il en remontant doucement la couette sur elle. Il n'était pas sûr qu'il aurait eu la force de résister...

A son réveil, le lendemain matin, Sarah se sentit un peu désorientée. Elle se souvenait de s'être endormie dans le salon et elle était à présent dans son lit. Elle frémit en songeant que Jamie avait dû la porter jusqu'ici...

Il était en train de faire manger Calum dans la cuisine

quand elle le rejoignit — torse nu, en jean, les cheveux humides, les joues rasées de près.

— Je me suis levé tôt pour avoir fini de me doucher avant qu'il se réveille, mais je l'ai entendu gazouiller avant d'avoir pu enfiler ma chemise, expliqua-t-il.

Regardant sa montre, elle sursauta.

— Il est presque 9 heures ! Jamie ! Pourquoi m'as-tu laissée dormir ?

— Pas de panique, Sarah. J'ai appelé le service, tout va bien, tu peux prendre ton temps.

Elle hésitait entre le soulagement et l'exaspération. Quand comprendrait-il qu'il n'avait pas à prendre de décisions à sa place ?

D'un autre côté, elle aurait mauvaise grâce à lui reprocher d'être aux petits soins pour elle. Sa réaction, en fait, venait surtout de sa gêne de l'avoir ici, chez elle, de devoir partager son intimité avec lui, ce qui rendait très difficile sa résolution de le garder à distance. Heureusement que sa mère revenait ce soir ; elle ne pourrait pas contrôler ses hormones beaucoup plus longtemps…

Ce soir-là, quand elle rentra, le scénario était radicalement différent de la veille. La maison était immaculée et Calum en pyjama. Un feu craquait dans la cheminée et une irrésistible odeur de curry d'agneau s'échappait de la cuisine.

Jamie tournait une cuillère de bois dans une casserole. Calum, assis sur sa hanche, babillait comme s'il discutait de la recette avec son père.

— Ma mère est rentrée ? s'enquit Sarah, suspicieuse.

Elle ne voyait pas d'autre explication. Mais ce ne serait pas du jeu ; Jamie devait apprendre à se débrouiller seul.

— Alice ? Oui, il y a deux heures. Elle est juste passée dire bonjour ; elle reviendra plus tard. Tu as terminé pour ce soir ?

— Oui, le Dr Holden a pris le relais. Un verre de vin blanc bien glacé serait le bienvenu. Il y en a ?

— Il y a du blanc et du rouge. Tiens, prends le petit… Je vais te préparer ça.

— Parce que tu as fait des courses, en plus ? s'étonna-t-elle. Alice t'a donné un coup de main ?

— Alice ? Bien sûr que non.

Il hésita une seconde, puis :

— Pour être honnête, j'ai appelé une agence qui m'a envoyé quelqu'un pour les courses et le ménage. Ça m'a coûté une petite fortune vu que nous sommes dimanche et que je n'avais pas prévenu, mais je ne vois pas comment je m'en serais sorti, autrement.

Sarah secoua la tête en riant.

— Ça, c'est de la triche, Jamie ! Mais après tout, c'est ton argent…

— Ça ira mieux avec un peu de pratique, dit-il en lui tendant un verre de chablis, mais pour l'instant, je n'ai pas assez de mes deux mains. Ta mère a proposé de le prendre pour la nuit ; elle a très envie de rattraper ces deux jours sans lui. Ça t'ennuie ?

Sarah hésita. D'un côté, elle n'avait pas vu son fils de la journée, mais de l'autre, une bonne nuit de sommeil ininterrompue était tentante…

— En plus, ajouta-t-il, j'ai pris la liberté de réserver une table au Coq en Pâte, si tu n'es pas trop fatiguée pour ça…

Il y avait quelque temps qu'elle avait envie d'essayer ce nouveau restaurant français jouissant déjà d'une très bonne réputation.

— Mais… ton curry d'agneau ?

— C'est au cas où tu refuserais. Mais il pourra très bien attendre un jour ou deux…

Il fallut à peine trois secondes à Sarah pour se décider.

— Va pour le restaurant, dit-elle, refusant de songer à ce que cela impliquait.

Une nuit entière seule avec Jamie, et cette fois chez elle…

Alice vint prendre Calum une demi-heure plus tard et Jamie rentra chez lui se changer pendant qu'elle-même se glissait sous la douche. Elle choisit ensuite une petite robe noire toute simple, qu'elle agrémenta de chaussures vertes à talons assorties à son foulard et à ses pendentifs.

— Tu es superbe, dit Jamie quand il revint, habillé en

sport chic avec une veste de tweed sur un pantalon tabac et une chemise blanche. Tu es sûre de vouloir sortir ?

— Tu n'es pas mal non plus, murmura-t-elle, ignorant son allusion.

Le restaurant était à la hauteur de sa réputation. Situé sur une colline, il dominait la ville dont ils pouvaient admirer le parterre de lumières par la grande baie vitrée.

C'est devant un poulet aux morilles pour elle, un coq au vin pour lui, et une bouteille de pomerol, qu'ils abordèrent divers sujets jusqu'à ce qu'elle l'interroge sur son séjour en Afrique du Sud.

Tandis qu'il lui parlait de son travail à l'hôpital, de la trop forte mortalité infantile due à la malnutrition et au manque d'hygiène, des cas auxquels ils avaient affaire, Sarah commença à comprendre la profondeur de son engagement. Il lui parla aussi de Sibongele, cet orphelin qui vivait au Lebowa depuis sept mois, et qui s'était si fortement attaché à lui…

— C'est un enfant très éveillé, et l'école lui a offert une bourse pour poursuivre ses études. Un jour, avec un peu de chance, il travaillera à l'hôpital en tant que médecin. Tout ce qu'il lui faut, c'est un peu de stabilité dans sa vie.

Sarah le regarda un moment en silence.

— Quoi ? dit-il, intrigué.

— Tout ça te manque, n'est-ce pas ?

— Oui… C'est un pays magnifique, avec des gens magnifiques.

— Tu dois être pressé d'y retourner…

— C'est vrai, même si toi et Calum me manquerez. Mais je sais que ce sera provisoire… Tu ne veux pas changer de sujet ? Je suis sûr qu'on peut trouver plus gai. Est-ce que je t'ai déjà raconté la fois où je me suis retrouvé enfermé dans un placard à balais, à la fac ?

Avec les anecdotes qu'ils échangèrent pendant leurs crèmes brûlées et les cafés, le reste de la soirée passa très vite.

Sarah se sentait délicieusement grisée par le pomerol dont le serveur lui avait servi au moins deux verres, alors qu'elle buvait très rarement de l'alcool. Jamie, qui conduisait, ne s'en était autorisé qu'un demi-verre.

Aussi la tête lui tournait-elle agréablement lorsqu'il s'arrêta devant chez elle, mais elle dut se raccrocher à la portière lorsqu'elle posa le pied hors de la voiture.

— Fichus talons, marmonna-t-elle.

— Tu ne tiens pas debout ? la taquina-t-il.

— Bien sûr que si.

Sauf qu'elle avait l'impression que ses jambes étaient soudain en guimauve. Sans hésiter, et après lui avoir pris la clé qu'elle venait de sortir de son sac, Jamie la souleva et la jeta sur son épaule.

— Lâche-moi, espèce de… de Neandertal ! protesta-t-elle.

Ignorant les poings de Sarah qui lui battaient le torse, il ouvrit la porte puis alla la déposer en douceur sur le canapé.

— Tu aurais pu choisir une façon plus élégante de me porter, au moins ! Un marié le fait d'une façon nettement plus classe…

Elle regretta aussitôt cette allusion peu subtile et sans doute trop révélatrice.

— Enfin, je veux dire… ce n'était pas très romantique.

— C'est du romantisme, que tu veux ?

Sans attendre sa réponse, il s'agenouilla devant elle pour faire pleuvoir sur son visage et sur ses cheveux, un déluge de tendres baisers avant de trouver ses lèvres.

Le désir enflamma aussitôt son corps et elle dut se faire violence pour le repousser.

— Non, Jamie ! Je ne veux plus faire l'amour avec toi. On s'entend très bien au lit, c'est certain, mais ça ne me suffit pas.

S'écartant d'elle, il riva ses yeux aux siens.

— Tu crois vraiment que c'est tout ce que j'attends de toi ? Quelques moments de plaisir, rien de plus ?

— Alors dis-moi… Qu'attends-tu de moi, exactement, Jamie ?

— Etre avec toi, partager ta vie, dormir près de toi, élever notre enfant ensemble… Bon sang, tu n'as pas encore compris que je t'aimais ?

Il avait prononcé ces paroles comme si elles lui avaient été arrachées.

— Je n'aurais jamais cru dire ça, et tu vois…

Sarah ferma les yeux, s'imprégnant de ces mots qu'elle espérait depuis si longtemps. Mais il était trop tard. Elle ne pouvait toujours pas se fier à lui. C'était Calum qu'il voulait, et elle ne doutait pas qu'il serait prêt à tout, même à l'épouser, pour avoir Calum avec lui en Afrique.

— J'aimerais pouvoir te croire, Jamie, répondit-elle tristement, mais j'ai trop souffert quand tu m'as quittée la première fois. Je ne pourrais pas supporter que ça se reproduise.

— Sarah… Je t'ai promis de revenir. Qu'espères-tu de plus comme preuve de mon amour ?

— Tu me quittes de nouveau…

— Mais pour quelques semaines. Je t'ai expliqué pourquoi je devais y retourner.

— Oui, mais qui sait si tu ne m'en voudras pas, après ? Un jour, tu te sentiras peut-être piégé ; tu auras besoin de ces grands espaces que tu aimes tant, et tu repartiras. Et ce n'est plus seulement à moi que je pense, c'est à notre fils.

Il l'observa un instant, puis soupira.

— O.K. Je n'insiste pas, mais à mon retour, je me battrai comme un lion pour te convaincre que nous sommes destinés l'un à l'autre. Je ne te laisserai pas me rejeter de ta vie.

Se penchant, il déposa un baiser léger sur ses lèvres.

— Occupe-toi bien de toi et de Calum jusqu'à ce que je revienne.

Il sortit sans rien ajouter, en refermant sans bruit la porte derrière lui.

Une fois seule, Sarah s'attarda un moment dans le salon. Il lui avait dit qu'il l'aimait, qu'il voulait passer le reste de sa vie avec elle, alors pourquoi ne pouvait-elle le croire ?

Et comment allait-elle pouvoir vivre sans lui ?

10.

Il revint quatre semaines plus tard pour quelques jours. Il lui avait téléphoné à plusieurs reprises, mais les communications avec l'Afrique du Sud n'étaient pas très bonnes et ils n'avaient pas pu se dire grand-chose. Comme il l'avait avertie qu'il devait faire escale à Londres afin d'aller voir sa mère, elle ne savait pas exactement quand il arriverait.

Aussi bondit-elle du fauteuil, ce dimanche soir, en entendant le carillon de l'entrée.

Il était plus mince, avec le teint hâlé, et elle remarqua tout de suite la vitalité qui émanait de lui. Comme si son séjour là-bas l'avait rechargé en énergie…

— Salut…, dit-il. Je voulais juste dire bonjour à Calum avant de retrouver mon studio. Je suppose qu'il dort, mais je peux le voir une minute ?

Elle s'écarta pour le laisser entrer et ses jambes tremblaient quand elle le précéda dans la pièce qu'éclairait la veilleuse. Jamie se pencha sur son fils endormi et, du bout des doigts, effleura ses cheveux fins.

— Il a grandi, chuchota-t-il avec une pointe de regret. Je ne veux plus manquer une seule minute de sa vie, Sarah. Il m'a tellement manqué…

Il se tourna vers elle, une lueur ardente dans le regard.

— Toi aussi, bien sûr… Ces quatre semaines m'ont paru très longues, loin de toi. Et moi ? Je t'ai manqué ?

— Au travail, oui. Le nouveau médecin chef est irréprochable, mais…

Jamie haussa un sourcil, l'encourageant à poursuivre.

—… mais ce n'est pas toi, termina-t-elle. Je m'étais réhabituée à ce qu'on fasse équipe ensemble, tous les deux.

— Et il n'y a qu'au travail que tu as senti mon absence ? Bon, tant pis… En attendant, je suis ici pour une semaine et j'ai prévu de passer le plus de temps possible avec Calum. Ça t'ennuierait si je venais assister le soir à son repas et son coucher ? Et on pourrait peut-être l'emmener quelque part, ce week-end ?

Sarah avait du mal à cacher sa déception. Elle avait espéré qu'il souhaiterait passer quelque temps seul avec elle. Mais à qui la faute, aussi, s'il ne le lui proposait pas ?

Finalement, ses vœux furent comblés : il organisa une sortie avec elle en montagne le samedi. Le vendredi soir, après avoir confié Calum à sa mère, Sarah sortit du fond d'un placard son matériel de varappe qu'elle n'avait pas utilisé depuis sa dernière expédition avec Jamie.

La journée s'annonça parfaite : froide, sèche et ensoleillée. Le temps idéal pour ce genre d'exercice. Elle n'oublia pas la Thermos de café et quelques barres chocolatées, indispensables en cas de baisse énergétique.

Jamie arriva à 7 heures, terriblement sexy dans sa tenue d'alpiniste.

— La météo prévoit du brouillard en fin d'après-midi, alors on redescendra avant 17 heures, dit-il quand ils furent sur la route.

— D'accord. De toute façon, je n'ai pas tellement envie de passer une nuit à la belle étoile, en ce moment.

Ils discutèrent tranquillement durant le trajet, mais Sarah n'était pas dupe de la tension qui planait dans la voiture. Leur désir latent était là, entre eux, palpable.

Incapable de s'en empêcher, elle lui lançait de fréquents coups d'œil, et frémissait de façon incontrôlable lorsque, pour passer les vitesses, sa main lui effleurait parfois la cuisse. Elle fut presque soulagée lorsqu'il s'arrêta enfin au pied de la montagne.

Quatre heures plus tard, après bien des efforts et quelques pauses café, ils atteignirent enfin le sommet du versant qu'il avait choisi et s'installèrent pour pique-niquer. Jamie trouva une pierre plate où ils s'assirent afin de manger les sandwichs qu'elle avait préparés. L'air était nettement plus froid, là-haut, et déjà les nuages commençaient à s'accumuler.

Sarah resserra son épaisse doudoune sur elle.

La voyant frissonner, Jamie s'assit derrière elle, étira ses longues jambes de chaque côté des siennes et referma ses bras sur elle. Elle résista une seconde, puis se laissa aller contre lui, absorbant la chaleur qu'il lui infusait. Elle se sentait si bien, dans son étreinte. En sécurité.

— Tu m'as manqué, murmura-t-il en lui effleurant la tempe de ses lèvres.

Sa voix était chargée d'émotion.

— Tu es sûre que je ne t'ai pas manqué, moi ?

— Au travail, oui, répéta-t-elle, refusant de lui révéler le vide qu'il avait laissé derrière lui.

— Au travail seulement… Alors il va falloir que je fasse mieux que ça.

Doucement, il la fit se tourner vers lui avant de l'embrasser. Et la vraie réponse de Sarah à sa question était là, dans la fougue avec laquelle elle accueillit son baiser.

— Dommage qu'il fasse si froid ici…, murmura-t-il. On va redescendre. Mais avant, j'ai quelque chose à te demander.

Ses mains lui encadrèrent le visage, si bien qu'elle n'eut d'autre choix que de le regarder.

— Sarah Jane Carruthers, me feras-tu l'honneur de devenir ma femme ?

Elle sentit ses yeux se remplir de larmes. Il n'y avait rien qu'elle désirât plus que cela à cet instant, et pourtant, elle ne pouvait y consentir. C'était comme si des signaux d'alarme se déclenchaient en elle…

« Ne commets pas cette erreur. Il est comme les autres. Rappelle-toi ton père. Il te disait qu'il t'aimait, qu'il serait toujours là pour toi. Et jamais il n'a été là. »

— Non, Jamie… Je regrette, mais je ne peux pas accepter. Pas encore.

— Tu veux plus de temps ? demanda-t-il en la considérant gravement.

Incapable de soutenir son regard, elle baissa la tête.

— Quand tu m'as quittée, j'ai senti quelque chose se briser en moi. Quelque chose qui ne pourrait jamais être réparé… Ça rebondissait sur la souffrance que j'ai vécue quand mon père m'a abandonnée, tu comprends ? Lui aussi m'avait promis de revenir, et il ne l'a jamais fait ; alors… je me suis construit une citadelle pour protéger l'enfant que j'étais. Et quand tu es parti, j'ai couru m'y réfugier de nouveau.

Jamie écoutait avec une intensité troublante.

— Et puis, j'ai découvert que j'étais enceinte, et au début j'étais terrifiée. Je n'étais pas sûre du tout d'être assez forte pour être mère. Tout enfant a besoin de deux parents, et…

Sa voix se brisa et Jamie l'attira contre lui.

— Continue, dit-il doucement.

— Après, à six semaines de grossesse, on m'a informée qu'il risquait d'être trisomique.

— Oui, je l'ai appris en t'entendant en parler à cette femme qui avait avec elle son fils David. Si tu savais comme je m'en veux de ne pas avoir été là pour toi, Sarah…

— Cela a été très dur. Mais j'étais déterminée à garder cet enfant parce qu'il était une partie de toi qui, elle, ne me quitterait jamais et que personne ne pourrait me prendre. Alors j'ai couru le risque. Mais je me suis aussi juré que jamais plus je n'aimerais un autre homme, et que, à part mon travail, cet enfant serait l'unique centre de ma vie.

— Sarah… J'ai eu tort, je le sais. Nous en avons déjà parlé. Ne peut-on maintenant tourner la page sur ce passé et commencer un nouveau chapitre ? Je te fais le serment de ne jamais vous abandonner, ni toi ni Calum.

Elle secoua la tête.

— Non, Jamie. Je regrette. Je ne pourrai jamais plus te faire confiance.

— Bon sang, Sarah ! Donne-nous une chance, au moins ! Qu'est devenue la femme que j'ai connue et qui savait prendre des risques ?

— Elle… elle a disparu quand tu es parti.

Il s'écarta d'elle pour se relever, et une affreuse sensation de froid descendit sur elle.

— Très bien. Je n'insisterai plus, dit-il. Nous resterons

de toute évidence en contact pour Calum, mais en dehors de ça, rassure-toi, je ne t'importunerai plus…

Sarah était atterrée de savoir que c'était elle, et elle seule, qui était responsable de ce désastre.

— Je ne t'empêcherai jamais de le voir, dit-elle, misérable.

— C'est préférable, parce que dans le cas contraire, je revendiquerais mes droits. Je n'en ai aucun sur toi, mais sur lui, si.

Le soleil disparut derrière un nuage et des flocons de neige commencèrent à voltiger.

— Il faut qu'on redescende, dit-il.

La neige était déjà plus drue quand ils arrivèrent à la voiture pour reprendre la route. La visibilité devenait mauvaise et Jamie dut se concentrer sur sa conduite. De toute manière, Sarah savait qu'il n'y avait plus rien à dire.

Brusquement, la voiture qui les précédait à quelques mètres glissa dans un des virages en épingle à cheveux puis elle rebondit contre le garde-fou avant de heurter le monospace devant elle, le propulsant sur le bas-côté.

Alors que Jamie se garait sur le bas-côté, le monospace percuta la barrière à son tour. Sarah et lui retinrent leur souffle en priant qu'elle tienne bon. Ils pouvaient distinguer les silhouettes de deux passagers : le conducteur, un homme jeune, et un enfant sanglé dans son siège à l'arrière.

C'est alors que, dans un horrible crissement métallique, le garde-fou céda et, sous leurs yeux horrifiés, le véhicule plongea dans le ravin.

Tous deux bondirent de la voiture. Deux jeunes hommes sortirent également de celle qui avait provoqué l'accident ; l'un et l'autre paraissaient aussi choqués que Jamie et elle.

— Je n'ai rien pu faire pour contrôler le dérapage ! s'exclama le conducteur en se penchant vers le ravin à côté de Sarah. Vous voyez quelque chose ?

Jamie, dont le premier souci avait été d'aller placer des triangles réflecteurs sur la route afin de prévenir un autre accident, revenait en courant vers eux tout en appelant les secours. Dès qu'il eut raccroché, il se pencha à son tour près d'elle.

L'à-pic était impressionnant et il était peu probable que l'on pût survivre à une telle chute. Sauf que… A la lumière faiblissante, ils purent voir que le monospace, par un véritable miracle, s'était immobilisé sur un roc en saillie à environ un tiers de la distance. Et non loin, à quelques mètres du véhicule, ils distinguèrent le corps inerte du conducteur.

— Il a été éjecté, dit Sarah. Mais le petit a dû rester à l'intérieur.

— On va devoir descendre, dit Jamie.

— C'est trop dangereux, protesta-t-elle.

La pente était bien trop abrupte. Le moyen le plus sûr serait de *monter* vers eux. Mais évidemment, cela exigerait beaucoup plus de temps.

— Les secours vont bientôt arriver.

Cependant, Jamie était déjà en train de sortir les cordes et le matériel du coffre de sa voiture.

— J'y vais, dit-il. On ignore combien de temps mettront les pompiers et l'ambulance pour venir, et on ne connaît pas la gravité des blessures. Si on attend, on risque d'intervenir trop tard.

— Il y a du feu qui sort de la voiture ! lança un des autres hommes.

Sarah se figea. Le feu… Autrement dit, le véhicule pouvait exploser à tout instant.

— Je viens avec toi, déclara-t-elle en enfilant déjà son harnais.

— Pas question, c'est bien trop risqué.

— Pour la dernière fois, Jamie, arrête de me dire ce que je dois faire, ordonna-t-elle avec un léger sourire pour adoucir la dureté de son ton.

Jamie la saisit par les épaules.

— Je ne plaisante pas, Sarah. Pense à Calum. Il a besoin de sa mère. Et *j'ai* besoin de sa mère.

Il se pencha pour lui donner un fugace baiser.

— Je t'aime, Sarah. Je ne supporterai pas qu'il t'arrive quelque chose.

L'intensité de son regard la cloua sur place. Toutefois, il dut lire la détermination dans ses yeux car il soupira.

— O.K. Je n'ai pas le temps de te convaincre de changer d'avis, alors tu n'as qu'à t'occuper du conducteur, moi je vais à la voiture. Attends une seconde, je veux vérifier ton équipement…

Même si la situation ne s'y prêtait guère, Sarah sentit tout à coup ses incertitudes se volatiliser. Il l'aimait, c'était évident ! L'expression de ses yeux ne laissait pas de doute. Elle eut envie de lui répondre, de lui exprimer son amour, elle aussi, mais déjà, il lui donnait des instructions, lui indiquait le meilleur trajet pour atteindre le blessé.

Dès qu'ils eurent solidement accroché la corde à un arbre, elle descendit en rappel, et en deux minutes fut auprès du conducteur. L'homme était conscient, quoiqu'il souffrît manifestement beaucoup.

— Ma fille, dit-il aussitôt. Où est-elle ?

— Combien étiez-vous dans la voiture ? s'enquit-elle, apercevant Jamie qui passait non loin en direction de la voiture.

— Rien que Ruth et moi ; elle a trois ans. J'ai perdu le contrôle et…

Il s'interrompit en gémissant.

— Jamie ! appela-t-elle. Un seul passager : une petite fille.

Jamie répondit d'un signe de la main sans s'arrêter. La fumée s'échappant du capot devenait plus dense et le ventre de Sarah se crispa douloureusement quand retentirent soudain les cris terrorisés de la fillette.

— Tout ira bien, dit-elle toutefois à son patient qu'elle examina rapidement.

A part une fracture du fémur et quelques plaies ouvertes, il semblait étonnamment indemne. S'efforçant d'ignorer les flammes qui jaillissaient du monospace, elle lui lia les jambes ensemble afin de préparer son évacuation et l'installa aussi confortablement que possible en attendant les secours.

Jamie était à moitié dans la voiture, à moitié dehors. Pourquoi était-ce si long ? Il avait visiblement du mal à sortir la petite. Etait-elle coincée dans son siège ?

Sarah eut la sensation que son sang se figeait dans ses

veines à cette idée. Ce n'était plus qu'une question de minutes avant que le véhicule explose… Et elle avait la conviction angoissante que Jamie n'abandonnerait jamais la fillette pour sauver sa propre vie.

Jamais elle ne se pardonnerait s'il devait lui arriver malheur.

Comment avait-elle pu être aussi stupide ? Aussi aveugle ? Pourquoi avoir perdu tout ce temps ?

Quoi que leur réservât l'avenir, elle le vivrait avec lui. Jamie, Calum et elle. C'était sa vie, son futur, sa destinée.

Jamie l'aimait, et pas seulement parce qu'elle était la mère de son fils. Il avait pourtant été prêt à renoncer à ce qui comptait pour lui, à mettre de côté ses rêves et ses aspirations afin de faire partie de leur existence à tous les deux.

Mais non, ça n'avait pas été suffisant pour elle. Quelle autre preuve espérait-elle encore ?

Et, à présent, il risquait sa vie pour cette fillette. Et peut-être n'aurait-elle jamais l'occasion de lui dire ce qu'il représentait pour elle…

Non. Ce n'était pas possible. Elle ne pouvait pas rester là sans rien faire…

— Je reviens, dit-elle au conducteur. Et les secours seront là très bientôt.

Il ne lui fallut que quelques secondes pour rejoindre Jamie. La fumée âcre lui piqua les yeux.

— Jamie, que se passe-t-il ? Pourquoi ne sors-tu pas d'ici ? cria-t-elle.

— La ceinture est coincée. Je ne peux sortir ni la petite ni son siège. N'approche pas, c'est trop dangereux !

Sans tenir compte de ses ordres, elle avança au plus près de lui pour lui tendre le couteau qui faisait partie de l'équipement.

— O.K. Maintenant, éloigne-toi !

A contrecœur, elle recula aussi loin qu'elle le put. Se retournant, elle vit Jamie avec la petite dans les bras qui se hâtait de mettre le plus de distance possible entre eux et la voiture.

Puis ce fut l'explosion, et la déflagration parut ébranler toute la montagne.

— Jamie ! hurla Sarah.

Quand enfin la fumée se dissipa quelque peu, elle aperçut sa silhouette inerte sur le sol. Où était la fillette ? Les larmes ruisselaient sur ses joues quand elle redescendit la pente, à peine consciente des voix qui l'enjoignaient de rester où elle était. Elle *devait* aller auprès de lui. Il avait besoin d'elle.

Une des équipes de secours arriva juste au moment où elle l'atteignait. Il ne bougeait toujours pas… La fillette, en revanche, à en juger à ses hurlements, était indemne. Jamie l'avait protégée de son corps.

Elle lui secoua brutalement l'épaule.

— Jamie ! Réveille-toi ! Je t'en prie… J'ai besoin de toi, ne me laisse pas. Je t'aime… Jamie, je t'aime !

Jamie ouvrit lentement les yeux. Sarah était penchée au-dessus de lui. Le bruit de l'explosion résonnait encore dans sa tête et il ne pouvait entendre ce qu'elle disait.

Il voyait ses lèvres bouger, ses larmes inonder ses joues… Rêvait-il ? La détonation lui donnait-elle des hallucinations ? Ou bien Sarah était-elle réellement en train de lui dire qu'elle l'aimait et qu'elle ne voudrait pour rien au monde vivre loin de lui ?

— La petite fille ? demanda-t-il faiblement. Elle…

— Elle va bien, le rassura Sarah. Effrayée, mais entière. Et toi ?

— Je survivrai…, murmura-t-il avec un faible sourire.

Alors que les secouristes descendaient vers eux, il tendit la main pour chercher la sienne.

— Tu vas devoir m'épouser, maintenant.

— Je crois que je n'ai plus le choix.

Elle répondit à son sourire avec des yeux encore brillant de larmes.

— Je ne vois pas d'autre moyen de t'empêcher de te mettre dans des situations impossibles…

— Au moins, notre vie risque de ne pas être trop ennuyeuse, chuchota-t-il avant de sombrer de nouveau dans l'inconscience.

Epilogue

Sarah, sur le pont du bateau, regardait la ligne encore très lointaine de la côte se profiler à l'horizon. D'ici deux heures, ils débarqueraient au Cap, et de là, ils s'envoleraient pour Johannesburg d'où ils termineraient leur voyage en voiture.

Quoiqu'un peu inquiète quant à ce que leur réservait l'avenir, elle avait l'absolue certitude d'avoir, cette fois-ci, pris la bonne décision. L'hôpital avait accepté de lui accorder dix-huit mois de congés sabbatiques, surtout après qu'elle les avait convaincus que le couple de médecins serait des remplaçants parfaits pour Jamie et elle.

Un sourire monta à ses lèvres. Jamie... Ils avaient discuté pendant des heures, alors qu'il était allongé sur son lit d'hôpital, tous les deux, échangeant leurs rêves et leurs espoirs, et elle avait compris qu'il avait besoin de retourner en Afrique, qu'il devait boucler ce qu'il y avait commencé.

Aussi, d'un commun accord, avaient-ils décidé d'y aller tous les trois. Leurs postes au Royal les attendraient à leur retour.

Des bras l'étreignirent et, sans même se retourner, elle appuya sa tête contre le torse de l'homme qu'elle aimait.

— Pas de regrets, madame Campbell ? demanda Jamie.

— Aucun. J'aurai tout le temps voulu pour être médecin, et pendant cette année, je pourrais être plus souvent avec Calum. Et puis je suis heureuse de voir cet endroit qui compte tant pour toi.

— Et ça ne t'ennuiera pas que Sibongele vive avec nous, tu es sûre ?

— Certaine. Je sais que Calum et moi devrons apprendre

à te partager. Et il y a assez d'amour entre nous pour en faire profiter ceux qui en sont sevrés…

— Je savais que j'avais de bonnes raisons de t'aimer, chuchota-t-il avant de rattraper Calum qui s'éloignait, château branlant sur ses petites jambes.

Leur fils, qui avait fait ses premiers pas au cours des mois qui avaient précédé leur départ, cherchait constamment à tester sa toute nouvelle liberté.

— Non, Calum. On ne se sépare plus…, dit-il avec une fausse sévérité.

Puis il plongea son regard dans celui de Sarah.

— Plus jamais…, ajouta-t-il avant de se pencher pour l'embrasser.

LUCY CLARK

Imprévu aux urgences

éditions HARLEQUIN

Cet ouvrage a été publié en langue anglaise
sous le titre :
THE EMERGENCY DOCTOR'S DAUGHTER

Traduction française de
SYLVIE METAILIE

Ce roman a déjà été publié en juillet 2007

83-85, boulevard Vincent-Auriol, 75646 PARIS CEDEX 13.
Service Lectrices — Tél. : 01 45 82 47 47
www.harlequin.fr

1.

Amélia referma le dossier qu'elle venait de remplir et se leva en s'étirant.

— Enfin terminé ! Je prends ma pause-déjeuner, dit-elle à Rosie Jefferson, l'infirmière d'accueil et d'orientation du service des urgences. Tina est dans le box trois.

— Entendu… Je vous revois dans quinze minutes, ajouta Rosie sur le ton de la plaisanterie.

— Ne parlez pas de malheur ! Je décrète qu'il n'y aura aucune urgence pendant deux heures.

— Ce sera la fin de votre garde ?

— Oui ! A plus tard.

Avec un petit signe de la main, Amélia quitta le service. Entre le personnel hospitalier, les patients et leur famille, la salle était bondée. Glenelg General Hospital était plus petit que le vaste établissement dans lequel elle avait suivi ses études de médecine, en Angleterre, son pays natal, mais elle appréciait cette taille plus humaine, ainsi que la proximité de la plage et de l'appartement qui l'abriterait durant ses trois mois de stage.

Après avoir acheté un sandwich aux crudités et un yaourt à la cafétéria, elle préféra aller se détendre dans la salle de repos des urgences, loin du cliquetis des couverts et du brouhaha des conversations. Elle passait devant un étroit corridor éclairé d'un néon vacillant, quand son attention fut attirée par des pleurs. Intriguée, elle s'avança et découvrit une fillette recroquevillée contre le mur, qui la regardait approcher avec de grands yeux effrayés perdus dans une cascade de boucles blondes.

— Bonjour, ma puce, murmura Amélia en s'accroupissant près de l'enfant. Tu t'es fait mal ?

Les lèvres de la petite se mirent à trembler.

— Ne pleure pas, ma chérie. Tout va bien. Je suis médecin, ajouta Amélia en lui montrant son stéthoscope. Je vais t'aider.

— Docteur ?

— Oui. Tu as mal ?

— Non.

— Tu es perdue ?

— Oui.

— Ma pauvre chérie. Tu dois avoir très peur. Tu veux que je t'aide à trouver ta maman ?

— Mon papa.

— Tu as perdu ton papa ?

Pour toute réponse, la fillette éclata en sanglots.

— Chut, calme-toi, ma puce. Nous allons le chercher toutes les deux, d'accord ? dit-elle en lui tendant la main.

L'enfant y glissa aussitôt sa menotte.

— Je m'appelle Amélia. C'est un peu difficile à dire. Tu veux essayer ?

— Mélia.

— Bravo. Tu dois être très intelligente.

— Oui.

Bien que ses larmes se soient taries, l'enfant s'agrippait à elle comme à une bouée de sauvetage.

— Comment t'appelles-tu ?

— Landa.

— C'est un très joli nom. Allez, viens, nous allons retrouver ton papa. Il est malade ?

— Non.

— Il n'est pas malade, dans un lit ?

— Non.

— Il s'est fait mal ?

— Oui. Mal à la main.

— Oh. Pauvre papa.

S'il était blessé, il devait être aux urgences, se dit Amélia en prenant cette direction. Quand elles passèrent devant la cage d'escalier, un homme en jaillit, l'air affolé. Vêtu d'un jean délavé, d'un T-shirt gris et d'une chemise à carreaux ouverte éclaboussés de peinture, il avait une main grossièrement enveloppée dans une bande.

Quand il les aperçut, le soulagement éclaira son visage et la fillette se précipita vers lui.

— Papa !

Il la souleva et la serra si fort contre lui qu'Amélia se demanda comment l'enfant pouvait respirer.

— Où étais-tu donc ? Papa était très inquiet. Il ne faut pas partir ainsi. Je te l'ai déjà dit.

Il semblait s'efforcer de gronder sa fille, mais le bonheur de l'avoir retrouvée ne le rendait guère convaincant.

— Je vous remercie infiniment, dit-il en s'avançant vers Amélia.

La jeune femme fut aussitôt saisie par l'intensité des yeux noisette où se mêlaient encore de l'inquiétude et une immense gratitude. D'épais cheveux châtain clair, un nez droit et une mâchoire carrée complétaient l'examen qu'elle fit de son visage. De larges épaules et un corps musclé ajoutaient à ce tableau flatteur.

Mais si Amélia était déjà sous le charme, ce furent la chaleur et l'assurance émanant de lui qui finirent de la séduire. Jamais, lors d'une première rencontre, elle n'avait ressenti envers un homme une telle attirance. Elle devait se ressaisir, cet individu ayant probablement une épouse et une ribambelle de bambins blonds.

Il ne lui facilita pas la tâche en lui serrant la main sans la quitter des yeux.

— Je vous remercie encore. Elle a faussé compagnie à sa gouvernante, reprit-il avant de baisser les yeux vers sa fille. Tatie est très inquiète, ma puce. Elle te cherche partout.

Pour toute réponse, la fillette enfouit son visage dans la nuque solide de son père et s'agrippa à lui.

— Elle aussi a eu peur, répondit Amélia en souriant. Mais tout va bien maintenant. Je ne pense pas qu'elle reparte à l'aventure de sitôt.

Elle savait qu'elle aurait dû prendre congé, pourtant ses pieds restaient cloués au sol.

— J'espère bien que non ! s'exclama l'inconnu en chatouillant le ventre de sa fille.

Cette dernière éclata de rire. « Quel charmant tableau », songea Amélia sans pouvoir étouffer une pointe d'envie devant le lien évident qui unissait père et fille.

— Bien. Je ferais mieux d'y aller, dit-elle enfin.

— Désolé d'avoir empiété sur votre pause-déjeuner, répondit-il en désignant le petit sac en papier qu'elle tenait à la main.

— Ce n'est pas grave, j'ai d'habitude… Bon, sois sage, ma puce, et occupe-toi bien de ton papa.

— Oui ! répondit énergiquement la fillette en hochant la tête avec enthousiasme. Au revoir, Mélia.

— Au revoir.

Amélia s'éloigna, le cœur serré dans cet étau qu'elle connaissait si bien. Elle aurait tant aimé avoir une enfant comme cette adorable poupée.

Cet homme et son épouse avaient de la chance, se dit-elle en entrant dans la salle de repos, où elle alluma la télévision pour se changer les idées. Comble de malchance, elle tomba sur une série médicale aussi peu crédible que l'arrivée des Martiens sur terre. Elle la regarda malgré tout, jusqu'à ce que, vingt minutes plus tard, elle ne supporte plus de voir la patiente maquillée à la perfection, chaussée de talons hauts et d'une tunique d'hôpital au décolleté profond faire les yeux doux à un jeune et beau médecin qui avait dû faire ses études de médecine sur une planche de surf.

— Ça suffit ! marmonna-t-elle en se retenant pour ne pas lancer son yaourt contre l'écran.

C'est le moment que choisit Tina, l'autre interne de garde, pour faire son entrée.

— Tu regardes encore cette idiotie ? s'exclama-t-elle en riant.

— J'ai besoin de me remonter le moral.

— Et tu n'as rien trouvé de mieux ?

Leurs bips sonnèrent l'un après l'autre, interrompant leur conversation. Après avoir vérifié l'origine des messages, elles s'aperçurent qu'ils étaient identiques.

— Pourquoi faut-il qu'ils nous appellent toutes les deux ? grommela Tina en regardant avec envie le café qu'elle venait de se préparer.

Elles avaient commencé leur garde la veille, en début de soirée, suite à un important accident de la circulation, et à 15 heures, elles n'avaient plus qu'une envie : quitter Glenelg.

— J'y vais, tu n'as qu'à prendre ta pause. Je te biperai si j'ai besoin de ton aide, proposa Amélia en se levant. Tiens, voilà la télécommande, si tu veux changer de chaîne.

— Je crois que je vais la laisser, histoire de rire un peu. Et puis, ces acteurs… on en mangerait.

— Ah bon ?

— Ne me dis pas que tu ne les trouves pas séduisants.

— Peut-être…

Sa récente rencontre lui revint aussitôt à l'esprit… Voilà un homme qui l'attirait réellement. Mais était-elle prête à l'avouer à Tina, sa seule véritable amie ? Elles s'étaient rencontrées lorsque cette dernière effectuait un stage aux urgences dans un hôpital, en Angleterre, pour son internat. Tina avait ensuite aidé Amélia à trouver son stage de trois mois à Adélaïde, en Australie, où elle venait d'arriver après avoir passé trois mois à Brisbane, trois mois à Perth et trois mois à Melbourne. Après ce séjour aux antipodes, elle retournerait en Angleterre où elle passerait l'examen final permettant d'obtenir le diplôme d'urgentiste qui lui tenait à cœur.

Et elle devait se concentrer sur ce but, sans songer aux aventures amoureuses. Au moins, ces acteurs évoluant dans des décors de rêve et portant des vêtements de grands couturiers ne représentaient aucune menace pour sa vie bien rangée.

Avant de rencontrer le père de Landa, elle croyait que les hommes séduisants qui souhaitaient simplement fonder une famille n'existaient pas dans la réalité. Et voilà que ce peintre sexy en diable venait lui prouver le contraire.

Etait-il encore aux urgences ? Tina avait-elle soigné sa main ? Elle fit un effort pour ne pas interroger son amie et se força à se concentrer sur l'instant présent.

— A tout à l'heure, Tina. A propos, es-tu toujours d'accord pour notre sortie entre filles demain ?

— Bien sûr. Retrouvons-nous à 10 heures ; nous ferons les courses avant de déjeuner.

— Entendu. Vivement demain !

Le temps de regagner le bureau de triage, qu'il lui sembla n'avoir quitté que quelques secondes plus tôt, et elle se sentait de nouveau prête à affronter n'importe quelle urgence.

— Eh oui, me revoilà, Rosie ! Que se passe-t-il ?

— Une ambulance va arriver avec deux adolescents. On les a trouvés inconscients au fond d'une salle de classe.

— De la drogue ?

— De la vodka.

Amélia secoua la tête en soupirant.

— Quel âge ?

— Seize ans, tous les deux.

— Nous les installerons en salles d'examen un et deux pour un lavage gastrique.

— Entendu. A propos, vous n'avez pas encore fait connaissance avec le Dr Stapleton.

— Le chef du service des urgences ? En effet. Il est absent depuis ma prise de fonction, la semaine dernière.

— Eh bien, il est de retour.

— Ah bon ? Et où est-il ?

Amélia examina la salle à la recherche d'un visage inconnu. Elle ne vit qu'une femme portant un stéthoscope autour du cou, en train de parler à une mère tenant dans ses bras un nourrisson.

Puis son regard se posa sur le peintre en bâtiment en personne, et aussitôt une vague de chaleur l'envahit. Il parlait à une infirmière manifestement sous le charme, mais sa fille n'était plus près de lui.

— Le voilà, dit Rosie en le désignant du menton. L'homme à la main bandée.

— Quoi, le peintre sé… ?

Elle ravala le terme « sexy » de justesse.

— Oui, c'est bien lui, confirma Rosie.

Amélia se remettait à peine de sa surprise, quand son

patron se tourna vers elle et s'approcha en la dévisageant d'un regard intense.

— Docteur Watson, je présume.

Enveloppée par sa voix grave, elle perdit tous ses moyens.

— En… en effet.

— Ainsi, nous nous retrouvons, reprit-il avec un sourire dévastateur.

— Il semblerait.

— Harrison Stapleton, chef du service.

— Enchantée de faire votre connaissance. Où est votre fille ?

— Ma gouvernante l'a raccompagnée à la maison. Pauvre Mme Deveraux. Elle patientait avec Yolanda dans la file d'attente, à la cafétéria, puis quand elle s'est retournée, la petite avait disparu. Je lui ai pourtant maintes fois répété de rester avec sa tatie.

— Sa gouvernante est sa tante ?

— Non, mais elle est si proche qu'elle fait partie de notre famille. C'est plus chaleureux pour la petite de l'appeler ainsi. Ce qui ne l'empêche pas de lui fausser compagnie.

— Votre fille prend-elle souvent la poudre d'escampette ?

— Oui. D'où viennent tous ces cheveux gris, à votre avis ? ironisa-t-il en montrant ses tempes.

Amélia sourit.

— Elle doit en effet vous causer beaucoup de soucis, répondit-elle sur le même ton.

— En effet, oui, mais nous essayons d'améliorer les choses. Le plus difficile est de lui faire comprendre qu'elle ne doit pas quitter l'adulte qui l'accompagne.

Amélia fut intriguée par cette remarque ; la fillette avait-elle un problème ? Pourtant, elle n'avait décelé aucune anomalie physique, ce qui n'excluait pas les troubles du comportement. De toute façon, cela ne la regardait en rien.

— Je suis heureuse qu'elle soit saine et sauve, se contenta-t-elle de répondre.

— Et moi donc ! s'exclama-t-il en portant une main à son cœur.

Il se rapprocha, comme pour lui faire une confidence, mais Amélia se recula vivement, troublée.

— J'ai l'impression d'avoir vieilli de cinquante ans en cinq minutes, murmura-t-il.

— Je… je le vois bien.

— Merci du compliment, docteur Watson ! lança-t-il, ironique. A propos, je suis désolé de ne pas vous avoir accueillie la semaine dernière.

— Ce n'est pas un problème. On m'avait prévenue que vous assisteriez à un congrès.

— En effet, mais j'aurais préféré rester ici.

— Ah bon ? Il paraît pourtant que c'était sur la grande barrière de corail. C'est une région plutôt agréable.

— C'est vrai, mais je n'apprécie guère d'écouter de longs exposés quand je pourrais m'amuser à l'extérieur.

— Dans ce cas, ce seraient des vacances, pas un colloque.

— Très juste.

Son rire chaleureux et sincère n'aida pas Amélia à retrouver sa concentration. Que lui arrivait-il donc ? Elle n'allait tout de même pas se laisser détourner de ses buts professionnels par une attirance passagère !

— A propos, et votre main ? reprit-elle. Vous êtes-vous blessé durant votre séjour là-bas ?

— Non, ce matin. Mes doigts ont glissé en ouvrant un pot de peinture. Ce n'est rien.

— Vous avez pourtant besoin d'un pansement neuf.

Il baissa les yeux vers son bandage, qu'il examina attentivement.

— Je le trouve parfait. C'est un véritable travail de professionnel, exécuté par la plus mignonne des infirmières.

Amélia leva les yeux au ciel, agacée par cette remarque toute masculine.

— Je n'en doute pas, dit-elle d'un ton sec.

— Je crois que vous tirez des conclusions trop hâtives.

— M'avez-vous donné une raison pour ne pas le faire ?

— Probablement pas.

Amusé par le sens de la repartie de sa nouvelle interne, Harrison l'étudia avec attention.

Bien qu'elle ne soit pas dotée d'une beauté classique, elle était charmante avec ses yeux bleus pétillants et son visage à la peau laiteuse parsemé de taches de rousseur. Quant à ses cheveux à la riche couleur auburn, leur coupe courte devait lui permettre de ne pas passer des heures à se coiffer le matin. Elle portait une jupe droite bleu marine et un chemisier blanc sous sa blouse ouverte. Seules des boucles d'oreilles en or ajoutaient une touche de fantaisie à cette allure toute professionnelle.

— Nous ferions mieux de nous préparer, murmura-t-il après un moment de silence.

Il vit la jeune femme hausser les sourcils d'un air perplexe. L'avait-il déroutée en l'examinant avec autant d'attention ?

— Pourquoi ? s'enquit-elle enfin.

— L'urgence. Les deux adolescents. La vodka. Vous vous souvenez ?

— Oui, docteur Stapleton, répliqua-t-elle, paraissant quelque peu vexée du ton qu'il avait employé. Merci de me rafraîchir la mémoire. Je m'en charge. Vous devez sans doute rejoindre votre fille ou classer vos papiers.

— Ils attendront jusqu'à lundi. Je vous accompagne.

— Et comment avez-vous l'intention de m'aider, avec votre main bandée ?

— Je vais peut-être me contenter de vous observer, pour découvrir si vous êtes aussi douée que Tina le prétend, répondit-il sur le ton de la plaisanterie.

— Comme vous voudrez, rétorqua Amélia d'un ton sec.

Elle espérait qu'il se découragerait, mais peine perdue, il la suivit d'un pas assuré. Ne pouvait-il la laisser tranquille ? Elle n'était pas d'humeur à supporter ce genre de surveillance après ces heures interminables et intenses qu'elle venait de passer, se dit-elle en soupirant.

— Longue garde ? s'enquit-il après lui avoir jeté un bref regard.

— Et elle n'en finit pas.

— Certains pourraient dire que répondre sèchement n'est pas le meilleur moyen d'impressionner son chef.

— Et d'autres soutiendraient que ce n'est pas en testant

ses nouveaux subordonnés alors qu'ils sont épuisés que l'on se fait apprécier, surtout quand il s'agit de la personne qui vous a rendu votre fille saine et sauve, répliqua-t-elle avec un sourire bref. D'ailleurs, je ne suis pas sèche, mais *incisive*. C'est différent.

— La ligne de séparation est bien mince, docteur Watson. De toute manière, vous devez respect et obéissance à votre supérieur, ajouta-t-il d'un air malicieux.

— Vous êtes très décontracté, pour un supérieur.

— C'est mon caractère.

Harrison plongea les yeux dans ceux de son interlocutrice et fut surpris par la flambée de désir qui le traversa. Jamais il n'avait été à ce point attiré par une femme. Etait-ce sa voix douce, la fragrance subtile qui émanait de sa peau, sa manière de lui tenir tête ?

Quelle importance, après tout ? Certes, elle était belle, séduisante, mais dans trois mois, elle retournerait à l'autre bout du monde. Et puis, n'évitait-il pas avec soin les liaisons avec le personnel de l'hôpital ? Avec les femmes en général, à dire vrai.

L'arrivée des ambulances dans le parking l'arracha à ses pensées.

Amélia revêtit une surblouse au moment où les secouristes pénétraient dans le hall en poussant les brancards. Quand elle eut terminé de l'attacher, elle se retourna vers Harrison, qui passait ses mains sous le robinet, sans plus aucune trace de bandage.

— Que faites-vous donc ? Vous allez aggraver votre…, commença-t-elle avant de s'interrompre en s'apercevant que sa peau était intacte. Guérison miraculeuse ?

— Peut-être… Ou alors je cicatrise très vite.

— Vous n'avez jamais été blessé, si je comprends bien ?

— Elémentaire, mon cher Watson…

Amélia leva les yeux au ciel.

— Très drôle, Sherlock Holmes. Mais dites-moi, pourquoi votre main était-elle bandée ?

— Je me suis égratigné, et ma fille a insisté pour me soigner.

« La plus mignonne des infirmières » !

— Tout s'éclaire ! Je comprends pourquoi la technique n'était pas très au point.

— Pour une enfant de trois ans, ce n'est pas si mal. De toute manière, je n'aurais pas pu protester. J'ai une fille très persuasive.

— Elle semble en effet avoir de la suite dans les idées. Bonne chance.

— Je crois que j'en aurai besoin, soupira-t-il en s'essuyant les mains, avant de revêtir à son tour une surblouse.

— Qu'est-ce qu'on a ? demanda Amélia aux secouristes.

— Meg et Tad, seize ans. La femme de ménage les a trouvés inconscients dans une classe, avec trois bouteilles de vodka vides auprès d'eux.

Amélia enfila des gants et ne put réprimer un soupir.

— Ils n'y sont pas allés de main morte ! Harrison, occupez-vous du garçon, dit-elle comme il semblait attendre qu'elle prenne la direction des opérations. Meg ? Vous m'entendez ? Je suis le Dr Watson. Meg ?

Elle tapota la joue de l'adolescente, qui marmonna des mots indistincts d'une voix pâteuse.

— Pupilles dilatées, annonça une infirmière. Tension artérielle basse.

— Pourquoi se comportent-ils ainsi ? demanda Harrison après avoir reçu une vague réponse de Tad, qui blêmit aussitôt après. Bassine !

Il s'écarta juste à temps, pour laisser le garçon procéder de lui-même à son lavage gastrique.

— Les voies respiratoires de Meg sont dégagées, annonça Amélia. Commençons le lavage.

Elle administra un anesthésique local en spray dans la bouche de sa patiente, avant d'insérer un tube endotrachéal destiné à empêcher le reflux de liquide gastrique dans les poumons.

— Tournez-la sur le côté gauche.

Quand l'infirmière se fut exécutée, Amélia inséra dans la bouche de Meg une sonde gastrique lubrifiée qui glissa dans l'œsophage jusqu'à l'estomac.

— Commencez l'aspiration, ordonna-t-elle avant de se tourner vers Harrison. Comment va Tad ?

— Il rejette par lui-même tout ce qu'il a ingurgité.

— Bien. Donnez-lui du charbon activé et du sorbitol, qui permettra d'accélérer l'évacuation de ses intestins. Les parents sont-ils arrivés ? demanda-t-elle à une infirmière.

— Oui.

— Parfait. J'irai leur parler quand nous aurons terminé.

Elle observa quelques instants les adolescents en soupirant, sans comprendre ce qui les avait incités à se soûler ainsi. Enfin, si cette mésaventure leur servait de leçon, elle n'aurait pas été inutile.

Quand ils furent stabilisés, elle alla discuter avec les parents, qui étaient à la fois gênés, inquiets et furieux contre leurs enfants.

— Tad et Meg n'ont plus rien à craindre, maintenant, leur expliqua-t-elle, mais ils doivent rester en observation une nuit au moins. Nous aimerions aussi qu'ils aient un entretien avec une assistante sociale pour qu'ils expliquent ce qui les a poussés à ce geste.

— Ma fille n'a aucun problème ! s'écria le père de Meg. C'est son fils qui a corrompu ma petite ! ajouta-t-il en montrant du doigt celui de Tad.

Amélia réussit sans trop de peine à le calmer, perturbée cependant par la présence silencieuse de Harrison, qui restait attentif, sans l'interrompre.

Quand elle s'installa pour remplir le dossier de Meg, qui allait être transférée dans un service, Harrison, toujours silencieux, s'installa à côté d'elle pour remplir le dossier de Tad.

— Alors, docteur Stapleton ? Ai-je réussi l'examen ?

Il hocha la tête lentement.

— Je dois dire que vous n'étiez pas trop mal.

— « Pas trop mal » ? J'ignore s'il s'agit d'un compliment ou pas.

— C'en est un… C'en est un…

— Tant mieux. Si vous avez terminé de rédiger votre rapport, je vais porter le compte rendu à Rosie.

— Essayez-vous de vous débarrasser de moi ?

Elle haussa les épaules. Oui, elle avait besoin d'un peu d'espace ; elle était troublée par sa proximité. Elle avait besoin de réfléchir aux réactions étranges de son corps. Seule.

— Je pensais que vous aimeriez rentrer chez vous et passer le reste de votre vendredi avec votre fille, dit-elle.

— Et si je n'ai pas fini de vous mettre à l'épreuve ?

— A moins que vous n'ayez l'intention de contrôler la vitesse à laquelle je pointe, vous devrez attendre un autre jour, parce que je pars, répliqua-t-elle en prenant les deux dossiers. A lundi, docteur Stapleton.

— Ou peut-être avant, docteur Watson.

Amélia réprima un sourire. Son nouveau patron était sympathique, séduisant, drôle, mais il n'était pas question qu'elle partage avec lui autre chose qu'une relation professionnelle cordiale.

Une fois dans le vestiaire des femmes, elle ôta sa blouse et se coiffa, soulagée de pouvoir enfin rentrer se détendre dans l'appartement pour vacanciers qu'elle avait loué sur le front de mer. Sa situation idéale, à deux pas du centre commercial et de l'hôpital, l'avait dispensée de la location d'une voiture.

Après avoir averti Tina de son départ, elle sortit, heureuse de profiter encore du soleil. Elle n'était pas encore habituée à l'idée qu'aux antipodes, la mi-mars correspondait à la fin de l'été. Elle s'apprêtait à mettre ses lunettes de soleil, quand elle sursauta en apercevant Harrison Stapleton adossé au mur. Il se redressa dès qu'il la vit.

— Ah, docteur Watson, vous voilà. Je croyais vous avoir manquée.

— Y a-t-il un problème ?

— Non, pas du tout. Je… euh… je voulais vous remercier de vous être occupée de Yolanda. Elle est tout pour moi. J'ai paniqué quand sa gouvernante m'a appris qu'elle l'avait perdue. Je vous remercie infiniment.

— Je vous en prie. C'était la moindre des choses.

— Pour sauter du coq à l'âne, avez-vous une voiture ?

— Non, je n'habite pas loin d'ici.

— Moi non plus. Dans quelle rue ?

— Sur le front de mer.

— Vraiment ? A quel numéro ?

— Le 375, dans une résidence pour touristes.

— Je demeure à deux portes de chez vous. Je vais vous raccompagner.

— C'est inutile, je vous remercie.

— Voyons, nous allons dans la même direction. Il serait ridicule de marcher côte à côte en nous ignorant.

Elle faillit une nouvelle fois refuser, mais il semblait difficile de refuser quoi que ce soit à Harrison Stapleton, surtout quand il accompagnait sa demande d'un sourire aussi charmeur.

2.

— C'est vrai, ce serait un peu ridicule, insista-t-il.

— Pardon ? Ah oui, bien sûr. Dans ce cas, allons-y.

Un silence pesant s'installa bientôt entre eux, qu'elle choisit de briser à l'aide du sujet de discussion universel.

— Le temps est bien plus clément que chez moi.

— Tina m'a dit que vous étiez originaire de la région des Lacs.

— En effet. Je suis née à Barrow où j'ai passé toute mon enfance et mon adolescence.

— C'est un lieu très agréable, en effet.

— Vous le connaissez ?

— A dire vrai, j'y ai séjourné lors de ma lune de miel. Je suis veuf, ajouta-t-il.

— On me l'avait dit. Je suis désolée.

— Je vous en prie.

— Ainsi, vous avez apprécié cette partie de l'Angleterre ?

— Beaucoup, mais pas Inga. Elle préférait Londres.

— C'est vrai ? La capitale n'est pas vraiment mon lieu de prédilection.

— Trop bruyante ?

— Oui.

— Pour moi aussi.

Quand un groupe d'adolescents à vélo les doubla à la vitesse de l'éclair, Harrison s'écarta vivement et la bouscula.

— Oh ! Désolé ! Ça va ? s'excusa-t-il en la retenant pour l'empêcher de perdre l'équilibre.

Sa voix grave enveloppa Amélia, ajoutant au trouble que faisaient naître ses mains chaudes et fermes sur ses épaules.

— Oui, murmura-t-elle.

— Parfait. Les gosses ne regardent jamais où ils vont.

Il s'écarta mais l'empreinte de ses bras resta imprimée sur le corps d'Amélia comme une caresse. Paralysée, elle contempla cet homme qu'elle ne connaissait pas une heure auparavant, brûlant de poser sa main sur son visage. C'est alors qu'elle s'aperçut qu'elle tremblait et serra les poings pour se contrôler.

— Vous êtes sûre que ça va ? insista-t-il, la regardant étrangement.

— Oui, ne vous inquiétez pas, dit-elle en détournant les yeux.

— Il ne reste plus que quelques dizaines de mètres à parcourir. Vous croyez que nous y parviendrons indemnes ?

— C'est dangereux, mais nous pouvons prendre le risque, je crois, affirma-t-elle en esquissant un sourire.

— Parfait.

Ils se remirent en route, prenant soin de rester à bonne distance l'un de l'autre. Quand ils passèrent devant la vitrine d'un chocolatier débordant d'œufs de Pâques, Harrison gémit.

— Vous n'aimez pas les sucreries ? s'enquit-elle.

— Je n'aime pas que l'on me harcèle à ce sujet.

— Yolanda ?

— Oui. C'est incroyable. On dirait que les femmes sont génétiquement attirées par le chocolat, et ma fille ne fait pas exception à la règle. L'autre jour, j'ai dû parcourir page par page un catalogue de vente par correspondance de confiseries, pour qu'elle me montre ce dont elle avait envie. *Tout* ce dont elle avait envie.

Amélia ne put s'empêcher de rire.

— Elle a de la suite dans les idées.

— Oui, c'est mon bébé, dit-il avec le sourire béat d'un père aimant. Et vous ? Aviez-vous aussi des goûts bien affirmés lorsque vous étiez enfant ?

— La plupart du temps, je crois. Mes désirs ne devenaient pas toujours réalité, mais pour le chocolat, ce n'était pas une épreuve insurmontable.

— Ah bon ?

— Oui. Je n'en suis guère friande.

Il haussa les sourcils d'un air stupéfait.

— Vous plaisantez ?

— Je ne suis pas très portée sur le sucré.

— Intéressant…

— Pourquoi ? Je n'aime pas non plus les fleurs coupées.

— Vous commencez à me faire peur. Moi qui croyais avoir enfin compris le beau sexe, soupira-t-il d'un air faussement contrarié.

Amélia sourit. Harrison Stapleton se révélait un compagnon très agréable. Trop agréable.

Ils parcoururent les derniers mètres dans un silence plaisant cette fois, puis Harrison s'arrêta devant une maison à un étage ornée d'une vaste baie vitrée qui devait offrir une vue panoramique sur l'océan.

— Voilà ma modeste demeure.

— Elle semble très agréable.

— Elle l'est. Et vous, aimez-vous votre appartement ?

— Beaucoup. Il est propre, confortable, meublé et pas trop cher. Sans oublier la plage, ajouta-t-elle avec un regard vers le sable blond et la surface miroitante de l'eau. C'est en Australie que l'on trouve les plus belles plages.

— Je ne vous contredirai pas sur ce point. Le sable doit être un peu plus doré qu'à Brighton.

— Surtout que là-bas, ce sont des galets.

Soudain un cri aigu s'éleva, et Yolanda jaillit de la maison pour se précipiter vers son père, qui la souleva dans ses bras avec tendresse.

— Papa ! Papa ! s'écria-t-elle en s'agrippant à son cou.

Harrison la serra contre lui et leva les yeux vers une femme qui s'avançait vers eux.

— Bonjour, madame Deveraux.

— Tu es de retour plus tôt que prévu, répondit la gouvernante avec un accent anglais prononcé. Nous venons juste de préparer les biscuits.

— Y sont très bons, papa !

— Je vais vous laisser. A lundi, à l'hôpital, intervint Amélia.

— Voulez-vous entrer un moment ? proposa Harrison.

— Je ne voudrais pas vous déranger.

— Quelle idée, voyons ! s'exclama Mme Deveraux. C'est le moins que nous puissions faire pour l'aide que vous nous avez apportée tout à l'heure. Je vais mettre de l'eau à chauffer pour le thé.

— Vous êtes sûr que cela ne vous dérange pas ?

— Pas du tout. Mme Deveraux a raison. Considérez cette invitation comme un remerciement.

Convaincue, Amélia le suivit, admirant en silence le séjour qui aurait pu être l'œuvre d'un décorateur. En se dirigeant vers la cuisine, ils traversèrent une pièce nue au plancher protégé par une bâche, sur laquelle étaient posés une échelle et des pots de peinture.

— Vous aimez le bricolage ?

Harrison baissa les yeux vers ses vêtements tachés et sourit.

— Cette activité me relaxe.

— Il a repeint presque toute la maison, expliqua la gouvernante quand ils furent dans la cuisine. Je vous en prie, asseyez-vous.

— Madame Deveraux, je vous présente le Dr Watson, notre nouvelle interne, originaire de cette bonne vieille Angleterre natale, comme son accent a dû vous le faire remarquer, lança avec ironie Harrison en installant Yolanda sur un tabouret.

— Cesse donc de taquiner le monde avec ça ! Voulez-vous du lait ou du sucre dans votre thé, docteur Watson ?

— Non, rien, je vous remercie.

— Mme Deveraux était une amie très proche de ma mère, expliqua Harrison. Elle dort dans la chambre d'amis et refuse catégoriquement que je repeigne les murs ou que je change le mobilier.

La gouvernante haussa les épaules sans répondre et prit des tasses en porcelaine dans un placard.

— Et vous vous souvenez de Yolanda, poursuivit Harrison en déposant un baiser sur le front de sa fille.

— Comment pourrais-je l'oublier ?

— Tu te souviens d'Amélia, ma puce ?

— Mélia, dit la petite, un biscuit dans chaque main.

— Je suis ravie de te revoir, Yolanda, répondit Amélia en s'obligeant à chasser ce vide qui l'envahissait chaque fois qu'elle était en présence d'un enfant.

Plaquant un sourire sur son visage, elle repoussa l'idée que jamais elle ne serait mère. C'était une situation qu'elle n'avait pas encore acceptée, et que des scènes aussi touchantes rendaient encore plus insupportable.

— Ces biscuits sont délicieux, reprit-elle dans un effort visible de poursuivre leur conversation.

— C'est quoi, délieux ?

— Dé-li-cieux, ma chérie. Cela veut dire très, très bon.

— C'est moi qui les ai faits. J'ai mélangé la farine, et puis le… le…

— Le sucre, ma chérie, compléta Mme Deveraux.

— Le suc, répéta docilement Yolanda en descendant du tabouret. Mélia, viens voir mes poupées.

Amélia prit la menotte de la fillette qui l'entraîna jusqu'à sa chambre. C'était un décor de rêve pour une petite fille : des murs rose et blanc bordés d'un liséré de fleurs, un lit et une étagère dans les mêmes tons, une courtepointe ornée de minuscules fleurs multicolores, sur laquelle était étalée une panoplie de médecin avec bandes et stéthoscope, tandis qu'une magnifique maison de poupée trônait au beau milieu du plancher.

— T'as vu, t'as vu ? s'exclama Yolanda en s'asseyant à côté. C'est mon papa qui l'a fait !

Sincèrement étonnée, Amélia tourna la tête vers Harrison qui les avait suivies en silence. Ce dernier se contenta de hausser les épaules, comme s'il n'avait pas accompli grand-chose.

— Et mon papa, il a fait mon lit aussi. T'as vu la maison des poupées ? poursuivit la fillette en ouvrant la porte miniature d'un air émerveillé.

— Un véritable charpentier, reconnut Amélia avec un coup d'œil vers Harrison, qui ébaucha un sourire.

Puis elle s'agenouilla près de Yolanda pour examiner l'intérieur.

— C'est rose et blanc, dedans, annonça cette dernière avec fierté.

— Tu aimes bien ces couleurs ?

La fillette hocha la tête avec enthousiasme.

— Comment avez-vous deviné ? demanda son père en riant. Quand elle changera d'avis, je suis persuadé qu'elle m'obligera à tout repeindre.

— Peut-être gardera-t-elle ses préférences. Ma couleur préférée est le rouge, depuis toujours.

— Votre couleur préférée est le rouge, vous n'aimez ni les chocolats ni les fleurs coupées, vous préférez le salé au sucré et vous prenez votre thé nature.

Et il existait une caractéristique bien plus importante à ajouter à cette énumération, songea aussi Harrison : parmi tous les membres de son équipe à l'hôpital, Amélia Watson était la seule à qui Yolanda semblait s'être attachée. Sa fille étant très difficile, le fait qu'elle soit allée vers elle sans hésitation était plus éloquent que n'importe quoi.

— Vous faites une liste ? ironisa Amélia.

— Bien sûr. Je dois savoir qui a été sage ou pas.

La jeune femme éclata de rire.

— C'est bientôt Pâques, pas Noël.

— J'aime bien tout préparer à l'avance. Je suis un être prévoyant.

— Pâques ! s'écria la fillette.

— Parle un peu plus doucement, je te prie, ma puce.

— Pâques ! Pâques ! Chocolats ! Chocolats ! poursuivit Yolanda en sautillant dans la pièce.

— Ma fille a toujours été obnubilée par cette fête.

Amélia remarqua soudain que la fillette portait encore une couche. De plus, son élocution n'était pas très développée pour une enfant de trois ans.

— Calme-toi, mon cœur. Viens jouer, dit doucement Harrison.

Aussitôt, sa fille revint s'allonger à plat ventre devant la maisonnette, et tendit un homme miniature en plastique à son père. Les fabricants de jouets aimaient les pectoraux bien dessinés, songea Amélia en ébauchant un sourire.

— Pour toi, papa, parce que t'es un garçon.

Amélia eut bientôt droit à la représentation d'une femme idéale, aux longs cheveux blonds.

— Et ça, pour toi, parce que t'es une fille.

— Oh ! Merci, ma puce.

— Vous croyiez pouvoir y échapper, n'est-ce pas ? lança Harrison, l'air amusé, avant de faire avancer sa figurine vers Yolanda. Bonjour, ma petite. Tu es prête pour la fête ? Tu portes une jolie robe, dis-moi.

— Y'a du chocolat à ta fête ?

— Des tas et des tas de chocolats.

Aussitôt, la fillette fit sautiller une troisième poupée, imitant ses propres gestes un peu plus tôt.

Attendrie, Amélia sentit les larmes lui brûler les yeux. Il n'était pas juste qu'elle soit à jamais privée d'un tel bonheur.

— Que se passe-t-il ? s'enquit Harrison quand il s'aperçut de son changement d'expression.

— Rien, répondit-elle en ébauchant un sourire avant de rendre sa poupée à Yolanda. Elle est très jolie, ma puce, et tu t'occupes très bien d'elle.

— Oui, jolie, jolie.

— Je dois partir, dit Amélia en se levant.

— Déjà ? s'étonna Harrison.

— J'ai plusieurs choses à faire, et ma garde a été longue. Au revoir, Yolanda. A bientôt.

— Au revoir, dit la fillette d'un air distrait, captivée par son jeu.

— Papa revient dans une minute, ma puce.

— D'accord.

Amélia remercia Mme Deveraux pour son thé et se dirigea vers la porte d'entrée, accompagnée par Harrison qui la suivait sans rien dire, perplexe.

— Je vous remercie de votre hospitalité, dit-elle une fois devant la porte.

— Je vous raccompagne jusqu'à chez vous.

— C'est inutile.

— Cela ne me dérange pas.

Le voyant ainsi décidé, Amélia jugea inutile de protester.

— Amélia, êtes-vous sûre que tout va bien ? lui demanda-t-il quelques instants plus tard.

Elle n'avait aucune envie de discuter de ce sujet avec lui, mais comment le lui expliquer sans l'intriguer ni le peiner ?

— Ce n'est rien, juste un peu de fatigue. Et puis, j'ai des choses à faire.

— Permettez-moi d'en douter.

— Pourquoi mentirais-je ?

— Vous me cachez quelque chose.

— Oui. Des tas de choses. Après tout, nous venons juste de nous rencontrer, dit-elle en s'arrêtant devant son immeuble. Je ne me confie pas facilement.

— Vous avez donc des ennuis ?

— Quelques-uns, comme tout le monde, ce qui ne signifie pas forcément que je souhaite en discuter.

Il n'insista pas, ce dont elle lui sut gré.

— A votre guise. Je vous laisse vous reposer tranquillement, docteur Watson. A lundi, à l'hôpital.

La semaine suivante, Amélia croisa à peine Harrison Stapleton, qui n'était pas de garde aux mêmes heures qu'elle.

Le jeudi, elle déjeunait à la cafétéria, plongée dans sa lecture, quand une voix la fit sursauter.

— Puis-je m'asseoir ?

Elle leva les yeux et ne put réprimer un sourire.

— Bien sûr, je vous en prie, dit-elle en fermant son livre.

— Il est intéressant ?

— Oui, très. Comment allez-vous ?

— Bien, je vous remercie. Il paraît que vous avez pris le thé avec ma fille hier après-midi.

— En effet. Je l'ai rencontrée avec sa gouvernante en me promenant sur la plage. Mme Deveraux m'a invitée. Vous n'y voyez pas d'inconvénient, j'espère.

— Pas du tout. Yolanda était ravie d'avoir quelqu'un avec qui jouer. Elle m'a raconté que vos poupées avaient assisté à une fête et mangé beaucoup de chocolats en buvant du thé.

— C'est vrai, confirma Amélia en souriant.

— Tant mieux, dit-il en mordant dans son sandwich. Dites-moi, qu'avez-vous fait ces derniers jours, à part travailler, flâner sur la plage et prendre le thé avec les poupées de ma fille ?

— Laissez-moi réfléchir... J'ai travaillé, flâné sur la plage et pris le thé avec les poupées de votre fille.

Il éclata de rire, puis la conversation s'orienta vers leurs patients et l'hôpital.

Amélia fut enchantée de constater qu'ils étaient très souvent du même avis.

— Comment vous entendez-vous avec l'équipe ? voulut-il savoir.

— Tout se passe bien. Ils sont très sympathiques.

— Tant mieux. L'animosité entre membres du personnel peut être une vraie calamité, surtout avec des médecins venant de l'étranger. On ne sait jamais sur qui on va tomber.

— Merci du compliment...

— Je ne parlais pas de vous, voyons !

— Pourquoi pas ?

— Parce que vous aviez d'excellentes références.

— Tina est une amie très proche.

— Vous la connaissez depuis longtemps ?

— Plusieurs années, dit-elle avant d'être interrompue par la sonnerie de son bip. Désolée de ne pouvoir vous tenir compagnie pendant votre déjeuner.

— Je vous en prie. Vous feriez mieux d'y aller. Si vous faites attendre Rosie, vos prochains jours seront un véritable enfer, la menaça-t-il avec un grand sourire.

— J'en tremble rien que d'y penser. A tout à l'heure.

Elle quitta la salle le cœur léger, ravie d'avoir pu discuter quelques instants avec Harrison Stapleton, et rencontra Tina sur son chemin.

— Je t'ai vue bavarder avec notre chef, lança son amie avec un sourire mutin.

— Oui, il s'est s'installé à ma table.

— Et il paraît que tu as pris le thé chez lui ?

— Avec sa fille et sa gouvernante.

— Quel dommage...

— Pas vraiment. Tu sais combien il m'est difficile d'ouvrir mon cœur aux gens avant de bien les connaître.

— Ce qui est très facile quand on change d'établissement tous les trois mois, répliqua Tina, ironique. Pourquoi as-tu choisi d'effectuer ton stage d'un an dans quatre hôpitaux différents ?

— Pour visiter l'Australie, tu le sais.

— Je sais aussi que ce n'est pas la raison véritable. Mais… bon. Pourtant, tu sembles très à l'aise avec Harrison.

— C'est bien le problème.

— Pourquoi ? Il est célibataire, séduisant et drôle.

— Et il a une fille.

— Ce qui devrait être un bonus pour toi. Le fait que tu ne puisses pas avoir d'enfants le gênera moins puisqu'il en a déjà une.

Bien qu'elle soit habituée à la brusquerie verbale de son amie, Amélia sursauta.

— Mais je ne peux pas m'engager ! Je dois partir fin juin et j'ai des projets.

— Changer d'hôpital fréquemment, par exemple ?

Amélia accéléra le pas sans dissimuler son impatience.

— Non. Faire l'expérience de situations diverses, dans le monde entier, rectifia-t-elle d'un ton sec. Il n'y a aucun mal à voyager si j'en ai la possibilité.

— Voyager ? Dis plutôt « fuir ».

— Je ne fuis pas !

— Non, parce qu'il est impossible d'échapper à soi-même.

— Tina, rentre chez toi, je te prie. Le devoir m'appelle.

— Si tu veux. A propos, j'ai vu que tu étais de garde samedi. Veux-tu que nous prenions le café ensemble ? Je ne commence pas avant 11 heures.

— Avec plaisir.

— Nous pourrons discuter de tu-sais-qui.

— *Au revoir*, Tina, laissa tomber Amélia en se dirigeant vers le bureau des infirmières.

*
* *

Le samedi matin, les deux amies prirent le café ensemble, puis firent les magasins avant que Tina débute sa journée de travail. Amélia acheta une paire de chaussures, deux jupes neuves, trois chemisiers et une veste.

— Tu as prévu des rendez-vous galants ? plaisanta son amie.

— Non, mais les vêtements sont meilleur marché qu'en Angleterre.

— Bonne excuse…

— C'est la vérité ! se défendit Amélia.

— Allez… Pourquoi n'avoues-tu pas que tu apprécies Harrison ? C'est un type bien. Tout le monde l'aime et le respecte à l'hôpital. Ce serait merveilleux si vous sortiez ensemble. Vous êtes parfaits l'un pour l'autre.

Amélia ouvrit la bouche pour protester, puis se ravisa. Quand Tina avait une idée en tête, elle n'en démordait pas. Autant la laisser croire ce qu'elle voulait sans chercher à la convaincre.

— Tu vois ? s'exclama cette dernière. Tu es incapable de nier !

— D'accord, je l'aime bien. Tu es contente ?

— C'est un début, reconnut son amie avant de consulter sa montre. Excuse-moi, mais je dois y aller. A bientôt.

Amélia sirotait un autre café quand elle aperçut Harrison qui sortait de la boutique située en face, Yolanda sur les épaules, image même du bonheur et de l'insouciance. Mme Deveraux les suivait, les bras chargés de sacs.

— Amélia, quelle bonne surprise ! s'exclama-t-il quand il la vit.

— Voulez-vous vous joindre à moi ? proposa-t-elle en le voyant rester debout, indécis.

— Avec plaisir. Il est temps de faire une petite pause. Je suis sûr que Mme Deveraux ne me contredira pas.

— En effet, soupira la gouvernante. Je prendrais bien un thé.

Harrison s'assit et installa sa fille sur ses genoux.

— Un autre café, Amélia ? reprit-il quand la serveuse arriva pour prendre les commandes.

La jeune femme resta muette quelques instants en l'entendant l'appeler par son prénom. Certes, elle n'y voyait aucune objection. Pourtant, malgré la décontraction en vigueur dans certains hôpitaux, elle préférait conserver une certaine distance vis-à-vis de ses supérieurs hiérarchiques. Mais ce n'était pas vraiment cela qui rendait cette familiarité troublante…

— Je… Non merci.

Quand la serveuse fut partie, Harrison se pencha vers elle.

— Vous ne m'en voulez pas de vous avoir appelée ainsi ?

— Euh… non. Non, mais j'avoue que vous m'avez surprise, se reprit-elle. Je n'en ai pas l'habitude, voilà tout.

— J'aime bien instaurer une atmosphère détendue avec mes collègues, rien de plus. N'ayez crainte.

— Dînette, dînette, intervint Yolanda en glissant à terre pour aller fourrager dans un des sacs.

La gouvernante y prit une boîte qu'elle ouvrit pour la fillette.

— Tiens, ma puce.

La petite grimpa de nouveau sur les genoux de son père, puis disposa des tasses et une théière miniatures, avant de leur verser le thé. Quand le téléphone portable de Mme Deveraux sonna, cette dernière soupira devant le nom qui s'affichait sur l'écran, puis s'excusa et s'éloigna pour aller répondre.

— Tu te souviens d'Amélia, ma chérie ? demanda Harrison à sa fille. Elle a joué à la poupée avec toi.

Yolanda hocha la tête, faisant danser ses boucles blondes.

— Tu veux bien lui dire bonjour ?

— Bonjour, Mélia.

Amélia eut de nouveau l'impression que la fillette présentait des troubles du comportement, mais quand elle but le thé imaginaire que lui avait versé la fillette, elle s'amusa de la joie de cette dernière et oublia vite ses impressions.

— C'est chaud, grimaça Yolanda.

— Tu as raison, répondit Amélia en s'éventant la bouche de la main, comme si elle s'était brûlée. Mais c'était très bon, je te remercie.

— Elle adore faire la dînette, lui apprit Harrison, qui n'avait cessé de l'observer avec attention.

— Comme toutes les petites filles.

— Vous aussi ?

— Certainement. Comme elle, je forçais tout mon entourage à faire semblant de boire, jusqu'à ce que je remplisse mes tasses de véritable eau sucrée, au grand désespoir de mes parents…

— Etes-vous fille unique ?

— Oui.

A peine avait-elle répondu qu'une légère angoisse l'envahissait. Elle n'avait pas l'intention de développer le sujet. Par bonheur, Harrison n'insista pas.

— Quand j'ai vu ces tasses minuscules, je n'ai pas pu résister, et je suis content de les avoir achetées, enchaîna-t-il. Elle y joue seulement quand nous sortons, préférant utiliser sa vaisselle rose pour ses poupées à la maison. Madame a déjà ses petites manies.

— Evidemment, un service ne suffit pas, répondit Amélia, malicieuse. Vous semblez n'avoir aucune notion concernant les arts de la table. A propos, où en sont vos achats de P-â-q-u-e-s ?

Elle avait épelé le mot afin que Yolanda ne se mette pas à sautiller dans le café.

— J'y pense, j'y pense… En fait j'ai du mal à croire que ce soit déjà le week-end prochain. A propos, comment s'est passée votre semaine ?

— Chargée, mais vous devez le savoir.

— Oui, j'ai lu les comptes rendus. Vous n'avez besoin de rien pour votre nouvel appartement ?

— Non merci, tout va bien.

— Je n'ai pas encore reçu votre dossier. Le service administratif du Brisbane General n'est pas très efficace. Si Tina ne répondait pas de vous, j'appellerais la police pour des vérifications.

— C'est vrai ?

— Mais non, voyons ! répondit-il en riant.

Envoûtée par son regard intense et pétillant, Amélia sentit qu'elle perdait pied.

— Je dois y aller, dit-elle vivement pour lutter contre l'attirance qu'elle ressentait.

Au moment où elle ramassait son sac, la gouvernante revenait et la serveuse apportait les consommations.

— Restez, intervint Harrison avant qu'elle ait pu se lever. Je vous en prie, restez. Nous serions désolés de vous avoir chassée.

— Vous ne me chassez pas. Je dois encore aller faire les magasins.

— Masin ! s'exclama Yolanda, les lèvres blanchies par la mousse du lait chaud qu'elle buvait.

— Ma-ga-sin, ma chérie. Ma fille adore faire les courses.

— Pas vous ?

— Je déteste cela, surtout quand c'est bondé.

— Je préfère aussi éviter la foule. Voilà pourquoi je prends mes jours de repos dans la semaine, si c'est possible. Je dois vraiment y aller. Je suis très contente de vous avoir revus.

Il parut déçu mais ne protesta pas.

— Dans ce cas, à bientôt, à l'hôpital.

— Entendu.

Elle s'éloigna tout en s'efforçant de ne pas se retourner et prit une profonde inspiration. Elle devrait trouver le moyen de maîtriser l'attirance qu'elle ressentait envers Harrison Stapleton, sinon ses émotions risquaient d'être mises à rude épreuve durant ces trois mois de stage.

Elle ressassait ces pensées, debout sur l'Escalator la conduisant vers le deuxième étage du centre commercial, quand un cri aigu venant de l'escalier opposé lui fit faire volte-face, juste à temps pour apercevoir une femme enceinte qui perdait l'équilibre et tombait en arrière, heurtant dans sa chute un homme qui ne parvint pas à la stopper.

Amélia gravit les marches quatre à quatre, sans se soucier des récriminations, puis emprunta l'escalier roulant descendant et se fraya un chemin parmi les gens qui observaient la scène d'un air horrifié.

— Laissez-moi passer ! Je suis médecin.

Au moment où elle s'agenouillait près de la blessée gisant au pied des marches où sanglotait un petit garçon, un homme s'approcha.

— Harrison. Dieu merci ! dit-elle en levant les yeux.

3.

Elle le vit juger de la situation d'un coup d'œil et se tourner vers l'homme qui avait essayé de rattraper la victime.

— Appuyez sur le bouton d'arrêt d'urgence, faites sortir les personnes qui sont encore sur les marches et prévenez le service de sécurité du centre commercial, ordonna-t-il. Nous aurons besoin d'une ambulance.

— Etes-vous médecin ?

— Nous le sommes tous les deux. Faites ce que je vous demande et ne discutez pas, répliqua Harrison d'un ton sans appel.

Puis il s'agenouilla et posa une main sur le ventre de la femme, pendant qu'Amélia prenait son pouls.

— Madame, vous m'entendez ? Madame ?

La femme gémit.

Amélia l'examina et découvrit sur un bras une profonde entaille qui saignait abondamment.

— Comment vous appelez-vous, madame ? demanda-t-elle en faisant un point de compression.

Pas de réponse.

— Restez avec moi. Quel est votre nom ?

— Maman ? Maman ?

Assis au pied de sa mère, le petit garçon pleurait à chaudes larmes.

— Comment t'appelles-tu, bonhomme ? demanda Harrison en vérifiant si sa patiente souffrait de fractures. Ne t'inquiète pas. Je m'appelle Harrison, et voici Amélia. Nous sommes des médecins et nous allons aider ta maman, d'accord ?

Amélia souleva les paupières de la femme et constata que

ses pupilles réagissaient à la lumière venant des boutiques du centre. Mais sa respiration devenait saccadée. Amélia lui palpa le crâne à la recherche de contusions et ne fut pas surprise de sentir un liquide collant dans ses cheveux.

— Elle a des contractions, annonça Harrison.

— Braxton-Hicks ?

— Pour le moment, on dirait, mais un traumatisme pareil…

—… pourrait provoquer le travail, conclut-elle. Je sens deux plaies qui paraissent bénignes. Madame, vous m'entendez ?

Un nouveau gémissement lui parvint.

— Maman ?

Le petit garçon essaya de passer devant Harrison pour se rapprocher de sa mère. Il avait trois ans, tout au plus. Le cœur d'Amélia se serra, et elle dut faire un effort pour ne pas le prendre dans ses bras et le consoler ; elle devait d'abord songer à la victime. Elle vit Harrison s'écarter pour laisser avancer le garçonnet.

— Approche bonhomme, tu vas m'aider. Tu peux tenir la main de ta maman et lui parler ? Je suis sûr qu'elle adore quand tu lui racontes des histoires.

— Ma maman ?

— Oui, nous allons l'aider, intervint Amélia. Comment t'appelles-tu, mon chéri ?

— Ethan ? murmura la blessée.

Les grands yeux bleus du petit garçon s'agrandirent.

— Maman ? Lève-toi, lève-toi, supplia-t-il avant de se remettre à pleurer.

— Votre fils va bien, rassurez-vous, lui dit Harrison.

— Quel est votre nom, madame ? demanda Amélia.

— Liv Davis.

— Je m'appelle Amélia, et voici Harrison. Nous sommes médecins.

— Et le bébé ?

— Il va bien, mais il s'impatiente, répondit Harrison. Vous souffrez de quelques blessures, Liv. Si j'en juge par l'œdème que vous présentez, vous avez une fracture du tibia, ainsi que des plaies aux jambes, aux bras et au cuir chevelu. Mais vous avez eu beaucoup de chance.

— Ethan ? répéta-t-elle.

— Il va bien. Il est simplement effrayé.

La jeune femme parut se détendre un peu, mais Amélia la vit presser la main de son fils pour le rassurer. Devant ce lien entre la mère et l'enfant, le vide trop familier revint la narguer.

— Amélia ? Ça va ? lui demanda Harrison, inquiet.

— Oui, oui.

Bientôt l'équipe de sécurité du centre commercial arriva avec un brancard et une trousse de premiers secours. Amélia posa rapidement un pansement stérile sur la blessure à la tête tandis que de l'autre main, elle enroulait une bande par-dessus. Ensuite, elle s'occupa de la plaie au bras. Liv aurait probablement besoin de points de suture, mais ce n'était pas le plus urgent.

— Harrison ?

— Ah ! Madame Deveraux, vous tombez bien, dit Harrison d'un ton calme. Je vous présente Ethan. Nous allons transporter sa maman dans une pièce calme en attendant l'ambulance. Vous pourriez peut-être vous occuper de lui, avec Yolanda.

— Bien sûr. Avec plaisir.

— Papa, tu vas sortir un bébé ? demanda Yolanda en montrant le ventre de la femme.

— On dit « accoucher », ma chérie. Peut-être. Dis bonjour à Ethan, ma puce.

— Coucou, Ethan ! J'ai trois ans, annonça-t-elle en montrant ses doigts pour indiquer son âge. Je suis grande.

— Moi aussi, j'ai trois ans, répliqua le garçonnet en se redressant.

Il tenait encore la main de sa mère, mais semblait déjà moins effrayé.

— Liv, avez-vous rencontré des problèmes lors de l'accouchement de votre fils ? s'enquit Harrison.

— Il s'est présenté par le siège.

Harrison palpa de nouveau le ventre de sa patiente pour s'assurer de la position du fœtus.

— Pas celui-ci.

Pour toute réponse, la femme gémit sous l'effet d'une contraction.

— Il faut la déplacer tout de suite, décida Harrison. Avez-vous suivi des cours de secourisme ? ajouta-t-il à l'intention du gardien.

— Oui.

— Parfait. J'ai besoin d'une attelle de fortune. Amélia, donnez-moi des bandes et rapprochez le brancard. Madame Deveraux, pourriez-vous éloigner Ethan pendant le transfert ? Les enfants ont la mauvaise habitude de se faufiler dans vos jambes au mauvais moment.

— Tout se passera bien, Liv, la rassura Amélia. Nous devons simplement nous occuper de votre fracture avant de pouvoir vous emmener.

— J'ai mal au dos et au ventre. Mon bébé ! gémit la jeune femme en se mettant à pleurer. Ce n'est pas juste… Ce n'est pas juste…

— Je sais, mais vous vous débrouillez bien, Liv, l'encouragea Amélia d'une voix douce et rassurante. Nous sommes ici pour nous occuper de vous, et vous serez bientôt à l'hôpital. Malheureusement, nous ne pouvons vous donner d'antalgiques avant de vous avoir examinée pour déterminer si vous êtes déjà en travail.

— Ethan ?

— Il est là-bas ; il bavarde avec ma fille de trois ans, lui dit Harrison. Ma gouvernante les surveille.

Liv ébaucha un sourire, vite remplacé par un rictus de douleur. Les contractions se rapprochaient.

— Ce ne sont pas des contractions de Braxton-Hicks, murmura Harrison.

Au même moment, le gardien revint avec de quoi fabriquer une attelle pour la jambe gauche de la blessée. Pendant ce temps, Amélia posa une minerve pour soutenir le cou de Liv pendant le transport.

— Amélia, tenez sa tête, vous, ses jambes, ajouta-t-il à l'adresse du gardien. Moi, je la soulèverai au niveau des hanches. Approchez la civière. Il faut que quelqu'un dégage le passage devant nous, pour éviter que nous soyons obligés de nous arrêter. Madame Deveraux ?

— Ne vous inquiétez pas, je m'en occupe. A propos, je vais prendre vos sacs, Amélia.

— Merci, répondit Amélia qui avait complètement oublié ses achats.

Par chance, le transfert de Liv se passa sans encombre, et bientôt, ils se retrouvèrent dans une petite pièce dotée d'un lit, d'une chaise et d'un lavabo. Ils choisirent pourtant de laisser leur patiente sur le brancard, afin de lui éviter un autre déplacement. La jeune femme demanda que l'on prévienne sa mère, le père de l'enfant et elle étant séparés.

Mme Deveraux alla s'installer avec Yolanda et Ethan, dans un espace pourvu de chaises, d'un distributeur de boissons et d'un carton de jouets.

Amélia enfila une paire de gants stériles.

— Liv, je vais vous examiner pour voir de combien le col est dilaté. Entendu ?

— Oui.

Elle déshabilla sa patiente avec mille précautions, puis Harrison étendit sur elle une couverture qu'il avait trouvée dans un placard.

— Avez-vous déjà pratiqué beaucoup d'accouchements ? demanda-t-il à Amélia à voix basse en se lavant les mains.

— Quelques-uns, mais pas depuis longtemps, répondit-elle sur le même ton.

— On n'oublie jamais. Voyez la manière dont le bébé se présente, pendant que je m'occupe du monitoring de Liv.

— Entendu, dit Amélia en levant les yeux vers lui.

C'est alors qu'elle se rendit compte qu'il se trouvait à quelques centimètres à peine. L'espace d'un instant, elle s'imagina dans ses bras, se lovant contre son corps musclé...

Mais elle se ressaisit bien vite ; ce n'était pas le moment de donner libre cours à ses fantasmes.

— Liv, avez-vous eu mal au dos ou au ventre aujourd'hui, avant de sortir ? demanda-t-elle en s'asseyant sur un tabouret pour examiner le col de l'utérus de sa patiente.

— Un peu. Je n'ai pas beaucoup dormi cette nuit, mais c'est normal, à ce stade de la grossesse.

— Avez-vous perdu l'équilibre sur l'Escalator, vous a-t-on poussée, ou avez-vous eu un malaise ? voulut savoir Harrison.

— Je crois que j'ai perdu l'équilibre.

— Vous souvenez-vous de tout ?

Elle ferma les yeux un instant, visiblement épuisée.

— Oui.

— C'est bon signe. Pas de perte de mémoire.

— Avez-vous perdu les eaux ?

— Quoi ? Non. Attendez… J'ai eu une drôle de sensation dans la douche ce matin, du côté de ma vessie.

— Vous êtes-vous sentie plus lourde ensuite ?

— Maintenant que vous le dites, je crois que oui.

— C'était certainement le cas, parce que le col est complètement dilaté, annonça Amélia. Le bébé arrive.

Liv se tendit sous l'effet d'une nouvelle contraction et agrippa la main de Harrison.

— Excusez-moi, docteur, grimaça-t-elle quand le spasme s'atténua.

— Ce n'est rien, ne vous inquiétez pas. Je me suis déjà trouvé dans cette situation.

A ces mots, Amélia tressaillit. Bien sûr, il avait dû soutenir son épouse pendant la naissance de Yolanda…

— C'est vrai, vous avez une fille, dit Liv.

— Vous voyez ? Vous n'avez pas perdu la mémoire.

La jeune femme resta silencieuse un moment, tandis que ses joues se mouillaient de larmes.

— Le bébé n'est pas… ? Il va bien, n'est-ce pas ?

— Rassurez-vous, il ne se présente pas par le siège, intervint Amélia. A dire vrai, j'aperçois la tête. Le travail a-t-il été long la dernière fois ?

— Oh oui ! Et ils ont dû pratiquer une césarienne en urgence.

— C'est souvent plus rapide pour le deuxième enfant, la rassura Amélia. Sans compter que celui-ci paraît pressé de sortir.

— Pour quand l'accouchement était-il prévu ? s'enquit Harrison en prenant la main de Liv.

— Dans quinze jours.

— Ce sera sûrement avant ; votre bébé est impatient de faire son entrée dans le monde.

— Il donne des coups de pied si fort, répondit Liv en gémissant sous l'effet d'une nouvelle contraction.

— C'est bien. Et n'oubliez pas vos exercices de respiration, lui rappela Harrison.

— Vous vous débrouillez très bien, Liv, la tête apparaît, ajouta Amélia avant de se tourner vers Harrison. Pourriez-vous leur demander quand doit arriver l'ambulance ?

Il revint quelques instants plus tard.

— Dans cinq minutes.

— Parfait. Bien, Liv, à la prochaine contraction, je veux que vous vous concentriez pour pousser. Je sais que c'est difficile, je sais que vous souffrez, mais il le faut.

— J'ai mal à la tête.

— Bientôt vous pourrez vous reposer, intervint Harrison.

Il sortit une autre couverture du placard et la posa sur la chaise, puis il prit dans la trousse de secours une paire de ciseaux et de la ficelle qu'il coupa en morceaux.

— J'ai besoin de vous tenir la main, docteur.

Aussitôt Harrison fut à son chevet.

Ayant demandé des nouvelles des enfants à Mme Deveraux quand il s'était renseigné sur l'arrivée de l'ambulance, il informa Liv que son fils jouait aux petites voitures et à la dînette avec Yolanda. Il lui annonça aussi que sa mère arrivait, ce qui sembla la calmer plus encore.

Amélia l'observait du coin de l'œil, impressionnée par la douceur, l'attention et la compassion qu'il témoignait à Liv. Elle était sûre que c'était en partie grâce à cette assurance tranquille de Harrison que leur patiente restait aussi calme.

Un gémissement de Liv interrompit ses pensées.

— C'est bien, c'est bien, continuez à pousser ! l'encouragea-t-elle. Encore une fois, et la tête sortira. Allez-y !

— Pensez à vos exercices de respiration.

Quand la tête du bébé émergea, Amélia retint son souffle.

— Vous y êtes presque, c'est merveilleux, dit-elle en contrôlant le cordon de ses mains gantées. Arrêtez de pousser. Je dois vérifier quelque chose.

— Mais j'en ai besoin…

— Non, dit Harrison d'une voix ferme. Serrez-moi la main, aussi fort que vous le voulez.

— Ne poussez plus, répéta Amélia. Le cordon est enroulé autour du cou. Je vais essayer de dégager le bébé.

Liv haletait, le regard rivé à celui de Harrison.

— Je ne peux plus… Je ne peux plus…

— Si, vous en êtes capable, répliqua-t-il avec assurance, sans la quitter des yeux.

Amélia essaya de nouveau, sans succès. Elle ne pouvait tirer sur le cordon sans faire courir de risques au bébé, mais il risquait de s'étouffer si elle n'agissait pas rapidement.

— Il est très serré, il ne bouge pas. Et je n'ai pas de prise.

— Coupez-le, suggéra Harrison.

— C'est ce que je comptais faire, dit-elle en prenant les morceaux de ficelle qu'il avait préparés. Tenez bon, Liv.

Elle enroula les cordelettes autour du cordon ombilical et les noua aussi fort que possible.

— Je n'en peux plus, je n'en peux plus…, gémit de nouveau Liv.

— Attendez encore. J'ai presque fini. Attendez…

Les secouristes choisirent ce moment pour faire leur apparition.

— Sortez !

L'ordre de Harrison était si péremptoire qu'ils obéirent sans un mot.

Après avoir attaché le dernier bout de ficelle, Amélia prit les ciseaux.

— Bien, je vais couper maintenant, Liv. Encore une minute.

Elle sentait des gouttes de sueur perler à son front tandis qu'elle attrapait avec précaution le cordon à l'aide des ciseaux. Après quelques secondes qui lui firent l'effet d'une éternité, elle réussit enfin à libérer le bébé.

— C'est bon. Il commence une rotation. Vous pouvez recommencer à pousser quand vous serez prête.

A la contraction suivante, Liv obéit, et une fois que les épaules furent sorties, elle n'eut qu'un dernier effort à faire pour qu'un petit garçon glisse dans les mains d'Amélia qui déposa aussitôt le nouveau-né sur la couverture que Harrison lui tendait.

Quand le bébé poussa son premier cri, tout le monde sourit.

— C'est un garçon, annonça Harrison en le présentant à Liv.

Cette dernière lui caressa la joue d'une main tremblante, puis ferma les yeux.

— Il est magnifique, murmura Amélia, la gorge serrée par l'émotion.

Harrison lui répondit par un sourire plus éloquent que toutes les paroles, ce qui la troubla profondément.

— Puis-je dormir maintenant ? soupira Liv, à bout de forces.

— Oui. Reposez-vous, lui répondit Harrison. Vous l'avez bien mérité.

Encore remuée par l'étrange sourire que lui avait lancé Harrison à l'instant, Amélia ôta machinalement ses gants. En s'approchant de la poubelle pour les jeter, elle s'aperçut que ses vêtements étaient tachés. Mais quelle importance ? Elle ouvrit ensuite la porte pour faire entrer les secouristes, à qui elle exposa la situation en quelques secondes.

— Voulez-vous que je m'occupe du placenta ? proposa l'un d'eux.

— Si vous voulez, oui, répondit Amélia en allant s'asseoir au chevet de la jeune femme. Vous avez fait du beau travail, Liv.

Puis elle rejoignit Harrison qui examinait le bébé.

— Il respire bien. Nous pouvons couper le cordon un peu plus court maintenant, je pense.

— En effet. A entendre ses pleurs, ses poumons sont en bon état.

Ils posèrent ensuite un pansement sur le bout du cordon ombilical et emmitouflèrent le bébé pour le tenir au chaud.

— Voulez-vous le tenir ? lui demanda Harrison.

Mon Dieu ! Elle savait qu'elle aurait dû refuser, mais elle ne put résister.

— Bonjour, toi, murmura-t-elle d'un air attendri.

Comme l'enfant ouvrait la bouche, cherchant quelque chose à téter, elle alla se laver les mains, puis plaça son petit doigt entre les lèvres minuscules.

— Bon réflexe de succion, mon grand.

Bientôt il repoussa le doigt et se remit à pleurer. Alors elle lui tapota les fesses et chantonna pour le calmer. Sentant brusquement les larmes lui brûler les yeux, elle se tourna vers Harrison, essayant de recouvrer son calme.

— Pouvez-vous prendre le bébé, Harrison ? Je… je dois aller me changer.

— Vous avez fait du beau travail, Amélia, dit-il en lui prenant la main.

Surprise de sentir leurs doigts entrelacés si étroitement, elle se laissa envoûter par le regard sombre et brillant de son collègue. Il partageait ses sensations, elle en était persuadée. Cette naissance avait dû le bouleverser, tout comme elle. Mais s'il savait quelle souffrance elle endurait…

— Vous aussi…, murmura-t-elle en lui tendant l'enfant.

Il ébaucha un sourire, et aussitôt, le cœur d'Amélia battit plus vite. Troublée, elle recula et faillit se cogner contre un secouriste.

— Je… euh… je vais me changer.

Puis elle sortit précipitamment et referma la porte derrière elle. Mme Deveraux lui tendit ses sacs dès qu'elle la vit apparaître.

— Je pense que vous en aurez besoin.

— Je vous remercie.

Yolanda, qui jouait par terre, se leva pour courir vers elle.

— C'est la peinture ? demanda la fillette en montrant les taches qui maculaient les vêtements d'Amélia. J'aime peindre, moi.

— Non, ce n'est pas de la peinture, ma puce, dit-elle en souriant.

Le gardien lui indiqua aussitôt les toilettes les plus proches. Elle aurait aimé se doucher, mais elle se contenta de revêtir des vêtements neufs. Puis elle se recula et s'observa quelques instants dans le miroir.

— Il n'y a rien de spécial entre vous, dit-elle à son reflet d'un air convaincu. Oublie-le. C'est ton chef de service, rien de plus. Ce moment partagé était dû au miracle de la naissance, voilà tout.

Puis elle s'aspergea le visage d'eau froide, s'essuya avec une serviette en papier et se coiffa.

— Amélia ?

Quand elle vit la gouvernante entrer, l'angoisse l'étreignit.

— Y a-t-il un problème ?

— Non, ne vous inquiétez pas. Les secouristes sont prêts à partir, tout simplement.

— Déjà ? J'arrive.

Elles regagnèrent la petite aire de jeu, où attendait la jeune maman.

— Comment vous sentez-vous ? lui demanda-t-elle.

— Harassée.

— Je comprends. Votre mère est-elle déjà arrivée ?

— La voilà, répondit Harrison, qui sortait de la pièce où s'était déroulé l'accouchement, escorté de la mère de Liv, berçant son petit-fils.

— Vous m'accompagnez à l'hôpital, n'est-ce pas, docteur ? s'enquit Liv, d'un air inquiet.

— Bien sûr. Nous vous y rejoindrons tous les deux, répondit Amélia.

— A tout à l'heure, ajouta Harrison. Au revoir, bébé impatient, dit-il en caressant la minuscule tête duveteuse.

Les secouristes poussèrent le brancard vers la sortie. La grand-mère suivait avec Ethan et le nouveau-né.

— Madame Deveraux, pourriez-vous rentrer avec Yolanda, pendant que je me rends à l'hôpital avec Amélia ? Je ne devrais pas en avoir pour longtemps.

— Bien sûr, répondit la gouvernante. Range tes jouets, ma puce.

— Papa, viens maison !

Harrison s'accroupit et caressa les cheveux de sa fille.

— Papa doit aller à l'hôpital. Il va revenir bientôt.

— Non ! Je veux mon papa ! s'écria Yolanda en tapant du pied.

— Je vais bientôt revenir, ma puce.

— Non ! Papa !

Yolanda éclata en sanglots et se jeta dans ses bras. La gorge serrée, Harrison la souleva et la serra bien fort contre lui.

— Elle est fatiguée. Viens, ma chérie, dit Mme Deveraux avec tendresse. Ton papa reviendra bientôt. Comme tu as été très sage, tu auras une récompense une fois de retour à la maison. Tu pourras regarder ton émission préférée à la télévision, danser, chanter et t'amuser,

— Non ! Je… veux… mon… papa ! hurla la fillette en hoquetant.

Déchiré entre son devoir paternel et ses obligations professionnelles, Harrison hésita.

— Ce n'est pas grave, Harrison, intervint Amélia. Je peux m'occuper de notre patiente. Rentrez chez vous.

— Mais j'ai dit à Liv…

— Elle aussi a un enfant de trois ans. Elle comprendra.

Harrison hésita de nouveau, puis se rappela qu'il avait promis à sa fille de passer la journée avec elle ; s'il ne respectait pas ses engagements, qui sait quels problèmes engendrerait cette attitude. Yolanda était si fragile. En contemplant sa fille, qui avait tant besoin de lui, il comprit soudain qu'il devait oublier son attirance pour Amélia. S'il avait été un moment désarçonné par leur étrange communion après l'accouchement, il ne devait pas oublier qu'il était avant tout un père. N'avait-il pas évité les relations amoureuses depuis le décès d'Inga ? D'une part, il ne voulait pas déranger les habitudes qu'il avait instaurées si difficilement avec Yolanda, et de l'autre, il était devenu très méfiant envers les femmes, depuis le comportement irresponsable d'Inga.

Yolanda avait besoin de lui.

Soulagé par cette décision, il n'hésita plus.

— Merci, Amélia. Je vais rentrer à la maison.

— Entendu. Si vous voulez, je peux faire un saut en rentrant de l'hôpital pour vous mettre au courant.

— Inutile. Nous ferons le point lundi.

— Entendu. Bon après-midi alors.

Il crut déceler une pointe de déception chez la jeune femme, mais le souvenir de sa fille en larmes lui donna la force de rester sur ses positions.

— Vous aussi. Au revoir, Amélia.

Et il s'éloigna sans se retourner.

4.

Préoccupée par la manière dont Harrison avait pris congé, Amélia passa une nuit blanche à se demander ce qu'elle avait fait de mal.

Le dimanche matin, elle se leva aux aurores et se rendit à l'hôpital où elle serait de garde toute la journée. L'arrivée régulière de patients lui permit d'oublier les Stapleton toute la matinée. Elle s'apprêtait à faire une pause-déjeuner, quand Rosie prit l'appel d'une ambulance.

— Oh, mon Dieu, murmura-t-elle en reposant le combiné.

— Que se passe-t-il ?

— L'ambulance amène la gouvernante de Harrison. Suspicion de fracture du col du fémur.

— Mme Deveraux ?

— Oui. Je vais m'en occuper.

— Dans combien de temps doit arriver l'ambulance ?

— Cinq minutes.

— Parfait. Où est donc ce merveilleux appareil de radiographie numérique ?

— Je m'en occupe, répondit Rosie.

— Bipez le chef du service d'orthopédie et un anesthésiste. Si elle souffre d'une fracture du col du fémur, elle aura peut-être besoin d'une prothèse totale de la hanche.

— Je me charge de tout organiser.

— Et demandez à ce que l'on vous fasse parvenir son dossier médical. Je veux connaître son groupe sanguin et ses allergies éventuelles.

Rosie s'empressa d'aller donner ses instructions à l'équipe infirmière, pendant qu'Amélia vérifiait que tout était prêt dans la salle d'examen 1. Qu'était-il donc arrivé à Mme Deveraux ? Yolanda avait-elle assisté à l'accident ? Etait-elle bouleversée ? Harrison était-il présent ou faisait-il son jogging sur la plage ?

La sirène de l'ambulance l'arracha à ces questions, et elle se précipita à sa rencontre. C'est avec soulagement qu'elle vit les portes s'ouvrir sur Harrison, qui sauta lestement du véhicule.

— Viens dans mes bras, ma puce.

— Non ! geignit Yolanda.

— N'aie pas peur, tout ira bien.

En le rejoignant, Amélia s'aperçut qu'il portait encore son accoutrement de peintre, et ne put s'empêcher de le trouver terriblement séduisant.

— Bonjour ! lança-t-elle en se penchant à l'intérieur de l'ambulance où la fillette s'agrippait à la main de sa gouvernante. Oh, Yolanda. Tu es venue me voir au travail ?

L'enfant la considéra un instant, surprise. A en juger par son visage strié de larmes, Harrison avait dû passer un mauvais moment.

— Si tu venais avec moi, pour laisser les deux messieurs faire descendre tatie ? poursuivit-elle. Je te laisserai écouter ton cœur avec mon stéthoscope.

— Moi, docteur, répondit la petite.

— Oui, ma puce. Tu es un très bon docteur.

Harrison tendit encore une fois les bras vers sa fille, voyant que les ambulanciers s'impatientaient. Mais il voulait à tout prix éviter une crise, qui ne manquerait pas de se produire s'il forçait sa fille à sortir.

— C'est vrai. Tu te souviens comme tu as bien soigné la main de ton papa l'autre jour ? ajouta Amélia en tendant son stéthoscope à la fillette. Tiens. Viens le tenir pendant que tatie fait un tour sur son lit à roulettes.

— Moi aussi, je veux faire un tour.

— Vous n'auriez pas un fauteuil roulant, par hasard ? demanda-t-elle au brancardier qui attendait, l'air mi-amusé, mi-impatient.

— Je vous en apporte un de suite.

Amélia se tourna vers Harrison pour le rassurer d'un

sourire et surprit dans ses yeux une telle gratitude qu'elle en oublia aussitôt l'incident de la veille.

— Tiens, ma puce, voilà encore mieux que le lit, dit-elle un instant plus tard. Un beau fauteuil à roulettes !

— Oh, et moi qui voulais me promener dans le fauteuil, s'exclama la blessée d'un air déçu. Tu as de la chance, Yolanda.

Aussitôt, la fillette lâcha la main de sa gouvernante et se précipita vers son père. Soulagé, ce dernier la souleva pour l'installer dans le fauteuil roulant, tandis qu'Amélia lui donnait son stéthoscope.

— Merci, Amélia, murmura-t-il.

— Je vous en prie, répondit-elle en poussant le fauteuil vers l'entrée.

— Attention ! Attention ! criait Yolanda à tous ceux qui se trouvaient sur leur chemin.

Une fois en salle d'examen, Amélia tendit la main à la fillette.

— Viens. Allons voir comment va tatie.

Heureuse et soulagée de voir que la fillette prenait sa main sans rechigner, elle rejoignit avec elle le box où Mme Deveraux avait été transférée.

— Tu vois, ma puce ? Elle va très bien.

— Moi, veux écouter, répondit la fillette en agitant le stéthoscope.

— Tu devrais écouter mon cœur d'abord, répondit Amélia, voyant que l'équipe s'affairait autour de la gouvernante.

Elle s'accroupit, pendant que Yolanda procédait à son examen.

— Tire la langue, Mélia.

Amélia obéit.

— Dis « Ah ».

Elle continua à jouer les patientes dociles, mais le jeu fut de courte durée.

— Toi, tu vas bien, décréta Yolanda. Maintenant, tatie.

— D'accord, mais il faut que je te porte.

La fillette lui tendit les bras sans hésiter. Amélia la serra un moment contre elle et ne put s'empêcher de déposer un baiser sur ses boucles blondes.

— C'est bon, vous pouvez approcher, Amélia, dit Harrison.

Elle se pencha vers Mme Deveraux pour permettre à Yolanda d'écouter le cœur de sa gouvernante et de lui faire tirer la langue.

— Oh ! Langue pas jolie. Il faut opérer.

— Elle est douée, cette enfant ! s'exclama Rosie avec un petit rire.

— Que croyez-vous donc ? répliqua Harrison avec fierté. Tel père, telle fille. Si seulement je pouvais diagnostiquer les malades par un simple examen de leur langue.

— Cette méthode nous épargnerait effectivement beaucoup de labeur, renchérit Amélia. Docteur Yolanda, faut-il faire des radios ?

La fillette réfléchit un instant avec un air des plus sérieux.

— Oui, radios maintenant.

Puis l'enfant se tortilla pour descendre des bras d'Amélia et lui lança le stéthoscope sans plus de manières.

— Maintenant, je fais comtendu.

Amélia mit quelques secondes à comprendre qu'elle parlait des comptes rendus à rédiger dans le dossier et ne put s'empêcher de rire.

— Je l'emmène avec moi, dit l'une des infirmières.

— Non, je vais avec Mélia, répliqua Yolanda en s'agrippant d'autorité à sa main.

Amélia sentit son cœur se gonfler de joie et de fierté. Jamais elle n'était devenue aussi proche d'un enfant, et ce sentiment était merveilleux.

— D'accord ma puce. Nous allons rédiger le dossier dans le bureau des infirmières.

— Je vous préviendrai quand nous aurons une image, lui lança Harrison avec un clin d'œil.

Elle tressaillit mais s'efforça de ne rien laisser transparaître. Pourquoi lui avoir envoyé un tel signe, si intime ? se demanda-t-elle en s'éloignant. Et pourquoi se sentait-elle aussi troublée ?

Une fois arrivée, elle installa Yolanda sur une chaise rehaussée de quelques annuaires, puis lui donna une feuille et un stylo. La fillette se mit aussitôt à gribouiller en murmurant d'un air concentré. Amélia reconnut à grand-peine « langue » et « opération » parmi son babillage.

Quand Harrison les rejoignit, la fillette était encore très occupée.

— Est-ce que vous marmonnez quand vous rédigez vos notes ? lui demanda Amélia avec un sourire.

— Peut-être, répondit-il en haussant les épaules d'un air embarrassé. Nous avons un cliché.

— Quel est le verdict ?

— Venez voir. Yolanda, veux-tu regarder la radio ?

La fillette s'interrompit et glissa de sa chaise sans plus attendre.

— Vous ne semblez pas très inquiet, constata Amélia alors qu'ils se dirigeaient tous les trois vers la salle d'examen. J'en déduis qu'il s'agit de bonnes nouvelles.

— Meilleures que je ne craignais.

Amélia examina un instant l'image numérique et hocha la tête.

— C'est excellent. L'acétabulum est intact, la tête du fémur paraît en bon état. Madame Deveraux, vous vous êtes cassé le col du fémur juste au bon endroit. Un peu plus haut et vous auriez eu besoin d'une prothèse totale de la hanche.

— C'est ce que m'a dit Harrison.

— Et moi aussi ! intervint Yolanda.

— Tu es la meilleure des petits docteurs, ma puce.

— Moi, je suis grande !

— Oh ! Bien sûr. Excuse-moi.

Lorsque le chirurgien orthopédique arriva. Amélia proposa d'emmener de nouveau Yolanda qui, cette fois-ci, préféra rester auprès de son père.

— La fracture sera facilement réduite avec quelques vis, peut-être une plaque. L'opération devrait prendre environ quarante-cinq minutes.

— Quand pouvez-vous vous en charger ?

— Vers 15 heures, répondit le chirurgien après avoir vérifié l'heure du dernier repas de Mme Deveraux.

— C'est parfait, répondit Harrison en serrant la main

de l'orthopédiste et de l'anesthésiste, avant de laisser sa gouvernante à leurs bons soins.

— Vous rentrez chez vous ? lui demanda Amélia.

— Non, je pense que nous allons rester.

— Vous risquez d'être ici pour des heures, fit-elle remarquer avec un coup d'œil vers la fillette, qui était revenue s'asseoir devant une feuille de papier. Ne va-t-elle pas s'ennuyer ?

— Non, elle a l'habitude de l'hôpital, sans compter qu'elle aimerait sûrement aller au zoo.

Amélia fronça les sourcils.

— Vous venez de me dire que vous alliez passer l'après-midi dans l'établissement. Je ne comprends pas.

— Zoo ! Zoo ! s'exclama la fillette en sautillant et en applaudissant.

Harrison sourit à la jeune femme d'un air mystérieux et prit la main de Yolanda.

— Si nous allions montrer le zoo à Amélia, ma puce ?

Aussitôt, la fillette glissa son autre main dans celle d'Amélia, puis se mit en route fièrement, entraînant les deux adultes. Quand ils arrivèrent devant les ascenseurs, elle les lâcha et se précipita vers une des portes.

— C'est moi qui le fais ! s'écria-t-elle en appuyant sur le bouton d'appel.

Une fois à l'intérieur, elle appuya sans hésiter sur le bouton du quatrième étage.

— Ils ont des animaux dans l'hôpital ? s'enquit Amélia, de plus en plus intriguée. N'est-ce pas contraire aux règlements d'hygiène ? Les lois, en Australie, sont-elles différentes ?

— C'est ainsi que ma fille appelle la salle de jeux du service de pédiatrie, parce qu'elle est remplie de peluches, et qu'il y a un portillon pour empêcher les petits monstres de s'échapper… Suivez mon regard…, ajouta-t-il avec un sourire malicieux vers la fillette.

— Je n'ai pas encore eu l'occasion de visiter la pédiatrie.

— C'est pourquoi nous vous y emmenons.

Quand les portes coulissèrent, Yolanda fila comme une flèche le long du couloir.

— Dites-moi, elle connaît le chemin ! s'étonna Amélia.

— Comme je le disais, elle est habituée à l'établissement et à ce service.

— Ah bon ? A-t-elle été malade ?

Harrison réfléchit un moment et ne répondit pas tout de suite.

— Pas physiquement, mais elle a des rendez-vous réguliers.

Il n'eut pas le temps de développer car ils arrivèrent devant la porte du fameux zoo, devant laquelle piétinait la fillette. Il l'ouvrit et Yolanda se précipita à l'intérieur, ignorant les quatre enfants déjà là pour courir droit vers les peluches.

— Je vais prévenir la surveillante de sa présence.

Il disparut et Amélia contempla la fillette qui plaçait les animaux à la queue leu leu, en leur faisant de longs discours.

— Reste ici jusqu'à ce que papa revienne te chercher, ma puce, lui dit Harrison quand il revint. D'accord ?

— D'accord.

— Et si elle a besoin de vous avant ? s'inquiéta Amélia.

— Que dois-tu faire si tu as besoin de papa, ma chérie ?

— J'appelle la gardienne du zoo et elle appelle papa.

Yolanda laissa son père déposer une bise sur sa joue, avant de reprendre son jeu sans plus prêter d'attention au reste.

— Je suppose qu'elle appelle ainsi la surveillante du service, dit Amélia quand ils s'éloignèrent.

— Très juste, docteur Watson.

Une fois de retour aux urgences, Harrison alla prendre des nouvelles de sa gouvernante, tandis qu'Amélia s'occupa d'une nouvelle admission. Deux heures plus tard, elle rédigeait un énième compte rendu quand une ambulance arriva. Elle fut soulagée que les secouristes les aient prévenus de la situation quand elle entendit les hurlements et les insultes que proférait la patiente enceinte. Elle s'approcha de la nouvelle arrivante, se préparant à affronter l'épreuve.

— June ? Il faut vous calmer. Nous allons nous occuper de vous.

Pour toute réponse, elle eut droit à un chapelet de jurons auréolé d'une haleine empestant l'alcool.

— Laissez-moi tranquille ! Je veux partir. Vous ne pouvez

pas m'obliger à rester ! hurla la patiente en serrant la main sur son cœur.

— Laissez-moi vous examiner, June, dit Amélia d'une voix douce et ferme en se préparant à l'ausculter.

— Allez-vous-en !

— Que se passe-t-il ici ? lança Harrison d'une voix si forte qu'Amélia sursauta. Vous perturbez mon service, madame. Laissez le Dr Watson faire son travail.

Amélia profita de la surprise de la femme pour l'ausculter rapidement.

— Rythme cardiaque accéléré ; bilan sanguin, recherche de toxiques. Œdème aux doigts et aux chevilles ; analyse d'urine. Faites descendre l'interne d'obstétrique, de suite. Possible prééclampsie.

— Vous ne... pouvez... vous échapper, marmonna June après une autre salve d'injures.

— Propos irrationnels dus à l'alcool, annonça Harrison à une infirmière qui essayait de prendre la tension de la patiente. Ne lui donnez rien avant que l'interne d'obstétrique l'ait examinée et faites venir une assistante sociale. Et pendant que nous attendons, June, je crois que vous avez besoin d'une petite leçon sur les effets nocifs de l'alcool sur les fœtus, ajouta-t-il avec une dureté qu'Amélia ne lui connaissait pas.

La patiente lui cracha dessus, mais le manqua.

— Charmant... Pour information, sachez que votre état est grave. Vous et votre bébé pourriez tous deux mourir à cause de la quantité d'alcool que vous avez ingurgitée. Et si votre enfant reste en vie, il souffrira d'anomalies congénitales, ce qui implique une forte probabilité de malformations faciales, cérébrales, et un retard de croissance. Tout cela pour que vous puissiez vous abrutir dans les vapeurs d'alcool.

June s'était miraculeusement calmée pendant le discours de Harrison, permettant à l'équipe de procéder aux divers examens requis. Quand l'interne d'obstétrique arriva, Amélia le chargea de la patiente, avertit une infirmière qu'elle prenait sa pause, puis entraîna d'autorité Harrison dans la salle de repos des urgences, qui par chance, était vide.

— Harrison, vous allez bien ? demanda-t-elle après avoir fermé la porte.

Harrison se passa la main dans les cheveux d'un geste las.

— Ce genre de cas me rend furieux.

— Merci. Je m'en suis rendu compte.

— Elle n'a pas idée de ce qu'elle fait subir à son bébé.

— Je vous ai emmené ici pour que vous puissiez reprendre vos esprits. Et si vous voulez me confier ce que vous avez sur le cœur, je vous écouterais volontiers.

Harrison fit les cent pas dans la pièce en secouant la tête.

— Il s'agit d'un problème personnel, n'est-ce pas ? insista Amélia. Il s'agit de Yolanda ?

Il s'arrêta et la regarda presque sans la voir.

— En effet… A sa naissance, elle souffrait de syndrome de sevrage alcoolique. A douze mois, on a diagnostiqué un syndrome d'alcoolisation fœtale. Elle souffre de DNLA.

5.

Choquée par cette nouvelle, Amélia ne sut que répondre. Mais qu'y avait-il à répondre à cela ?

— Vous savez de quoi il s'agit ? lui demanda Harrison.

— Désordres neurologiques liés à l'alcool. J'ai appris la théorie mais je n'ai jamais été confrontée à un tel cas.

— Malheureusement, le syndrome d'alcoolisation fœtale devient de plus en plus courant, comme pour cette June. Qui sait de quels troubles souffrira son bébé.

— Cette attitude de la part des femmes est irresponsable.

— A qui le dites-vous…

Ils restèrent un moment silencieux quand la sonnerie du bip de Harrison les fit revenir à la réalité.

— C'est le numéro de l'orthopédie. Il doit s'agir de Mme Deveraux, murmura-t-il d'une voix lointaine en allant décrocher le combiné du téléphone posé sur une table basse. J'arrive, dit-il simplement après avoir écouté son interlocuteur quelques instants.

— Un problème ?

— Non. Ils vont juste l'opérer plus tôt que prévu. Je voulais la voir avant.

— Je comprends. Tenez-moi au courant.

— Je n'y manquerai pas, lui promit-il en s'éloignant.

Il fit une pause près de la porte et se retourna vers elle.

— Merci de m'avoir écouté, Amélia.

— Je n'ai pas fait grand-chose.

— Détrompez-vous.

*
* *

L'opération de Mme Deveraux se déroula sans accroc, et bien que la garde d'Amélia fût terminée, elle attendit que la gouvernante soit conduite en salle de réveil.

— Vous êtes encore là ? s'étonna Harrison en la voyant.

— Oui. Yolanda est-elle toujours au zoo ?

— Oui. Je viens juste d'avoir un appel de la surveillante.

— Vous voulez dire la *gardienne*, dit-elle en souriant. Comment se porte votre gouvernante ?

— Bien. Elle restera seulement cinq jours à l'hôpital.

— C'est une bonne nouvelle.

— Ne m'en parlez pas ! Quand je l'ai entendue crier, ce matin, je me suis précipité dans la cuisine et je l'ai trouvée étendue à terre. Sa position était si anormale que j'étais persuadé qu'elle aurait besoin d'une prothèse totale de la hanche. Puis Yolanda est arrivée, l'a aperçue et a fondu en larmes.

— Je me doute bien que vous avez dû vivre un moment difficile, mais tout est arrangé maintenant.

— Oui. Je ferais mieux d'aller chercher ma fille à présent. Vous rentrez chez vous ?

— Dieu merci, oui !

— Voulez-vous que nous fassions le chemin ensemble ?

— Avec grand plaisir.

— Parfait. Je vous retrouve devant l'hôpital dans dix minutes.

— A tout de suite.

Quand il fut sorti de la pièce, Amélia se tourna vers la gouvernante qui venait d'ouvrir les yeux.

— Bonjour, lui dit Amélia en souriant.

— C'est terminé ?

— Oui. Tout s'est bien passé et vous allez pouvoir vous détendre pendant une semaine, sans avoir à cuisiner ou à faire le ménage. Et vous commencerez la rééducation, bien sûr.

— Cette perspective ne paraît pas très reposante, répondit Mme Deveraux d'une voix pâteuse.

Amélia alla lui chercher quelques glaçons à sucer.

— Merci, Amélia. Une semaine entière, dites-vous.

— Environ cinq jours.

— Comment Harrison va-t-il s'en sortir avec Yolanda ?

— Il trouvera bien une solution.

— Mais on ne peut pas la mettre à la crèche ; ce n'est pas bon pour elle. Les autres enfants ne comprendraient pas…

— Tranquillisez-vous, Harrison s'en occupera. Tout ira bien, j'en suis persuadée. Vous devez penser à guérir avant tout.

— Oui, vous avez raison, soupira la gouvernante en fermant les yeux.

Amélia la laissa somnoler et rejoignit Harrison et sa fille. Tous trois se mirent en route, préférant longer la plage. Yolanda gambadait devant eux, se baissant parfois pour ramasser un coquillage et le mettre dans sa poche.

— Où va-t-elle chercher toute cette énergie ? s'étonna Amélia. Le simple fait de la regarder m'épuise.

— Elle ne mange que des choses saines, elle fait plusieurs siestes dans la journée, et elle n'a pas un seul souci. Elle est libre, répondit Harrison en riant.

— C'est merveilleux, n'est-ce pas ?

— Dire que nous sommes aussi passés par là.

— Si nous pouvions toujours garder cette innocence…

— Pourtant, on lui en a enlevé une partie dès sa naissance.

— DNLA ?

— Oui. Tout à l'heure, je ne vous ai donné que la version courte. Etes-vous prête à écouter la version longue, avec mes notes en bas de page et mes graphiques ?

— Vous parvenez à plaisanter sur le sujet ? s'étonna la jeune femme.

— Maintenant oui, mais j'ai passé trois ans très difficiles. Je n'arrive pas à comprendre pourquoi les femmes se permettent de boire pendant leur grossesse. Tout le monde sait que l'alcool est nocif pour les fœtus. Pourtant, elles continuent.

— Comme June.

— Etre confronté à son cas a fait remonter à la surface l'impuissance que j'ai ressentie quand on a diagnostiqué le problème dont souffrait Yolanda. Même quand j'ai découvert le penchant d'Inga pour la boisson, je n'ai pas réussi à la faire arrêter. Et je vous assure que c'est pour moi un terrible échec, ajouta-t-il d'une voix plus grave.

Amélia resta silencieuse, attendant qu'il poursuive.

— Inga est tombée enceinte juste après notre mariage, et si notre relation était un peu houleuse, elle fonctionnait tant bien que mal, jusqu'à ce que, six mois après la venue au monde de notre fille, ma femme déclare qu'elle en avait assez de la maternité. Elle a demandé le divorce, puis a déménagé pour aller s'installer à l'hôtel. Notre vie de couple étant devenue infernale, j'ai accepté volontiers.

— Et vous vous êtes retrouvé père célibataire.

— Oui. Avec un certain soulagement, je dois l'avouer. La vie avec Inga était un véritable enfer. Ma femme était alcoolique et refusait de l'admettre. Je pense qu'elle s'était mariée avec une image très idéalisée de la vie d'une épouse de médecin.

— L'argent, le prestige, une grande maison et une belle voiture ?

— Entre autres choses, oui. Elle rêvait aussi de sorties, et ne s'attendait pas à se retrouver seule pendant mes longues gardes. Elle détestait quand le téléphone sonnait lors de mes jours de repos, et si jamais je proposais de remplacer un ami, elle faisait une scène.

— Cela ne devait pas être rose tous les jours, en effet.

— A qui le dites-vous… La bouteille est devenue son amie, puis elle a rencontré d'autres amis, plus *intimes*… Mais seulement après la naissance de Yolanda.

— Votre fille est magnifique, Harrison. Vous devriez être fier.

— Je vous remercie. Je le suis, mais il n'en reste pas moins qu'elle a souffert du comportement de sa mère.

— Avez-vous essayé d'empêcher votre femme de boire ?

— Bien sûr. Mais sans succès. Elle continuait tout en m'affirmant qu'elle avait arrêté. Il est vrai que je n'étais guère présent.

— Vous êtes médecin, Harrison.

— Peut-être, mais la vie et le bien-être de ma fille auraient dû passer en premier. Il m'a fallu parcourir un long et difficile chemin pour admettre qu'elle était handicapée et que j'en étais en partie responsable.

— Ce n'est pas votre faute. Vous êtes son espoir, au contraire.

— Je suis son père. J'aurais dû faire plus.

— Vous le faites maintenant. Que s'est-il passé après le diagnostic de DNLA ?

— J'ai trouvé une thérapeute spécialisée dans ce domaine, qui m'a aidé à comprendre et accepter la différence de Yolanda. En réalité, ce sont les parents qui ont le plus besoin de formation. Une fois que l'on a appris à s'adapter à la manière d'agir de nos enfants, la vie devient plus simple.

— Vous disiez que Yolanda partait souvent à l'aventure.

— Oui. Parfois, j'ai envie de lui mettre un collier de clochettes, afin de la retrouver sans peine, plaisanta-t-il avec un petit sourire triste. Dès que je la perds de vue, je panique.

— C'est une bonne chose que le syndrome ait été diagnostiqué si tôt.

— Je dois dire que j'attendais les signes. Comme vous avez pu le constater, elle n'a ni handicap physique, ni malformation faciale, ni retard de croissance. En revanche, elle a une atteinte du système nerveux central, avec des troubles de la motricité fine et une mauvaise coordination œil-main.

— Pourtant, elle fabrique des gâteaux avec Mme Deveraux.

— C'est un des aspects de sa thérapie.

— Et elle s'amuse en même temps.

— C'est vrai. Elle souffre aussi d'anomalies cognitives, qui se traduisent par un déficit intellectuel, ainsi que de troubles du comportement et de la socialisation.

— A-t-elle un mauvais sommeil ?

— Oui. Par contre, sa mémoire s'est améliorée récemment.

— Ah bon ? A-t-elle atteint un nouveau palier ?

— Oui, grâce à vous.

Amélia ouvrit de grands yeux.

— Grâce à moi ? Je ne comprends pas.

— Elle se souvient parfaitement de vous. Vous devez lui avoir fait une forte impression parce qu'elle ne cesse de demander quand Mélia va revenir jouer à la poupée avec elle.

— Je suis très flattée, et touchée, murmura Amélia, le cœur étrangement serré.

— Tant mieux. Il y a de quoi. A dire vrai, elle vous aime beaucoup. Beaucoup…

En percevant l'inquiétude dans la voix de son interlocuteur, la jeune femme mit un moment à comprendre.

— Vous craignez qu'elle ne soit perturbée par mon départ ?

— Il est important de lui faire comprendre que vous partirez bientôt, afin que la séparation ne soit pas trop douloureuse.

— Entendu.

La jeune femme se tut, mais ces derniers propos venaient de la plonger dans un malaise diffus. Elle observa Yolanda qui se précipitait vers eux pour leur montrer le coquillage qu'elle venait de trouver, et comprit qu'elle était déjà très attachée à la fillette…

Et son père ?

Elle essaya de repousser cette question troublante. Même si au fond, elle espérait plus, leur relation ne devait être qu'amicale. Depuis qu'elle avait appris qu'elle souffrait d'endométriose, elle restait très prudente dans ses relations avec les hommes.

— Tu ramasses encore trois coquillages, puis nous rentrerons à la maison, dit Harrison à sa fille. D'accord ?

— D'accord ! accepta de bonne grâce Yolanda en repartant en courant.

— Qu'allez-vous faire pendant l'hospitalisation de votre gouvernante ?

— Je suis assez bon cuisinier, et je devrais me débrouiller pour le ménage.

Amélia éclata de rire et lui tapota gentiment l'épaule.

— Ce n'était pas le sens de ma question.

— Je sais. Vous parliez de Yolanda, bien sûr. Je me creuse la tête pour trouver la meilleure solution. Il y a bien la crèche de l'hôpital, mais je ne sais pas s'ils l'accepteraient au dernier moment.

— Pourriez-vous l'y laisser ? Votre gouvernante semblait en douter. Comme Yolanda souffre d'un handicap invisible, les autres enfants doivent s'attendre à ce qu'elle réagisse comme eux.

— Il s'agirait de quelques jours seulement, et puis je peux prendre des congés.

— Mais vous rentrez juste d'un congrès.

— Je sais. Sans compter que j'ai du retard dans le travail administratif… Mais je pourrais le faire à la maison.

Amélia réfléchit un moment, puis s'éclaircit la gorge.

— Je… euh… je pourrais vous aider.

— Pardon ?

— J'habite à côté de chez vous et votre fille m'aime bien. Si vous changez mes horaires, afin que je travaille l'après-midi, je m'occuperai d'elle la matinée et je l'emmènerai à l'hôpital avec moi en début d'après-midi.

Harrison hésita.

— Oui, mais vous commenceriez votre garde à 15 heures, et je ne pourrais pas quitter les lieux avant 16 h 30.

— Le zoo ? suggéra Amélia.

— Pourquoi pas ? Yolanda a trois séances de thérapie par semaine. Enfin, deux, puisque Pâques arrive et que vendredi est férié.

— A quelle heure y va-t-elle ?

— D'habitude, à 10 h 30, mais si sa thérapeute peut la recevoir à 15 heures, Yolanda pourrait ensuite m'attendre au zoo. Oui, c'est une possibilité.

— Quels sont ses jours de thérapie ?

— Lundi et mercredi.

— Je suis de repos mardi.

— Je prendrai le jeudi.

— Il restera vendredi. Puis Mme Deveraux sera de retour.

— J'aurai encore besoin d'aide, car elle sera loin d'être entièrement remise.

— Vous pourrez toujours faire appel à moi.

Harrison s'arrêta et l'observa un instant sans rien dire.

— C'est très généreux de votre part, Amélia.

— Entre voisins, il faut s'entraider.

— Je suis très difficile sur les personnes à qui je laisse

ma fille, mais la confiance qu'elle vous témoigne est très révélatrice. Mais votre départ ?

— Quand Mme Deveraux sera totalement rétablie, je passerai moins de temps avec Yolanda, pour la préparer à mon départ.

— Oui, bien sûr… Mais elle ne sera pas la seule à qui vous manquerez… Je vous remercie de votre offre et je l'accepte avec plaisir, dit Harrison en lui prenant la main.

En sentant une vague de chaleur l'envahir, Amélia commença à regretter l'engagement qu'elle venait de prendre et qui l'obligerait à côtoyer Harrison bien plus souvent ; et dans sa vie privée de surcroît. Elle ignorait encore comment elle parviendrait à imposer une distance, mais il était trop tard pour faire marche arrière.

— Je… je vous en prie. Euh… je ferais mieux d'y aller. Ah ! J'allais oublier, à quelle heure voulez-vous que j'arrive le matin ?

— 7 h 30, ça ira ?

— Parfait.

Elle alla dire au revoir à Yolanda, qui lui donna un coquillage, puis regagna son appartement l'esprit agité ; ce qu'elle venait de proposer était, pour elle, d'une évidence limpide, mais ce qu'elle percevait au-delà de ce simple geste d'entraide se révélait beaucoup moins limpide…

Une fois confortablement installée sur son canapé, elle composa le numéro de téléphone de Tina.

— Allô !

— Bonjour, Tina. C'est moi.

— Salut. Comment vas-tu ?

— Très mal. Tu ne devineras jamais ce que je viens de faire…, commença-t-elle avant de tout raconter à son amie. Tu te rends compte ! Je lui ai proposé de m'occuper de sa fille ! C'est de la folie !

Tina émit un petit rire.

— Qu'y a-t-il de si drôle ? lança Amélia, vexée de la réaction de son amie.

— Toi ! Tu prends mille précautions pour te tenir à distance des gens, ne pas t'impliquer dans leur vie, et tu te retrouves au beau milieu d'une relation au bout de quelques jours. Avoue que c'est plutôt comique, non ?

— Une *relation* ?

— Bien sûr. Il suffit de voir les regards que vous échangez, Harrison et toi.

— Je le connais à peine !

— Tu le connaîtras bien mieux à la fin de la semaine…

— Mais je… Il n'en est pas question ! Je crois que je vais me rétracter… Après tout, à quoi bon bâtir des châteaux en Espagne ? Jamais je ne pourrai fonder une famille.

— Il t'est peut-être impossible d'avoir un enfant, mais pas d'avoir une vie de couple. Ni d'adopter. Et cette situation te donnera la possibilité de vivre ton rêve quelques jours, en passant du temps avec Yolanda. Certes, tu sais que cette expérience ne durera pas, puisque tu rentreras dans ta coquille dès la guérison de la gouvernante, mais pourquoi ne pas en profiter, Amélia ? Tu passeras une ou deux semaines paradisiaques, surtout si tu te rapproches de Harrison…

— Je n'ai pas l'intention de me rapprocher de Harrison, je te dis ! Enfin, je suppose que je ne peux me rétracter maintenant.

— Sûrement pas ! Allez, courage, ma belle ! Il y a des épreuves pires, dans la vie.

Le lendemain matin, Amélia se présenta chez Harrison à 7 h 30.

— Excusez-moi, mais je suis en retard et je n'arrive pas à faire avaler son petit déjeuner à Yolanda, lui dit-il en ouvrant la porte.

Elle le suivit jusqu'à la cuisine où elle trouva la fillette assise devant un bol de céréales, des toasts, un œuf à la coque, du lait, du jus d'orange et de l'eau.

— Elle n'arrête pas de changer d'avis, mais elle ne mange pas plus d'une bouchée à la fois, et elle refuse de boire, soupira Harrison.

Amélia ne put réprimer un sourire.

— Et je vous interdis de rire ! dit-il en agitant un doigt réprobateur.

— Désolée, répondit-elle en essayant de reprendre son sérieux. Vous n'avez qu'à partir, je m'en occuperai.

— Elle n'a pas droit aux biscuits tant qu'elle n'a pas terminé au moins l'un ou l'autre de ces aliments. Tu entends, Yolanda ? Sois sage, ma puce. Papa doit aller à l'hôpital.

— Landa aussi, décréta la fillette en faisant mine de descendre de son tabouret.

— Non. Papa va faire du travail embêtant, alors que toi tu restes ici pour jouer à la poupée avec Amélia. Quelle chance !

Yolanda prit un air pensif et son visage s'illumina bientôt d'un sourire.

— Oui. Quelle chance !

— Tu fais un bisou à papa ?

— Oui.

— Tu bois ton jus d'orange ?

— Non.

— Ce n'est pas mon jour, on dirait, grimaça Harrison.

Amélia éclata de rire.

— Amélia, ce n'est pas charitable… Où sont passées mes clés ?

— Celles-ci ? demanda-t-elle en lui agitant un trousseau sous le nez.

— Merci ! Vous êtes merveilleuse. Appelez-moi au moindre problème. Je prends la voiture afin de pouvoir rentrer plus vite si nécessaire. N'oubliez surtout pas de fermer la porte à clé, pour éviter que la petite fugue.

— Entendu. Ne vous inquiétez pas. Filez !

En le regardant disparaître, la jeune femme s'aperçut qu'ils venaient juste de jouer la parfaite scène domestique, excepté qu'avant son départ, le mari se devait d'embrasser son épouse. La simple pensée d'un baiser de Harrison lui procura aussitôt de délicieux frissons.

Mais elle devait cesser ces rêves ridicules, se dit-elle en verrouillant la serrure avant de retourner dans la cuisine.

Yolanda était toujours assise à table, mais les céréales

s'étalaient maintenant devant elle, et le verre de jus d'orange s'était renversé pour former une flaque sur le carrelage…

— La parfaite scène domestique, marmonna-t-elle en se mettant à nettoyer.

Elle parvint tout de même à faire grignoter quelque chose à la fillette, en plusieurs épisodes, puis passa une agréable matinée à jouer avec elle. Mais la cerise sur le gâteau fut la sieste d'une heure et demie que fit Yolanda après le déjeuner, temps béni dont elle profita pour joindre Harrison.

— Bonjour. C'est moi.

— Amélia ! J'allais vous appeler.

— Je m'en doutais ! Cela fait presque une heure que le téléphone n'a pas sonné. Je commençais à m'inquiéter…

— Est-ce une manière subtile et féminine de me faire comprendre que je téléphone un peu trop souvent ?

— Un peu trop souvent ? Toutes les heures ? Allons donc ! Comme il s'agit du premier jour, je ne ferai aucune réflexion. En revanche, si vous recommencez demain, je réagirai peut-être différemment…

— Excusez-moi. Je dois être un papa poule très pénible, dit-il en riant.

— Je vous excuse. Je voulais juste vous prévenir de ne pas téléphoner : j'ai réussi à l'endormir.

— Bravo ! Vous m'impressionnez.

— A tout à l'heure, vers 15 heures.

— Entendu.

Une fois qu'elle eut raccroché, Amélia s'allongea sur le canapé pour se détendre. Certes, elle s'était attendue à passer une matinée animée, mais nettoyer les reliefs éparpillés du petit déjeuner, jouer à la poupée, à la dînette et danser devant la télévision n'étaient pas le meilleur moyen de se préparer à une longue garde. Heureusement, elle était de repos le lendemain.

A 14 h 30, elle prépara le sac de Yolanda, fit un saut chez elle pour se changer, puis toutes deux s'acheminèrent vers l'hôpital, en passant par la plage où la fillette remplit ses poches de coquillages. Une fois devant l'établissement,

Amélia dut la débarrasser du sable accumulé avant de la conduire vers son père.

— La voilà, en un seul morceau.

— Je n'en dirais pas autant pour vous, docteur Watson, fit remarquer Harrison après avoir embrassé sa fille. Vous me semblez épuisée.

— C'est vraiment peu de le dire ! Comment va Mme Deveraux ?

— Elle n'est pas obligée de passer la journée aux urgences après avoir couru toute la matinée derrière une enfant de trois ans infatigable, elle.

— Vu sous cet angle… J'avoue que je me suis assoupie une demi-heure pendant la sieste de Yolanda. J'étais éreintée.

— C'est ce que font les parents qui savent user de sagesse. Excusez-moi, mais je dois conduire la petite à sa séance de thérapie.

— Je vous en prie.

Amélia les regarda s'éloigner en souriant. Malgré sa fatigue, elle ne regrettait en rien ces moments merveilleux avec la fillette.

Le mardi, sachant à quoi s'attendre, Amélia maîtrisa mieux la situation. Elle réussit même à préparer à dîner pour Harrison, qui revint au moment où elle sortait un gratin de pâtes du four.

— Quelle bonne odeur ! s'exclama-t-il en entrant dans la cuisine, Yolanda dans les bras.

— Je ne suis pas un cordon-bleu, mais je me débrouille.

— Je suis sûr que ce sera délicieux. Apparemment, la journée a été plus facile, dit-il en piquant dans le plat avec une fourchette.

— Attendez ! Je vais vous servir.

— Merci. J'ai une faim de loup.

— Il y a une salade composée dans le frigo. J'ai aussi préparé le plat préféré de Yolanda, dit-elle en sortant une assiette de porridge du micro-ondes.

— J'ignorais qu'il s'agissait de son plat préféré.

— Aujourd'hui, oui. Elle en a avalé trois assiettes et m'a demandé d'en préparer pour ce soir.

— Ce n'est guère varié, mais elle mange et c'est de la nourriture saine. Beau travail, docteur Watson.

— Merci, docteur Stapleton. Tenez, dit-elle en déposant une assiette devant lui.

— Vous ne partagez pas notre repas ?

— Euh… Je… Non.

— Pourquoi pas ? Il y en a bien assez. Vous n'allez tout de même pas rentrer chez vous toute seule. Restez avec nous.

Sachant qu'il était inutile de discuter, elle sortit une autre assiette, pendant que Harrison installait Yolanda et la regardait déguster son porridge.

— Jamais je ne l'ai vu avaler son assiette avec autant d'appétit. Amélia, vous êtes une magicienne.

La jeune femme rougit, à la fois gênée et ravie du compliment, et se hâta de diriger la conversation vers un sujet plus général.

Après avoir raccompagné Amélia jusqu'à la porte, Harrison mit sa fille en pyjama. Quand elle fut confortablement installée dans son petit lit rose, il lui lut une histoire, puis resta à son chevet en attendant qu'elle s'endorme, tout en songeant à sa nouvelle interne.

Tout à l'heure, en arrivant, il avait failli l'embrasser, comme si c'était tout naturel. Lui qui, depuis sa désastreuse expérience avec Inga, se méfiait de toutes les femmes, baissait enfin sa garde avec Amélia. Il faut dire que la jeune femme lui avait tout de suite inspiré confiance. D'ailleurs, Yolanda l'adorait, et il s'était toujours fié à l'instinct de sa fille.

Quand cette dernière eut rejoint le pays des rêves, il gagna la cuisine pour débarrasser la table. Ensuite, il s'installa à son bureau pour ranger des papiers, mais se leva cinq minutes plus tard et alluma la télévision, qu'il éteignit quelques instants après avoir zappé sur toutes les chaînes sans trouver un seul programme qui l'intéressait.

Que lui arrivait-il donc ? se demanda-t-il en faisant les

cent pas dans le salon. Il était incapable d'effacer le visage d'Amélia de son esprit, et plus il y pensait, plus l'envie de l'embrasser s'intensifiait. Son parfum, sa présence, son rire, tout lui manquait.

En deux jours à peine, elle avait imprimé sa présence en ces lieux.

Et pour la première fois de sa vie, il ressentait la solitude.

6.

Après un mercredi identique au lundi, Amélia confia la garde de la fillette à son père le jeudi, ce qui lui permit de rendre visite à Mme Deveraux.

— Je suis capable de marcher de nouveau, et les médecins me permettent de rentrer à la maison demain, lui annonça cette dernière, ravie.

— C'est une très bonne nouvelle.

— Je ne vous le fais pas dire. Merci infiniment d'avoir aidé Harrison avec la petite.

— C'était avec plaisir.

Malgré la fatigue de cette surveillance de tous les instants, elle avait vraiment apprécié chaque minute passée avec Yolanda, qui était une petite fille pleine de vie… et d'imagination débordante.

Sa journée de travail terminée, elle rentra chez elle, impatiente de se détendre, mais elle s'aperçut bientôt que l'absence de la petite famille Stapleton lui pesait. Chassant le vide qui menaçait de l'envahir, elle alla prendre une douche, puis enfila un survêtement rose confortable dans la perspective de passer une soirée décontractée. Elle s'apprêtait à manger sur le pouce, quand on frappa à la porte.

Surprise, elle alla ouvrir et se trouva nez à nez avec Harrison et Yolanda.

— On a apporté à manger ! claironna la fillette en entrant d'un pas décidé.

— Nous avons pensé que c'était la moindre des choses, pour vous remercier de votre aide, renchérit Harrison.

— Oh ! C'est tout rose ! s'exclama Yolanda en touchant la manche de la veste de survêtement d'Amélia.

— Je pensais bien qu'il te plairait, ma puce. Bon, si nous voulons manger pendant que c'est chaud, il faut mettre la table. Viens m'aider.

— D'accord !

Lorsque Amélia referma la porte après avoir fait entrer ses invités surprise, elle se dit que son retour en Angleterre s'annonçait de moins en moins évident…

— Ma chérie, raconte à Amélia ce que nous avons fait aujourd'hui, dit Harrison une fois qu'ils furent tous assis autour de la table ronde située dans une alcôve près de la cuisine.

— Je fais un dessin pour tatie. Grand comme ça ! s'écria la fillette en ouvrant les bras.

— C'est une affiche pour lui souhaiter la bienvenue à la maison. Nous y avons passé plusieurs heures.

— Je m'en doute.

Ils parlèrent ensuite de quelques cas particuliers qu'ils avaient eu à traiter aux urgences, mais Yolanda se mit vite à bâiller.

— Notre conversation de grands l'ennuie.

— Je crois plutôt qu'elle tombe de sommeil. Je la ramène, décida Harrison en prenant sa fille dans ses bras. A propos, Amélia, que faites-vous samedi matin ?

— Le samedi de P-â-q-u-e-s ?

— Oui.

— Je n'ai rien de prévu. Pourquoi ?

— Si vous veniez prendre le petit déjeuner avec nous ?

— Le petit déjeuner ?

— Je vous assure qu'il n'y a rien à craindre, précisa-t-il avec un sourire en coin. Mme Deveraux et Yolanda seront là. Nous allons sur la plage. C'est une tradition familiale que nous avons instaurée lors du premier P-â-q-u-e-s de Yolanda. Il vous suffira de traverser la rue pour nous trouver en train de manger des céréales, ce qui, comme vous pouvez le constater, est une promesse alléchante.

— J'en salive d'avance.

— Sérieusement, le menu sera un peu plus varié. Vous viendrez ?

— Y aura-t-il des œufs à chercher ?

— Je croyais que vous n'aimiez pas le chocolat.

— J'ai juste dit que je préférais le salé au sucré.

— Je suis désolé de vous décevoir. Nous réservons les œufs pour dimanche.

— Tant pis. Je viendrai malgré tout.

— Parfait. A 8 h 30, dans ce cas.

— Dois-je apporter quelque chose ?

— Vous, et votre maillot. Nous piquerons peut-être une tête avant de déjeuner.

— Entendu.

— Bonne nuit.

Le vendredi saint, l'équipe des urgences était toujours débordée, et cette année ne fit pas exception à la règle. Amélia traita entre autres trois ivrognes, deux adolescents victimes d'une overdose d'ecstasy, à qui il fallut faire un lavage d'estomac, un jeune homme souffrant de palpitations cardiaques et une femme au bras cassé qui prétendait être tombée dans l'escalier. Mais en examinant son dossier, Amélia soupçonna un cas de violence conjugale, les soi-disant chutes dont elle avait été victime ces derniers mois étant trop fréquentes pour être accidentelles.

Elle discuta de tous ces patients avec ses collègues, les assistances sociales, contacta les parents, examina les radiographies et rédigea d'innombrables comptes rendus, mais à la moindre pause… elle ne pouvait s'empêcher de songer à Harrison.

Le samedi matin, elle fut réveillée par un soleil radieux et se leva avec entrain, ravie à la perspective du moment qu'elle allait passer avec la famille Stapleton, oubliant, pour un temps, son prochain retour en Angleterre.

Une fois douchée et habillée, elle sortit et aperçut Mme Deveraux.

— Bonjour ! Comment allez-vous ? Vous ne vous surmenez pas, j'espère.

— Pensez donc ! Harrison me surveille deux fois plus que Yolanda ! Il est déjà sur la plage avec elle. Il s'est dit qu'avec un peu d'exercice, elle aurait peut-être plus d'appétit.

— Il y a déjà beaucoup de monde, pour une heure si matinale.

— C'est ainsi tous les jours fériés.

Ensemble, elles s'avancèrent jusqu'à l'endroit où Harrison avait monté une table et des chaises de camping, protégées par un grand parasol.

Amélia ne put s'empêcher d'admirer Harrison de loin. Avec sa silhouette athlétique révélée par son short de bain et ses cheveux ébouriffés par le vent, il était d'une séduction à couper le souffle.

Quand il l'aperçut, il lui fit un signe de main, puis prit Yolanda dans ses bras et lui souffla sur le ventre. La fillette éclata de rire, mais dès qu'il la posa à terre, elle fila en un éclair.

— Bonjour, Amélia. Je suis content de vous voir.

Gênée par l'attirance qu'elle ressentait pour lui, elle ne répondit pas. Il lui prit la main et la pressa affectueusement.

— Je suis enchanté que vous ayez décidé de vous joindre à nous.

— Merci. Moi aussi je suis ravie à l'idée de cette matinée avec vous tous.

— Papa ! Tu peux pas m'attraper, s'écria Yolanda d'un air de défi.

Harrison soupira, faussement ennuyé.

— Le devoir m'appelle. Installez-vous, je vous en prie.

Puis il s'élança à la poursuite de sa fille.

Quand ils se furent tous deux bien dépensés, ils les rejoignirent, et tous quatre se régalèrent de toasts, de céréales, de yogourt, de salade de fruits, de croissants et de muffins. Manifestement, l'exercice physique avait aiguisé l'appétit de Yolanda qui fit honneur à leur festin. Ensuite, la fillette prit sa pelle, son seau et son râteau pour construire un château de sable.

— Papa, viens m'aider ! appela-t-elle un peu plus tard.

— Que veux-tu faire, ma puce ?

La fillette se leva et observa son œuvre, mains sur les hanches.

— Pas assez grand, papa, dit-elle en mettant les mains au-dessus de sa tête pour montrer la hauteur désirée.

— Alors, nous aurons besoin de l'aide d'Amélia.

— Oui ! Tiens, dit la fillette en posant un seau plein de sable sur les genoux d'Amélia. Jolie, ajouta-t-elle en caressant sa robe fleurie.

— Merci, mon cœur. Si nous le décorions avec des coquillages ?

Sa proposition enthousiasma Yolanda qui l'entraîna sans plus attendre pour aller ramasser les plus jolis spécimens. Quand elles revinrent, Harrison avait débarrassé et plié la table. Elles continuèrent leur château, et Amélia se prit au jeu, s'efforçant de lui donner une forme originale.

— De l'eau, papa ! lança la fillette en tendant un seau à son père.

— Pardon ? J'ai mal entendu.

— S'il te plaît, papa.

— Ah ! J'aime mieux ça.

Amélia ne put détacher son regard du corps musclé de Harrison se frayant un chemin parmi les enfants barbotant dans les vaguelettes. A son retour, il lui effleura le bras en s'asseyant. Aussitôt, une bouffée de désir envahit la jeune femme, et quand elle croisa le regard de Harrison, elle n'eut pas besoin de paroles pour comprendre qu'il partageait son émotion.

— Des coquillages ! Encore ! décréta Yolanda en se relevant. Viens, Mélia.

— Et si tu la laissais se reposer ? De toute façon, comme tu es la plus jolie, c'est toi qui trouves les plus jolis coquillages.

La fillette hocha la tête et s'élança, mais son père la retint ; le nombre de personnes avait doublé depuis le matin, et il ne voulait pas la perdre de vue.

— Cherche autour de nous. Il y en a de très beaux. Mais

dites-moi, Amélia, ce château est devenu une sculpture magnifique.

— Yolanda sait exactement ce qu'elle veut.

— Et vous, vous êtes capable de donner forme à ses idées. C'est une véritable œuvre d'art.

Amélia haussa les épaules.

— J'ai fait de la sculpture il y a quelques années. D'ailleurs, le sable est une matière facile à travailler.

— Vous avez arrêté ?

— Je n'ai plus le temps.

— Je n'en crois rien. Je suis bien placé pour savoir que notre métier nous accorde parfois quelques plages de loisirs.

Amélia plongea la main dans le seau d'eau pour lisser une tour.

— J'ai arrêté, et je n'ai pas eu l'envie de recommencer depuis.

— Pourquoi avoir interrompu cette activité ?

— Je… je suis tombée malade, en quelque sorte.

— Vous allez bien maintenant ?

— Oui… C'était il y a plusieurs années.

— Vous pouvez vous confier à moi, si vous le voulez, lui proposa Harrison avant de tourner la tête vers Yolanda, qui commençait à s'éloigner. Mais plus tard ! Excusez-moi.

Quand il revint avec sa fille, ils terminèrent tous les trois leur construction éphémère, puis Mme Deveraux sortit son appareil photo.

— C'est vraiment beau ! s'exclama-t-elle en prenant plusieurs clichés sous différents angles. Vous avez beaucoup de talent, Amélia.

La jeune femme se contenta de sourire et se leva en essuyant ses vêtements pour ôter le sable. Quand elle releva la tête, elle rougit en surprenant un regard approbateur de Harrison.

— Si vous alliez vous promener, tous les deux ? suggéra Mme Deveraux. Il est temps pour Yolanda de rentrer, et j'ai besoin de reposer ma jambe.

— Entendu, répondit Harrison avec empressement.

Quand ils se retrouvèrent seuls, avançant parmi les

baigneurs allongés sur le sable, Amélia trébucha. Harrison tendit aussitôt le bras pour la rattraper, mais quand elle retrouva son équilibre, il ne recula pas et lui prit la main.

— Tu ne m'en veux pas si je te tiens la main ?

— Je… Euh… Non…

— Et si je te tutoie ? Après tout, nous nous sommes beaucoup vus ces derniers jours.

— Non… pas du tout.

Ils marchèrent un long moment en silence, et atteignirent bientôt la partie la moins peuplée de la plage.

— A propos, ton dossier est enfin arrivé de Brisbane. Tu as partagé ton année en Australie en quatre stages de trois mois, à Perth, Melbourne, Brisbane et maintenant Adélaïde. J'avoue que c'est inhabituel.

— Je voulais en profiter pour visiter le pays.

— Ce n'est pas en trois mois que l'on a le temps de sympathiser avec les gens.

Elle se tendit et voulut se reculer, mais il ne lui lâcha pas la main.

— Je ne cherche pas à me faire des amis, Harrison, mais à terminer ma période de formation et à acquérir le plus d'expérience possible.

— A propos, ton dossier ne mentionne aucun problème de santé.

— Mes compétences professionnelles n'en sont pas affectées, si c'est ce qui t'inquiète, répliqua-t-elle sèchement, un peu contre son gré.

— Tu sais bien que non. Pourquoi avoir arrêté la sculpture ? Que t'est-il arrivé ? Es-tu guérie maintenant ? Excuse-moi, je ne veux pas te soumettre à un interrogatoire en règle, mais j'ai vraiment envie de te connaître mieux.

— Pourquoi ? Bientôt, je repartirai.

— Parce que je t'aime beaucoup.

— Oh…

L'agacement qu'elle avait ressenti sous le feu de ses questions s'évanouit aussitôt, remplacé par une étincelle de joie qu'elle eût aimé voir durer toute sa vie. Aucun homme ne l'avait émue autant que Harrison.

— Je t'en prie, confie-toi à moi, insista-t-il en s'arrêtant pour se tourner vers elle. Je sais que c'est difficile, mais s'il doit se passer quoi que ce soit entre nous, je veux savoir.

— Je… je ne comprends pas.

— Nous savons tous les deux que nous partageons plus que de l'amitié…

— Je… je ne sais pas… Il ne serait pas raisonnable de devenir plus proches.

— Et si c'était déjà trop tard ?

— Que veux-tu dire ?

— Je suis attiré par toi, Amélia. Il est normal que je cherche à mieux te connaître. Pourrais-tu me faire assez confiance pour me parler de ta maladie ?

Elle baissa la tête et soupira. Certes, elle ne s'était jamais livrée facilement, mais Harrison comptait beaucoup pour elle, et elle avait une grande confiance en lui. Elle leva les yeux et le regarda bien en face.

— Je souffre d'endométriose.

— C'est la raison pour laquelle tu as abandonné la sculpture ?

— Oui.

Elle s'assit sur le sable, le regard perdu vers l'horizon.

Harrison se laissa tomber à côté d'elle.

— Est-ce héréditaire ?

— Oui. Mes parents avaient la quarantaine quand je suis née. Ma mère souffrait terriblement de cette maladie, mais à cette époque, les médecins pensaient que les femmes exagéraient leurs douleurs menstruelles. Enfin, elle trouva un médecin capable de l'écouter. Après vingt ans de mariage et de nombreuses opérations, elle tomba enfin enceinte. Elle dut rester alitée toute sa grossesse, mais je suis quand même née avant terme… Bien que je sois sous traitement depuis mon adolescence, il m'arrive d'être déprimée ou énervée. Je souffre parfois de léthargie et de maux de tête, que je peux en général contrôler en mangeant une nourriture saine et en évitant de trop me fatiguer. A dix-huit ans j'ai subi une laparotomie conservatrice.

Amélia déroulait les faits d'une voix monocorde, incapable de regarder Harrison. Mais peu à peu, elle sentait que ces confidences, aussi intimes fussent-elles, la soulageaient d'un grand poids.

— Au départ, ils devaient simplement cautériser les kystes, ôter les adhérences et les implants d'endométriose, poursuivit-elle. Mais en opérant, ils ont constaté que mon état était bien pire qu'ils le croyaient. Quand je me suis réveillée, j'ai découvert que j'avais un ovaire et une trompe de Fallope en moins. Certes, je connaissais les risques, dont j'avais discuté avec mon chirurgien, mais la théorie est une chose, la vivre, une autre…

— Amélia…

L'émotion dans la voix de Harrison fit perler quelques larmes à ses yeux, et quand il la prit dans ses bras, elle s'y blottit sans hésitation. Elle resta immobile de longues minutes, apaisée par le réconfort qu'il lui apportait, puis se recula, entrelaçant ses doigts aux siens.

— Quelles sont tes chances d'être mère ? voulut-il savoir.

Vidée par les émotions successives, elle ne put que hausser les épaules. Elle s'était assez dévoilée pour la journée.

— C'est la raison pour laquelle il t'est difficile de côtoyer des enfants et des bébés, n'est-ce pas ? insista-t-il cependant.

— Ils sont si adorables, surtout Yolanda. Elle a peut-être ses problèmes, mais au moins tu les comprends. Quand on vous observe, tous les deux, le lien qui vous unit est si visible que…

La voix brisée, elle se tut et, cette fois, Harrison respecta son silence.

Ils contemplèrent tous deux la mer, perdus dans leurs pensées. Maintenant qu'elle lui avait révélé son secret, il ne s'intéresserait plus à elle, songea-t-elle tristement. Dix ans plus tôt, elle avait fait cette même confession à un homme, croyant qu'il l'aimait assez pour l'accepter ainsi. Quelques jours plus tard, il rompait.

— Merci de t'être confiée à moi, Amélia, reprit Harrison d'une voix grave.

— C'était loin d'être facile.

— Tu n'as pas l'habitude de t'ouvrir aux autres, n'est-ce pas ?

— Non, en effet.

— Alors c'est un pas dans la bonne direction.

— Ah bon ?

— Parce que maintenant, nous sommes prêts pour l'étape suivante.

— Laquelle ?

— Celle qui consiste à nous connaître plus intimement, dit-il en lui ôtant son chapeau et ses lunettes de soleil pour lui caresser les cheveux. Ils ont une couleur magnifique. Tu es si belle, Amélia…

Ses gestes tendres, sa voix douce et sensuelle la désarmèrent aussitôt, et quand il effleura ses lèvres des siennes, elle se lova contre lui sans hésiter. Enflammé, Harrison prit sa bouche en un baiser fervent.

Sous ses caresses Amélia perdit toute notion du temps. Envolées, la prudence et la raison qui jalonnaient chacune de ses actions. Forte de cette audace nouvelle, elle donna libre cours à l'envie qui la tenaillait depuis le matin et posa les mains sur son torse, explorant ses muscles fermes avec délectation. Le gémissement qu'il poussa l'incita à continuer. Bientôt, ils se retrouvèrent allongés sur le sable, corps contre corps, peau contre peau.

Ce fut le besoin de reprendre leur souffle qui les sépara, mais Harrison continua à déposer une pluie de baisers sur sa joue et sa nuque.

— Ma parole…, murmura-t-elle.

— A qui le dis-tu ! Amélia, tu es incroyable. Le sais-tu ?

— Je…

— Tu as du mal à accepter les compliments aussi ? Crois-moi quand je te dis que je te trouve irrésistible.

— Je suis tentée de te croire, mais…

— Mais ?

— Tout va si vite.

— Je comprends que tu aies l'impression de ne pas maîtriser la situation… D'ailleurs, il est heureux que nous n'ayons pas tout à fait perdu le contrôle, ajouta-t-il avec un sourire en coin, car les gens nous regardent déjà d'un air bizarre. Dans tes bras, j'oublie tout.

— Moi aussi…

Un cri perçant vint faire éclater leur bulle de bonheur. Ils levèrent la tête vers un jeune nageur qui sortait des vagues en courant.

— Un requin ! Un requin ! hurla-t-il. Il a attrapé quelqu'un !

7.

Amélia se mit à trembler comme une feuille.

— Amélia ? Que se passe-t-il ? Réponds-moi, voyons !

— Je déteste les requins. Je suis Anglaise. Ce genre d'attaques n'est pas courant chez moi.

— Tout ira bien, la rassura-t-il en l'aidant à se lever. C'est une urgence comme une autre. Il suffit d'avancer pas à pas.

Elle lui adressa un pâle sourire et le suivit sur le lieu du drame, s'efforçant de ne pas écouter les cris de panique des baigneurs. En temps qu'urgentiste, son devoir était d'oublier ses états d'âmes pour sauver des vies.

— Il y aura du sang et des lacérations. Et les amputations sont fréquentes lors d'attaques de requins, lui expliqua Harrison tandis qu'ils s'avançaient vers la mer. Dans d'autres conditions tu as déjà traité ce genre de blessures. Tu t'en sortiras très bien.

Le surveillant de baignade examinait avec des jumelles l'endroit que désignait l'adolescent ayant donné l'alerte, tandis qu'un groupe de maîtres nageurs sauveteurs mettait le canot de sauvetage à l'eau. Tout autour, les gens couraient vers la plage, portant nourrissons et enfants. Une femme criait le nom de sa fille d'un air affolé.

Assailli de questions, le surveillant de baignade essayait de calmer la foule. Beaucoup se dirigeaient vers leur voiture, les autres attendaient au bord de l'eau, observant les surfeurs qui portaient assistance à leur camarade.

— Je suis médecin, annonça Harrison en se présentant au surveillant.

Le soulagement se peignit aussitôt sur le visage du jeune homme.

— Vous tombez à pic. Je m'appelle Jonah. Je pensais l'allonger ici, expliqua-t-il en indiquant un endroit dégagé auprès d'une pile de couvertures et de matériel médical.

— Parfait. Faites reculer ces personnes, j'aurais besoin de place. Les premières minutes seront décisives.

Jonah se tourna vers ses collègues pour leur donner ses instructions.

— Je suppose que l'on a appelé une ambulance ? reprit Harrison.

— Bien sûr. Vous exercez…

— Je suis le chef des urgences du Glenelg General, et voici mon interne. Pourrais-tu aller chercher ma trousse de secours d'urgence chez moi, Amélia ? Mme Deveraux sait où la trouver.

Quand la jeune femme revint, les surfeurs ramenaient leur ami, allongé sur une planche.

— Reculez ! Laissez-les passer ! ordonna Jonah aux curieux.

— Tu as de la solution saline, constata Amélia en ouvrant la trousse. Bonne idée.

— Yolanda va bien ?

— Elle regarde la télé.

— Parfait.

Quand le blessé fut étendu devant eux, Amélia s'étonna de le voir bavarder comme si de rien n'était. Elle qui s'attendait à traiter une personne déchiquetée à l'article de la mort !

— Comment vous appelez-vous ? demanda Harrison en découpant la combinaison du jeune homme.

— Troy.

— Quel âge avez-vous, Troy ?

— Vingt ans.

— Vous surfez depuis longtemps ?

— Dix ans.

— Etes-vous allergique ?

— Non.

— Bien.

Tout en le questionnant, Harrison avait examiné ses

blessures. Le pied droit saignant beaucoup, elle déchira l'emballage d'un pansement compressif stérile, pour faire un point de compression, et s'aperçut que le quatrième et le cinquième orteil manquaient.

— Amputation des quatrième et cinquième métatarses. Forte hémorragie.

Harrison demanda au blessé d'inspirer profondément.

— Bien, l'encouragea-t-il. Lacérations au bras droit et à la jambe droite. Vous êtes-vous cogné à la tête ?

— Non.

— Suivez mon doigt des yeux, dit-il en bougeant l'index de droite à gauche et de haut en bas. Amélia, passe-moi la lampe stylo, s'il te plaît.

Elle la lui tendit pendant qu'il appelait un surveillant.

— Etendez une couverture de survie sur lui. Il faut le garder au chaud. Et trouvez quelque chose pour lui surélever la jambe.

— Va-t-il s'en sortir ? C'est moi qui ai donné l'alerte. Je m'appelle Steve.

— Oui, ne vous inquiétez pas, répondit Harrison tout en continuant son examen neurovasculaire. Pupilles symétriques et réactives. Le pouls est en train de faiblir. Troy, inspirez encore une fois. Une autre fois… Parfait. C'est déjà mieux. Continuez les inspirations, lentement, pour éviter les vertiges. Steve, assurez-vous qu'il respire comme je viens de le lui indiquer.

Le surfeur valide était blême, mais la mission que Harrison venait de lui confier lui permit peu à peu de retrouver son calme.

— Amélia ?

— Hémorragie stoppée, annonça-t-elle tout en bandant le pied de Troy. Je vais poser une perf.

— Parfait, répondit Harrison en examinant de plus près les lacérations du bras et de la cuisse. Il a essayé de manger un beau morceau de votre jambe, Troy. A dire vrai, il a manqué de peu votre artère fémorale.

— C'est une bonne nouvelle ?

— Très bonne, dit Harrison en prenant de nouveau le

pouls du blessé. N'arrêtez pas les inspirations. Nous préférons que nos patients respirent, n'est-ce pas, Amélia ?

La jeune femme emboîta les tubulures de la perfusion portative, avant d'y attacher une poche de solution saline.

— Tout à fait. Tenez, ajouta-t-elle en tendant la poche au surveillant qui l'avait aidée à surélever la jambe de Troy.

Puis elle désinfecta le bras gauche du blessé.

— Vous n'avez pas peur des aiguilles, j'espère ?

— Non, ça va.

— Parfait.

Elle insérait l'aiguille quand un bruit sourd lui fit tourner la tête. Steve venait de s'évanouir.

— Allez l'examiner, ordonna Harrison à Jonah.

— Il a juste perdu connaissance, mais ne s'est pas blessé en tombant.

Quelques instants plus tard, le jeune homme revenait à lui, horriblement gêné.

— A propos, dit Troy à Jonah. Vous devez faire un rapport ?

— Bien sûr, comme pour toute attaque de requin.

— Mais ils vont l'abattre.

— C'est la procédure habituelle, en effet. Nous ne pouvons pas prendre le risque qu'une autre personne soit prise pour cible.

— Pourtant, je vais bien, et les grands blancs sont une espèce protégée.

— Mais il aurait pu vous tuer, intervint Amélia, stupéfaite de l'attitude de Troy.

— Oui. Je sais. Mais rien ne vous oblige à faire de compte rendu.

— C'est notre travail de…

— Assez ! Ce n'est ni le moment ni le lieu pour ce genre de discussions, lança Harrison avant de reporter son attention sur les lacérations. Il aura besoin de points de suture, ajouta-t-il en finissant le pansement compressif. Amélia, constantes, je te prie.

Amélia saisit la lampe stylo pour examiner les pupilles du blessé, puis lui prit le pouls, qui était un peu faible. Mais son visage avait repris des couleurs, et ses lèvres et ses ongles, bleus quand on l'avait sorti de l'eau, rosissaient également.

— Continuez les inspirations lentes. Avez-vous des vertiges ? Des nausées ?

— Non.

— L'ambulance vient d'arriver ! annonça quelqu'un.

La foule s'écarta pour laisser passer les secouristes chargés du brancard et de l'équipement.

— Amélia, c'est vous ? dit Gina Douglas, la première secouriste, avant d'apercevoir Harrison. Ah ! Vous aussi ?

— Salut Gina, salut Ben, lança Harrison avec un signe de tête vers l'équipier de la jeune femme. Content de vous voir.

Les deux nouveaux arrivants s'agenouillèrent pour poser l'appareil de réanimation et placer le masque à oxygène sur la bouche et le nez de Troy.

— Homme de vingt ans. Lacérations multiples au bras et à la jambe gauche. Amputation spontanée des quatrième et cinquième métatarsiens. Pas de traumatisme crânien, pupilles symétriques et réactives à la lumière. Pouls faible et irrégulier, mais l'oxygène devrait y remédier. Il a reçu de la solution saline en perfusion. Aucun analgésique. Troy, êtes-vous allergique à la morphine ?

— Non. J'en ai déjà pris et je n'ai eu aucun problème.

— Pour quelle raison ?

— Une appendicite, à dix-sept ans.

— Etes-vous sous traitement en ce moment ?

— Non, mais... euh... j'ai peut-être un peu trop bu hier soir...

— Ça devrait aller, dit Harrison en faisant la piqûre que Gina venait de préparer.

Ils firent glisser le blessé sur le brancard, puis le portèrent vers l'ambulance, accompagnés de Jonah, qui tenait la poche de solution saline.

Après avoir rassemblé le matériel médical, Amélia et Harrison fermèrent la marche.

— Tu vas bien ? demanda Harrison en lui prenant la main.

— Oui. Tu avais raison. Il fallait avancer pas à pas et suivre les règles habituelles.

Harrison lui passa un bras autour des épaules et lui déposa un baiser sur le front, juste au moment où Gina ressortait de l'ambulance. Quand la secouriste les aperçut, elle leur adressa un sourire entendu qui fit rougir Amélia.

— Merci, Gina. Je m'occuperai des comptes rendus en prenant mon service cet après-midi, lança-t-elle de sa voix la plus professionnelle pour dissiper sa gêne.

— D'accord. Je laisserai le dossier dans votre casier.

Puis la secouriste alla s'installer sur le siège passager, et l'ambulance démarra dans le mugissement assourdissant de la sirène.

Aussitôt, Harrison se tourna et enlaça Amélia qui se serra contre lui, savourant son étreinte réconfortante. Jamais elle ne s'était sentie aussi bien dans les bras d'un homme. Elle ferma les yeux et se laissa envahir par l'odeur de sa peau mêlée à celle du sable et du sel, tout en écoutant le battement de son cœur.

— Je suis si bien auprès de toi, murmura-t-il. Comme une évidence.

Que répondre ? Certes, ses sentiments étaient identiques, mais elle savait aussi que jamais elle n'oserait se livrer entièrement.

— Allons-y. Tu as besoin de te reposer avant de prendre ta garde.

— J'aimerais dire au revoir à Yolanda.

— Bien sûr. Avec plaisir.

La fillette se trémoussait devant son DVD préféré, mais quand ils entrèrent, elle se précipita vers Amélia.

— Mélia ! Viens danser !

— Je préfère te regarder. Tu danses si bien.

La fillette se remit aussitôt à bouger bras et jambes en essayant d'imiter les artistes qui évoluaient sur l'écran. Au bout de trois chansons, Amélia parvint enfin à prendre congé. Tout à son activité, la fillette lui adressa un petit salut distrait.

— Je raccompagne Amélia, dit Harrison à Mme Deveraux, qui lisait, sa jambe opérée étendue.

— Bien sûr…

Dès qu'ils furent dehors, Harrison prit la main d'Amélia.

— Je te remercie de m'avoir fait confiance, malgré l'épreuve que tu as subie. J'ai déjà traité des femmes et des jeunes filles souffrant d'endométriose, et je sais qu'il s'agit d'une maladie très douloureuse. As-tu déjà parlé de ton opération à un autre homme ? As-tu déjà raconté ce que tu devais subir quotidiennement ?

— Une fois, il y a des années.

— Laisse-moi deviner. Il a disparu dans la nature ?

— Exactement.

— Voilà pourquoi tu restes sur tes gardes.

— Oui.

— Je comprends, et je suis encore plus touché de la confiance que tu m'as témoignée. Mais tu sais, j'ai aussi connu des périodes difficiles.

— Ton épouse ?

— Quinze jours après son installation à l'hôtel, la police m'a téléphoné pour que j'aille identifier son corps à l'hôpital.

— Oh, Harrison !

— Elle avait eu un accident en conduisant en état d'ivresse.

— Tu as dû passer des moments terribles.

— Oui, et Yolanda n'allait pas très bien à cette époque.

— Mais tu t'en es sorti. C'est la preuve de ta force.

Il haussa les épaules, peu convaincu.

— Je sais à quel point ta fille compte pour toi, poursuivit Amélia. Tu es un père merveilleux et je suis persuadée que tu élèveras une fille indépendante et équilibrée. Que demander de plus ?

Il soupira.

— Parfois, je ne sais plus si je suis vraiment capable d'assumer cette tâche, si je suis vraiment la personne qu'il faut pour aider Yolanda à grandir aussi normalement que possible. Cette thérapie, ces exercices, cette supervision constante sont si intenses… Certains jours, elle s'assied, les yeux fixés vers le mur, parce qu'elle ne peut pas appréhender le monde autour d'elle. Si jamais j'étais incapable de l'aider à s'en sortir ?

— D'après ce que j'ai vu, tu as accompli un excellent travail. Tu ne l'as pas abandonnée dans une crèche ou dans un établissement spécialisé. Au contraire, tu t'es débrouillé pour qu'elle soit gardée par une personne aimante, et malgré ton métier prenant, tu t'occupes d'elle autant que possible. C'est grâce à toi que le diagnostic a été si précoce, c'est toi qui lui as permis de bénéficier le plus vite possible d'un traitement adapté. C'est une fillette merveilleuse, Harrison. Et tu es un père merveilleux.

— Mais tu as tout de même remarqué qu'elle avait un problème.

— Peut-être, mais je suis médecin. D'ailleurs, tu n'essaies pas de cacher son handicap, tu veux lui donner les outils dont elle a besoin pour réussir au mieux sa vie et devenir une femme indépendante.

— Tu crois ?

Comment pouvait-il douter à ce point de lui-même, lui qui paraissait toujours si fort et maître de lui ?

— Oui, j'en suis sûre. Tu es un père merveilleux, Harrison. Ne l'oublie jamais.

Il resta silencieux un moment, comme s'il prenait le temps de s'imprégner de ses paroles.

— Tu m'apportes beaucoup, Amélia, tu sais. J'ai adoré partager ces quelques heures avec toi aujourd'hui, et je ne te remercierai jamais assez pour ton aide cette semaine.

— Je l'ai fait avec plaisir. Yolanda est adorable.

— Je ne voudrais pas abuser, mais Mme Deveraux ne sera pas sur pied avant au moins quinze jours. Crois-tu pouvoir faire un saut de temps en temps durant tes jours de repos pour t'assurer que tout va bien ?

— Certainement.

— Ton soutien compte beaucoup pour moi, Amélia. Bon, à ce soir, conclut-il quand ils arrivèrent devant la porte de son appartement.

— Ce soir ? Mais je travaille.

— Je sais. Tu termines vers minuit, n'est-ce pas ?

— Environ.

— Je viendrai te chercher pour faire le chemin avec toi.

— Je comptais prendre un taxi.

— La météo prévoit une soirée très douce. Il faut profiter du beau temps.

— Mais je…

Faisant fi de ses protestations, il effleura ses lèvres des siennes et s'éloigna rapidement.

Amélia entra dans son appartement, encore troublée par ce baiser trop furtif. Pourquoi avait-elle accepté qu'il vienne la chercher après sa garde ? Pourquoi avait-elle accepté de continuer à le seconder, alors qu'elle aurait dû écouter la voix de la raison et prendre ses distances ?

Parce qu'elle était incapable de résister au charme des Stapleton père et fille.

8.

Quand Amélia arriva à l'hôpital en début d'après-midi, bien décidée à se concentrer sur sa tâche, elle s'aperçut que le reste du personnel lui souriait d'un air entendu. Elle ouvrit la porte du vestiaire, perplexe, pour se retrouver nez à nez avec Tina.

— Alors ? Dis-moi ! Tout le monde raconte que tu sors avec Harrison ! Comme je t'ai à peine vue la semaine dernière parce que tu passais tes journées avec lui, je ne suis pas réellement surprise, mais j'aimerais savoir ce qui s'est passé.

— Que dire… Nous sommes plus ou moins… liés.

— Mais encore ?

— Je… euh…

— Il t'a embrassée, c'est ça ? Inutile de nier, je le lis sur ton visage. Je suis bien contente pour toi !

— Comment peux-tu dire une chose pareille ? s'écria Amélia, horrifiée. Je vais quitter ce pays dans deux mois et demi !

— Oublie un peu tes inquiétudes et profite du moment présent. Ce n'était pas désagréable, avoue-le.

— Loin de là… J'adore passer du temps en sa compagnie et celle de Yolanda.

— Alors, profites-en. Il ne te reste que quelques semaines.

— Mais ce n'est pas bien de m'engager et de partir.

— Pourquoi pas ? Tu n'as pas eu de relation avec un homme depuis des années, Amélia. Si tu es attirée par Harrison, tu dois continuer.

— Mais je vais quitter l'Australie !

— Pourquoi ce départ t'empêcherait-il d'aller plus loin ?

— A cause de Yolanda.

— Tu l'utilises comme excuse. En réalité, tu as peur qu'il te rejette comme cet imbécile, il y a dix ans.

— Tina, je ne peux pas être mère. Tu crois qu'il s'en moque ?

— Comment le saurais-je ? Demande-lui.

— Mais je ne peux pas, voyons ! Il m'a déjà été assez difficile de lui avouer mon problème. Il est évident qu'il veut d'autres enfants. C'est normal, d'ailleurs, c'est un père merveilleux. Il mérite de trouver une femme à la hauteur de ses exigences.

— Et si tu étais cette femme ? Si c'est toi qui le rejetais ? Y as-tu pensé ?

Amélia se tut, interdite.

— Non, je n'avais pas envisagé la situation ainsi, marmonna-t-elle. De toute manière, nous discuterons un autre jour. Mes patients m'attendent.

Après s'être occupée d'une coupure bénigne nécessitant quelques points de suture, Amélia rendit visite à Troy, qui attendait l'orthopédiste.

— C'est gentil de venir me voir, Doc.

— Je m'étonne que vous n'ayez pas d'autres visiteurs.

— Mes parents viennent juste de partir à la cafétéria. Maintenant qu'ils ont vu que j'allais bien, ils peuvent se détendre.

— Je suis heureuse de l'apprendre. Vous avez eu beaucoup de chance, vous savez.

Il se contenta de rire.

— Cela n'avait rien à voir avec la chance.

— Ce requin aurait pu vous tuer, voyons !

— Mais il ne l'a pas fait, et je vais vous dire pourquoi.

— Je vous écoute.

— Parce que je ne surfais pas seul. J'avais des copains qui ont fondu sur l'animal et m'ont libéré avant que je m'aperçoive de ce qui se passait. Les surfeurs avertis savent comment agir en de telles circonstances. Nous avions tous sur nous notre dispositif antirequin.

— Comment pouvez-vous garder ainsi votre calme ?

— De la même manière que vous avez conservé le vôtre en soignant mes blessures. Vous êtes un médecin entraîné à faire face aux accidents ou aux maladies. Moi, je suis un surfeur.

— Avez-vous l'intention de reprendre ce sport ?

— Evidemment.

Amélia le dévisagea, bouche bée.

— C'est une part de moi-même, lui expliqua-t-il en souriant. Vous me trouvez peut-être insouciant et imprudent, mais si vous aviez un problème physique, vous ne cesseriez pas d'exercer la médecine, n'est-ce pas ? Vous vous soigneriez et vous continueriez.

— C'est vrai. Vous avez raison. Concentrez-vous sur votre guérison, dans ce cas.

— Vous pouvez y compter.

Elle s'était déjà éloignée de quelques pas quand il la rappela.

— A propos, Doc…

Elle se retourna.

— Oui ?

— Merci pour… euh… vous savez… pour m'avoir réparé.

Cette fois-ci, il avait les larmes aux yeux, et elle comprit que sa mésaventure l'avait plus affecté qu'il voulait bien l'admettre.

— Je vous en prie, Troy. Comme vous l'avez si bien dit, c'est mon métier.

Les heures suivantes s'écoulèrent calmement, fait inhabituel pour un samedi soir aux urgences. Amélia fut reconnaissante à Tina d'éviter de parler de Harrison, mais elle ne put s'empêcher de penser à lui, sans savoir quelle décision prendre sur la suite des événements, événements qui se déroulaient beaucoup trop vite à son goût.

Pendant sa pause pour le dîner, à la cafétéria, fatiguée de ressasser ces interrogations, elle ferma les yeux et s'assoupit un instant.

— Elève Watson, on dort pendant la classe ?

Elle se réveilla en sursaut et aperçut Harrison.

— Que… que fais-tu ici ?

Elle ne put s'empêcher de le dévisager, se demandant

comment il pouvait être aussi séduisant en jean et en T-shirt qu'en maillot de bain.

— Yolanda va bien ?

— Oui.

— Alors que fais-tu ici ? répéta-t-elle. C'est Mme Deveraux ?

— Ma fille et ma gouvernante vont bien. C'est Tina qui m'a appelé.

— Pourquoi ?

— Pour une urgence, dit-il en s'installant auprès d'elle. Tu n'es pas au courant ?

— Non. Je prenais ma pause.

Elle essaya de mettre un peu de distance entre eux afin de garder la tête froide, mais il se rapprocha.

— Je ne vais pas te mordre… Sauf si tu me le demandes, murmura-t-il avec un sourire en coin.

— Harrison !

Bien que ce fût une plaisanterie d'un goût douteux, elle ne lui en voulut pas. Comment l'aurait-elle pu, d'ailleurs, devant ce regard si intense, cette présence si forte ? Elle avait tant envie de sentir ses lèvres sur les siennes… A son tour elle se rapprocha de lui imperceptiblement.

Mais il prit une profonde inspiration et se leva.

— Allons voir pourquoi Tina m'a appelé, murmura-t-il en lui tendant la main.

Dès qu'elle glissa ses doigts dans les siens et sentit la chaleur de sa peau, son cœur se mit à battre la chamade. Ils avancèrent ainsi jusqu'au bureau des infirmières du service des urgences, salués par les sourires des membres du personnel. Un brancardier tapota même Harrison dans le dos.

— Bravo, chef ! lança-t-il avec un large sourire.

— Ah, Amélia ! Harrison t'a trouvée, dit Tina. Tu as eu le temps de manger ?

— Oui, je te remercie.

— Parfait. J'attends deux autres membres de l'équipe, puis nous commencerons l'exposé de la situation.

— Je suis contente de vous voir si heureux, Harrison. Vous aussi, Amélia, dit Rosie en entrant.

Amélia baissa les yeux, les joues en feu. Pour une personne aussi réservée qu'elle, cette situation était très embarrassante.

Dès que l'équipe fut au complet, tout le monde oublia l'idylle du Dr Stapleton et de sa collègue, pour se concentrer sur sa tâche.

— Bon, allons-y : le concert de rock donné sur la plage a dégénéré, et plusieurs bagarres ont éclaté. Aux dernières nouvelles, huit ambulances étaient déjà sur place. Nous aurons des fractures, des contusions, des plaies, peut-être des brûlures, sans compter que tout ce joli monde sera imbibé d'alcool et peut-être même de drogues diverses.

— Je suppose que tout cela est normal pour un samedi soir, laissa tomber une infirmière, ironique.

— Concentrez-vous sur votre travail, je vous prie, intervint Harrison d'un ton sec. Nous allons être inondés d'arrivées. Renvoyez les cas bénins chez eux, après un traitement rapide ; ils pourront revenir demain ou consulter leur généraliste lundi. Amélia, viens avec moi en salle 1. Tina, choisis un collègue pour aller en salle 2.

Le hurlement des sirènes conclut son discours, et tous s'éparpillèrent.

Durant les trois heures suivantes, Amélia et Harrison traitèrent blessure après blessure, chacun anticipant les gestes de l'autre sans avoir besoin de se parler, les quelques regards qu'ils échangèrent exprimant, mieux que des mots, l'harmonie de leur entente.

Après minuit, bien que certains cas aient été orientés vers d'autres hôpitaux, des patients se présentaient encore. Il avait même fallu appeler la police pour calmer une altercation ayant éclaté en salle d'attente. L'équipe avait eu beau expliquer qu'ils recevaient les gens selon leur état et non d'après l'ordre d'arrivée, quelques blessés, plus affolés qu'autre chose, n'avaient pu s'empêcher de réagir.

Bientôt, Gina apparut en poussant un brancard.

— Qui peut s'occuper de ce jeune homme ?

— Nous sommes libres, annonça Harrison en se postant d'un côté, tandis qu'Amélia se plaçait de l'autre, secondés par des infirmières.

— A trois, on le soulève. Un, deux, trois.

Une fois que le patient fut installé sur un lit, Gina fit le compte rendu.

— Kevin Western, homme de dix-neuf ans. Fume un demi-paquet de cigarettes par jour. Il a bu de la bière ce soir ; taux d'alcoolémie inférieur à 0,5. Traumatisme thoracique droit, ecchymoses et D3, D4 fracturées. Dyspnée ; on lui a administré de l'oxygène ; suspicion de pneumothorax.

Amélia enfila une paire de gants.

— Merci, Gina. Bonjour, Kevin. Je m'appelle Amélia. Pouvez-vous parler ? demanda-t-elle en lui prenant le pouls, tandis que Harrison lui examinait les pupilles.

— Avez-vous pris de la drogue ce soir ?

— Non, murmura Kevin en respirant avec peine.

Pendant ce temps, des infirmières coupaient ses vêtements et étendaient un drap sur lui.

— Pas de murmure vésiculaire droit, tympanisme, dit Harrison à Amélia avant d'examiner avec soin la blessure à la poitrine.

— Pas le temps de faire des radiographies ?

— Exactement. Une côte a dû perforer le poumon, entraînant un collapsus pulmonaire.

Amélia alla chercher un drain dans le placard pendant que son collègue expliquait la situation à la victime.

— Quand on vous a frappé, vos côtes se sont cassées, faisant un trou dans votre poumon, ce qui explique votre difficulté à respirer. De l'air a pénétré dans la cavité pleurale, située entre la cage thoracique et le poumon. Nous devons insérer un tube dans votre poitrine afin d'aspirer l'air.

Kevin écarquilla des yeux effrayés, mais Amélia lui sourit en administrant un anesthésique local.

— Ne vous inquiétez pas, tout va bien se passer. Dès que nous aurons rétabli une pression négative dans la cavité, le poumon se dilatera et vous pourrez respirer de nouveau. Mais d'abord, nous devons vous redresser. Restez immobile, je vais relever le lit. Vous êtes prêt ?

Le jeune homme hocha la tête.

A l'aide d'une aiguille dont il venait de déchirer l'emballage, Harrison pratiqua une petite incision dans l'espace pleural. Amélia inséra le cathéter dans le deuxième espace intercostal, pour laisser échapper l'air. A l'autre extrémité, le drain était relié à des bouteilles remplies d'eau.

Harrison fixa le drain sur la cage thoracique puis se recula pour laisser l'infirmière le couvrir avec un pansement hermétique. Le système de drainage fut bientôt activé et, très vite, Kevin put respirer plus facilement.

— Voyez s'il y a un lit dans le dortoir des hommes, demanda Amélia à une infirmière. Le patient aura besoin de garder ses drains au moins vingt-quatre heures. Harrison, à ton avis, pendant combien de temps les blessés vont-ils encore arriver ?

— Je l'ignore, mais ils sont moins nombreux qu'au début.

— C'est toujours ça.

Une demi-heure plus tard, le service était presque vide. Amélia étouffa un bâillement.

— S'il n'y a plus personne, je vais rentrer chez moi.

— Assieds-toi une minute, suggéra Tina.

— Je ne préfère pas, sinon je risque de ne pas me relever, marmonna Amélia en cherchant Harrison des yeux.

— Je ne l'ai pas vu, lui dit son amie avec un petit sourire en coin.

— Pardon ?

— Harrison. Je ne l'ai pas vu mais je crois qu'il est encore dans l'établissement.

— Tant mieux, parce qu'il doit me raccompagner. Peut-être préférera-t-il prendre un taxi après cette épreuve de force.

— Cela m'étonnerait. Epuisé ou pas, il choisira de passer le plus de temps possible avec toi. Il est accroc, ma belle.

— Ne dis pas ça !

— Ne dis pas quoi ? demanda Harrison qui venait de pénétrer dans la salle.

— Rien !

— J'ai une autre patiente, annonça Rosie en agitant un dossier. Qui veut s'en charger ?

— Je la prends, proposa Amélia.

— Merci. Cette pauvre femme est ici depuis deux heures.

Tout en se demandant si cette garde interminable finirait un jour, Amélia se dirigea vers la salle où l'attendait sa nouvelle patiente.

— Je suis désolée de vous avoir fait attendre si longtemps, mademoiselle Franklin.

— Ce n'est pas grave. Vous étiez débordés.

— Merci de votre compréhension.

— On m'a fait passer des radios.

— Ah bon ? Je vais les chercher.

D'un pas de plus en plus lourd, Amélia refit le chemin inverse.

— De quoi as-tu besoin ? lui demanda Harrison pendant qu'elle inspectait le bureau des infirmières.

— Des clichés de Mlle Franklin, répondit-elle en bâillant.

— Tiens, les voilà.

— Merci.

— Quand tu auras terminé, seras-tu prête à partir ?

Elle étouffa un autre bâillement.

— Plus que jamais.

— Es-tu toujours d'accord pour marcher en ma compagnie ?

— Oui, dit-elle en souriant à cette perspective. Je crois que j'ai besoin d'air frais. A tout de suite.

Elle rejoignit sa patiente et accrocha les radiographies sur le négatoscope.

— Voilà. Mademoiselle Franklin, vous avez deux fêlures au bras. J'ai lu dans votre dossier que l'on vous avait poussée, que vous étiez tombée et qu'ensuite quelqu'un vous avait marché sur le bras ?

— Exactement. Quel merveilleux concert..., laissa tomber la jeune femme, sarcastique.

— Avez-vous porté plainte ?

— Oui. Il n'y aura aucun résultat, mais au moins, c'est fait.

— Bien. Vous porterez un plâtre pendant six semaines, puis vous devrez consulter un orthopédiste, soit à l'hôpital, soit en cabinet. J'écrirai une lettre à son attention, que l'infirmière vous donnera.

— Je vous remercie, docteur.

Amélia ramena les radios au bureau des infirmières, où

Harrison l'attendait en bavardant avec Rosie et Tina. Elle remplit le dossier de sa patiente, avertit l'infirmière devant se charger du plâtre puis rédigea la lettre pour le spécialiste.

— Prête ? lança Harrison.

— Je n'ai plus qu'à prendre mon sac dans le vestiaire. Attends-moi. Je reviens.

Une minute plus tard, elle était de retour.

— Amusez-vous bien, tous les deux, chantonna Tina avec un sourire en coin.

Dès qu'ils furent hors de l'enceinte de l'établissement, Harrison passa un bras autour de la taille d'Amélia.

— Je suis désolé que tu te sois senti embarrassée, tout à l'heure, quand les regards de tous les collègues se sont fixés sur nous.

— Ils semblaient très heureux pour toi.

— Nous nous connaissons tous depuis longtemps. J'ai même fait mes études avec certains, avant ma rencontre avec Inga. Mais oublions l'hôpital et revenons à nous deux.

— Non. Pas encore.

— Pourquoi ?

— Tout le monde croit que je suis ta petite amie.

Harrison la dévisagea avec un petit sourire.

— Ce n'est pas le cas ?

— Je… je ne sais pas. Je t'ai aidé à garder Yolanda, tu me tiens la main en public, tu m'as embrassée pour la première fois aujourd'hui…

— Hier.

— Si tu veux… Hier. Mais nous ne pouvons nous engager dans une relation sérieuse. Au risque de me répéter, j'ai une vie en Angleterre.

Il la serra un peu plus contre lui.

— Je sais.

— Dans ce cas, tu dois comprendre que cette liaison ne mènera à rien.

— Pourquoi pas ?

— Comment ça, « pourquoi pas » ? Parce que nous vivons dans des pays différents, sur des continents différents ! Et que ta fille est une raison encore plus forte pour que nous arrêtions.

— Pourtant, elle t'aime beaucoup. Et nous marchons enlacés à 2 heures du matin, sur ce beau ciel étoilé.

— Je n'ai jamais dit que je ne t'appréciais pas, au contraire… Peut-être trop, même…

— Dans ce cas, pourquoi ne pas accepter cette attirance ?

— Parce que bientôt, je terminerai ce stage, je retournerai à l'autre bout du monde pour passer mes examens, et une fois diplômée, je déciderai si j'accepte ou non le poste que l'on m'a proposé.

— On t'a déjà offert un poste ? En Angleterre ?

— Est-ce tellement surprenant ?

— Non. Je ne mettais pas en doute tes compétences professionnelles. Il est tout naturel qu'un médecin aussi brillant que toi soit très demandé. Je ne savais pas qu'un contrat était en cours, voilà tout.

— Tu vois ! Il y a beaucoup de choses que nous ignorons l'un de l'autre.

— Dans ce cas, nous devrions nous donner la possibilité de les découvrir. Amélia, il existe un lien si fort entre nous. En quelques jours, tu es devenue très importante pour moi. Je pense à toi sans cesse, je rêve d'être auprès de toi, de te tenir la main, de te serrer dans mes bras, de presser mes lèvres contre les tiennes… J'ai besoin de ta présence à mes côtés. C'est un sentiment effrayant et exaltant à la fois. Je n'ai jamais rien ressenti de tel.

— Même pas envers ton épouse ?

— Non. Avec elle, je n'ai jamais eu l'impression que je pourrais voler, que le monde était à mes pieds. Tu fais ressortir le meilleur de moi-même. Jamais je ne te ferai de mal. Tu comptes bien trop pour moi.

— C'est vrai ?

— Bien sûr.

Touchée au plus profond d'elle-même, Amélia ne sut que répondre. Leur arrivée devant chez elle lui permit de se donner une contenance en fouillant dans son sac à la recherche de ses clés.

— A tout à l'heure ? reprit-il.

— A lundi, plutôt. Je voudrais dormir avant ma garde.

— Si tu veux. Nous pourrions dîner ensemble demain soir.

— Harrison je…

— Il s'agit juste d'un repas, la coupa-t-il. Mme Deveraux et Yolanda seront avec nous. Ne me dis pas que tu n'as pas envie de les voir.

Elle aurait dû refuser, mais elle en fut incapable.

— Entendu. Maintenant tu ferais mieux de rentrer.

Il se pencha pour effleurer ses lèvres des siennes.

— Dors bien.

— Toi aussi. Et joyeuses Pâques.

Il sursauta et la dévisagea.

— C'est le dimanche de Pâques ?

— Bien sûr.

— Bon sang ! J'ai oublié de cacher les œufs !

— Les as-tu achetés au moins ?

— Mme Deveraux s'en est chargée.

— Heureusement qu'elle est là.

— Je n'arrive pas à croire que j'aie oublié. Je ferais mieux de m'en occuper maintenant, avant de remettre Yolanda dans son lit. Elle est capable de se réveiller et de vouloir les chercher tout de suite.

— Pourquoi ? Où dort-elle ?

— Dans le mien.

— Ah bon ?

— Comme j'ignorais à quelle heure je rentrerais, j'ai dit à Mme Deveraux de l'y laisser. Elle y est plus détendue.

— Sinon, tu devras dormir dans le joli lit rose et blanc ?

— Eh oui ! Comme quoi, mieux vaut acheter de bons matelas pour ses enfants, au cas où. J'espère juste qu'elle ne s'est pas réveillée. Mais je suppose donc que tout va bien. C'est logique : elle attend que je passe une nuit blanche pour dormir comme un loir.

— Ah, les enfants…, dit Amélia en souriant. Allez, va cacher les œufs.

— Tu as raison. A plus tard.

Quand il eut disparu dans la nuit, elle ferma la porte et s'appuya contre le battant, le cœur en émoi.

Elle qui avait décidé, des années plus tôt, de se consacrer à son métier et d'oublier les hommes, n'avait pu empêcher ses sentiments d'éclore et de s'épanouir.

Elle aimait Harrison.

Eperdument.

9.

Quand, à l'aube, elle parvint enfin à s'endormir, ce fut pour rêver qu'elle était mariée avec Harrison, que Yolanda l'appelait « maman » et que tous ses souhaits étaient exaucés.

A son réveil, à midi, bouleversée par les sentiments qui se bousculaient en elle, elle mit quelques minutes à reprendre pied dans la réalité et fut soulagée de ne pas avoir à côtoyer Harrison de la journée. Elle avait besoin de prendre du recul.

Elle n'avait pas prévu de tomber amoureuse de lui, pourtant, sans qu'elle s'en aperçoive, il avait taillé une petite brèche dans la barrière qu'elle avait patiemment érigée, année après année, autour de son cœur meurtri.

— Je t'aime, Harrison. Je t'aime tant.

Elle tressaillit. Etait-ce le fait de prononcer cette phrase à voix haute qui lui fit voir clairement l'évidence ?

Soudain, elle savait ce qui lui restait à faire.

Elle devait s'éloigner de la famille Stapleton au plus vite.

Une fois cette décision prise, elle se doucha, déjeuna, puis voulut flâner sur la plage pour prendre l'air et calmer ses nerfs à fleur de peau.

Mais quand elle ouvrit la porte, elle trouva un paquet-cadeau contre le mur, avec une enveloppe à son nom. Elle lut la carte, et la relut, comme si les trois personnes qui l'avaient signée allaient brusquement apparaître devant elle. « Joyeuses Pâques et merci encore pour ton aide. » Yolanda avait dessiné trois cœurs…

Le monde lui apparut soudain comme un grand château de sable qui s'écroulait. Elle devait couper les ponts au plus vite avec les Stapleton. Pour éviter de souffrir. Yolanda, qui n'avait que trois ans, l'oublierait vite.

Forte de cette résolution, Amélia ouvrit le paquet-cadeau avec soin, pour découvrir une photographie encadrée du château de sable qu'ils avaient sculpté sur la plage. L'émotion fit perler des larmes à ses paupières, et sa gorge se serra. Si Harrison continuait à être aussi attentionné, il ne rendrait son départ que plus difficile.

Pourtant, elle savait qu'elle rapporterait cette photographie en Angleterre, pour se remémorer cette matinée parfaite, durant laquelle il l'avait embrassée pour la première fois…

Elle serra les poings et fixa un point dans le lointain. Pourquoi était-il si pénible d'aller jusqu'au bout de sa résolution ?

— Parce que tu l'aimes, voyons.

Quand elle arriva à l'hôpital le lendemain matin, après une nuit blanche, elle se réjouit que Harrison ait décidé de passer ce jour férié en famille, mais la perspective de leur dîner le soir même la perturba toute la journée.

Certes, elle voulait le revoir plus que tout ; elle voulait qu'il l'enlace, l'embrasse, lui murmure des mots doux à l'oreille. Mais il n'était pas question de lui laisser croire qu'ils pouvaient continuer à se fréquenter. Il fallait qu'elle lui parle rapidement, et cette perspective assombrissait quelque peu le plaisir de le revoir.

Tour à tour certaine qu'elle devait annuler ce dîner, et honteuse de son manque de courage, elle composa son numéro trois fois durant la journée, avant de raccrocher. La moindre des choses était de lui expliquer en face pourquoi ils devaient cesser leur relation. Elle lui ferait comprendre que plus ils s'attacheraient l'un à l'autre, plus la séparation serait douloureuse pour elle, pour lui et pour Yolanda.

Quand elle quitta l'hôpital, elle s'arrêta en ville pour acheter une bouteille de vin et une boîte à dessin pour la fillette. La boîte, fermée par un nœud rose, contenait des crayons de couleur et du papier blanc et rose. Elle trouva aussi le dernier livre de l'un des auteurs préférés de Mme Deveraux.

Puis elle passa rapidement chez elle pour prendre une douche. Elle choisit une jupe mordorée et un twin-set en coton bleu, se coiffa avec soin, et ressortit avec son appareil photo pour immortaliser leur dernière soirée ensemble.

C'est en tremblant qu'elle sonna à la porte.

— Amélia, entre donc. Tu es superbe.

— Merci.

Il lui sembla qu'il voulait l'embrasser, mais elle gardait ses achats serrés contre elle, en guise de protection.

— Yolanda ne tient plus en place depuis qu'elle sait que tu viens, enchaîna Harrison, quelque peu dépité.

Comme pour illustrer ces paroles, la fillette se précipita vers eux et entoura les jambes d'Amélia.

— Mélia, j'ai fait plein de trucs avec papa aujourd'hui ! J'ai dessiné, dansé, joué à la poupée.

— Tu t'es bien amusée, alors, répondit Amélia en entrant dans la cuisine.

— C'est pour moi ! s'écria la fillette en apercevant le plus grand paquet.

— Comment as-tu deviné ?

— C'est tout rose !

— Si tu t'asseyais pour l'ouvrir ?

Yolanda obéit et tendit les bras. Bientôt l'emballage était déchiré et l'artiste en herbe poussait des cris d'émerveillement en caressant le papier à dessin.

— Yolanda, tu as oublié quelque chose, dit Harrison.

— Merci, Mélia, répliqua aussitôt la fillette.

— Si tu allais dessiner dans ta chambre pendant que papa finit de préparer le dîner ?

— D'accord, accepta la fillette en filant comme une flèche.

Dès qu'ils se retrouvèrent seuls tous les deux, Harrison lui effleura le bras.

Mais elle se recula comme s'il l'avait brûlée.

— Amélia, tout va bien ? demanda-t-il d'un air perplexe.

— Euh… oui.

— La journée était chargée ?

— Normale. Nous avons eu des arrivées régulières,

quelques indigestions, et un garçon vêtu d'un déguisement de Superman qui s'était fait une belle bosse sur un toboggan.

— A-t-il eu besoin de points de suture ? s'enquit-il en allant remuer le contenu d'une casserole.

— Non. J'ai utilisé ce nouveau produit à pulvériser qui laisse un film collant sur la peau et évite les points de suture… et les larmes. Mais je lui ai fait un super pansement.

— Parfait pour un super héros.

— Mmm… ça sent bon !

— Goulasch, purée, épis de maïs et haricots verts.

— J'en ai l'eau à la bouche. Moi qui m'attendais à du pain au chocolat, de la soupe au chocolat et un gâteau au chocolat…

— Je crois que nous en avons eu une indigestion hier.

— Et Yolanda ?

— Nous avons réussi à la restreindre à un petit œuf par heure, puis elle a cassé le grand pour le dessert, et elle a même accepté de manger autre chose… Euh, nous sommes passés chez toi hier, mais tu n'étais pas là.

— En effet.

— Yolanda voulait te montrer ses chocolats.

— Je suis désolée. J'espère qu'elle n'était pas trop déçue.

— Non. Tu as été appelée par l'hôpital ?

— Non. Mme Deveraux se repose, je suppose ?

Certes, elle savait qu'elle frisait l'impolitesse en éludant ainsi les questions de Harrison et en s'abstenant de le remercier pour son cadeau, mais elle craignait qu'il ne reparlât de leur baiser passionné si elle mentionnait cette matinée. Et elle ne voulait surtout pas revenir sur ce moment merveilleux…

— Oui. Elle va bientôt nous rejoindre.

— Comment va-t-elle ?

— On ne peut mieux. Elle guérit très rapidement pour une personne de son âge.

— Je t'ai entendu ! lança Mme Deveraux en entrant, appuyée sur sa canne. Vilain garçon !

— Garçon ? J'ai passé l'âge.

— Harrison Stapleton, je te connais depuis ta naissance.

Pour moi, tu seras toujours un enfant, répondit-elle en s'asseyant.

— A propos, je vous apporté ceci, intervint Amélia en lui tendant le livre. J'ai pensé que ce serait une bonne excuse pour vous détendre.

— Merci beaucoup. C'est très gentil de votre part.

Elle commença à défaire soigneusement les morceaux de Scotch.

— Déchirez-le, tout simplement, lui conseilla Harrison.

— Mais non ! s'exclamèrent les deux femmes à l'unisson.

— Le papier est trop joli, répondit Mme Deveraux avant de pousser un cri de joie devant le titre du roman. Quelle bonne idée ! Tout bien réfléchi, je vais peut-être m'abstenir de dîner pour aller m'enfermer dans ma chambre et le dévorer tout de suite.

— Dévorez d'abord le goulasch, lui suggéra Harrison. Ou vous me vexeriez.

— Oh ! Je m'en garderais bien ! Dans ce cas, je vais mettre la table.

— Asseyez-vous, je m'en charge, proposa Amélia.

Quand tout fut prêt, Harrison appela sa fille, et ils s'installèrent tous les quatre autour de la table. Malgré ses craintes, Amélia apprécia sans réserve ce moment de convivialité et de complicité. Après quelques hésitations, elle prit même des photos. Oubliant un instant la tristesse qui lui serrait le cœur lorsqu'elle pensait à son retour en Angleterre, elle voulut cependant conserver les instants précieux de cette merveilleuse soirée. Pour s'en souvenir, plus tard…

Comme il se devait pour une enfant de son âge, Yolanda posa devant l'appareil avec un grand sourire. Mais quand la fillette s'installa sur les genoux de son père, une boule se forma dans la gorge d'Amélia.

Il serait bien plus difficile que prévu de se détacher d'eux.

Après dîner, elle se proposa pour donner le bain à Yolanda, ce qui lui permettrait de s'éloigner un peu de Harrison. Quand la fillette fut dans la baignoire, Amélia, attendrie, la regarda jouer avec ses animaux en plastique.

— Comment s'appelle-t-elle ? demanda-t-elle en désignant une tortue orange.

— Monsieur Tortue, répondit Yolanda comme si c'était évident.

Quand Amélia sortit la fillette du bain pour l'essuyer, cette dernière se mit à courir toute nue jusqu'à sa chambre.

— Elle adore faire cela, lui expliqua Mme Deveraux. Bonne nuit, Amélia.

— Bonne nuit à vous aussi, répondit-elle avant de rejoindre Yolanda, qu'elle réussit à habiller, non sans peine, avec une jolie chemise de nuit rose.

Puis, pendant que la fillette se blottissait sous sa couette rose et blanche, elle ouvrit un livre et se mit à lire.

Trois histoires plus tard, elle se demandait si Yolanda allait enfin trouver le sommeil, quand elle la vit se tourner et lui entourer la taille.

— Je t'aime, Mélia, murmura-t-elle avant de fermer les yeux.

Ce fut trop pour Amélia qui, cette fois, ne put retenir ses larmes.

— Je t'aime aussi, ma chérie.

Elle contempla la fillette un long moment. En si peu de jours, cette enfant lui était devenue très chère, et l'idée de la quitter lui déchirait le cœur.

— Pourquoi est-ce si difficile ? murmura-t-elle en essuyant ses larmes.

— Quoi donc ?

Elle sursauta et aperçut Harrison, appuyé contre l'encadrement de la porte. Elle le regarda sans le voir.

— C'est un ange quand elle dort, reprit-il comme elle ne répondait pas.

— C'est un ange en permanence.

— Alors, pourquoi pleures-tu ?

Il lui tendit la main, qu'elle accepta après une hésitation. Elle le suivit jusqu'au salon, où la musique douce et les lumières tamisées offraient une atmosphère romantique. Elle ne voulait surtout pas s'asseoir, mais Harrison l'attira sur le canapé, avant de lui caresser la joue lentement, avec sensualité, sans un mot. Puis il descendit dans le cou…

Pourquoi donc agissait-il ainsi ? Il lui rendait la tâche tellement plus difficile. Elle réussit pourtant à se dégager et se leva brusquement.

— Amélia ? Que se passe-t-il ?

— Harrison, je ne peux pas.

Il la rejoignit et l'obligea à le regarder en face.

— Quoi donc ?

— Toi et moi. Il m'est impossible d'être ta petite amie.

— Pourquoi pas ? Je croyais que nous étions d'accord pour explorer l'attirance que nous ressentions l'un envers l'autre.

Il essaya de l'enlacer mais elle s'écarta.

— Non. Toi, tu étais d'accord, pas moi. Je ne peux pas lui faire ça.

— A qui ? A Yolanda ?

— Oui. Je dois m'éloigner, c'est la solution la plus sage. Mme Deveraux se remet plus vite que prévu, et tu n'as pas besoin d'autant d'aide que les premiers jours. Je peux venir passer quelques heures avec ta fille de temps en temps, afin qu'elle s'habitue peu à peu à mon absence.

— Tu n'as rien d'autre à dire ?

— Mais essaie de comprendre ! C'est la seule chose à faire.

— Pour qui ? Yolanda ou toi ? En tout cas, certainement pas pour moi. Mais visiblement, ce que je ressens ne compte pas… Quand allons-nous discuter du lien qui s'est tissé entre nous, Amélia ? Je me moque que tu vives en Angleterre ou à Tombouctou. Mes sentiments pour toi sont réels et je ne te laisserai pas les piétiner pour une raison inventée de toutes pièces.

— Elle n'est pas inventée de toutes pièces !

— Si tu veux… Mais pourquoi es-tu incapable de te laisser aller ? Pourquoi refuser d'admettre notre attirance ?

— Parce que je ne veux pas souffrir, chuchota-t-elle d'une voix à peine audible.

— Pourquoi souffrirais-tu ? Jamais je ne te ferai de mal.

Elle l'observa un instant sans rien dire. N'avait-il pas

compris qu'elle ne pourrait jamais avoir d'enfants ? Mais aborder ce sujet de nouveau était trop douloureux.

— Je t'en prie, Harrison, laisse-moi.

— Je ne peux pas.

Comme pour illustrer ses paroles, il prit sa bouche avec ferveur, et elle se serra contre lui, malgré elle, incapable de lui résister.

— Depuis mon mariage désastreux, j'étais très méfiant envers les femmes, mais tu as changé ma vie, Amélia, tout comme celle de Yolanda. Je te fais entièrement confiance, et ma fille t'adore.

— Je le sais. Je l'aime aussi.

— Dans ce cas pourquoi t'éloigner ? Tu es si naturelle avec elle. L'amour que tu lui donnes est celui qu'elle aurait dû recevoir de sa mère. Ma fille a besoin de toi… Et moi aussi.

Dans un sanglot, Amélia s'écarta.

— Ne rends pas les choses plus difficiles.

— Si ! Je me battrai pour toi, je te montrerai que le lien qui nous unit vaut la peine de lutter pour lui. Mais d'abord, tu dois me révéler ce qui te pousse à agir ainsi. Tu dois me faire confiance.

Le cœur d'Amélia battait si vite qu'elle crut qu'il allait éclater. Mais Harrison avait raison, elle se devait d'être franche.

— Est-ce à cause de ton endométriose ? reprit-il. Je sais que l'ablation d'un ovaire et d'une trompe de Fallope compromet tes chances de maternité. Est-ce la raison de ton hésitation ?

Il était si tendre, si compréhensif qu'elle ne put retenir ses pleurs, mais quand il s'approcha, elle recula aussitôt.

— Amélia, je t'en prie, ne t'enfuis pas. Nous devons en discuter.

Il lui tendit la main avec un regard suppliant, mais elle l'esquiva.

— Je ne peux pas, laissa-t-elle tomber en secouant la tête, comme pour donner plus de force à ses paroles. Je ne *peux pas*, Harrison. Je ne peux pas vous faire subir cette épreuve, ni à toi, ni à Yolanda. Tu veux d'autres enfants, et elle a besoin de frères et sœurs.

Puis, sans un mot de plus, elle se précipita vers le vestibule.

— Amélia ! s'écria-t-il en s'élançant à sa suite. Je t'en prie, nous devons en discuter.

Elle ouvrit la porte et se tourna vers lui, le regard dur.

— Il n'y a rien à dire, Harrison. Tout est fini entre nous.

10.

Quand on frappa à la porte de son bureau, Harrison posa son stylo, heureux que son interne ait enfin répondu au message qu'il lui avait envoyé sur son bip.

— Entre donc, Tina. Assieds-toi.

La jeune femme s'installa sur la chaise en face de lui.

— De quoi voulais-tu me parler ?

— D'Amélia.

— Oh…

Tina fit mine de se lever, mais il l'en empêcha.

— Attends, je t'en prie, dit-il. Parle-moi. Explique-moi ce qui se passe.

— Demande-le à Amélia. Moi je reste neutre, comme la Suisse.

— Dans ce cas, pourquoi passes-tu ton temps à échanger tes gardes avec elle ?

— La Suisse peut soutenir les gens dans le besoin tout en restant neutre, tu sais.

— Alors, tu devrais m'aider aussi. Tu ne dois pas favoriser une partie aux dépens de l'autre.

Tina prit un air pensif et grimaça.

— Très juste. Entendu, chef. Qu'attends-tu de moi ?

— J'ai besoin de savoir pourquoi Amélia ne répond pas à mes coups de fil, pourquoi elle n'est jamais dans son appartement, pourquoi elle se débrouille pour ne jamais travailler en même temps que moi. En somme, pourquoi elle s'emploie à m'éviter.

— Tu l'as vue hier, il me semble. Vous traitiez ensemble un patient verdâtre.

Harrison se souvenait encore du moment où il avait aperçu la jeune femme. Il avait eu l'impression que le soleil perçait enfin les gros nuages noirs qui limitaient son horizon depuis des jours.

— Oui. Le malade a repris une couleur plus normale après avoir vidé le contenu de son estomac sur mon pantalon. Mais le temps de me changer et de retourner dans le service, Amélia s'était volatilisée.

Tina haussa les épaules.

— Elle venait de terminer sa journée.

— Je t'en prie, aie pitié de moi. Pourquoi ne veut-elle pas discuter avec moi ?

— A ton avis ?

— Je pense qu'elle fuit parce que je me suis trop approché. Si elle pouvait terminer son stage demain, elle prendrait le premier avion pour Londres, et tant pis pour Yolanda et moi.

— Je croyais qu'elle passait du temps avec ta fille.

— Oui, mais elle essaie surtout de la sevrer de sa présence. Sans grand succès je dois dire, car Yolanda ne cesse de la réclamer. Au début, j'ai accepté l'éloignement qu'Amélia m'imposait, croyant qu'elle en avait besoin pour faire le point, et qu'ensuite, elle accepterait au moins de me parler, d'être polie et amicale. Mais elle m'évite comme la peste. Ce n'est pas possible ! J'ignore même ses jours de garde, alors que c'est moi qui fais les plannings !

— Ce n'est pas à moi que tu es sensé parler, tu sais.

— Peut-être, mais elle est devenue aussi fuyante qu'une anguille.

Tina le dévisagea longuement.

— Tu es vraiment sérieux à son sujet ?

— On ne peut plus sérieux.

— A quelle heure termines-tu ce soir ?

— Vers 16 h 30 environ. Yolanda a un rendez-vous avec sa thérapeute.

— Amélia prend son service en fin d'après-midi.

— C'est ce qui est prévu sur le planning, en effet. Mais elle va encore changer sa garde au dernier moment, j'en suis sûr.

— Pas ce soir, puisqu'elle sait que tu t'occuperas de

Yolanda. Comme elle connaît tes habitudes, il lui est facile de les contourner.

— Ce qui signifie qu'elle arrivera à 17 heures.

— Pourras-tu t'attarder ?

— Bien sûr. Merci Tina.

La jeune femme sourit.

— De rien, chef. Mais surtout, ne lui révèle pas notre conversation. A propos, je pense que vous êtes parfaits l'un pour l'autre, ce que je n'arrête pas de lui répéter.

— Je suis content d'apprendre que j'ai une alliée.

— Tant que tu ne mentionnes pas mon nom.

— Ne t'inquiète pas, je serai muet comme une tombe.

Quand il se retrouva seul, Harrison poussa un long soupir de soulagement. Il avait l'impression qu'on lui avait ôté un poids énorme et que le soleil refaisait son apparition.

Il téléphona aussitôt pour retarder le rendez-vous de Yolanda avec sa thérapeute. Ainsi, sa fille n'aurait pas à attendre trop longtemps au zoo, et pourrait voir sa chère Mélia après sa séance.

Quand tout fut organisé, il prévint Mme Deveraux du changement, puis s'enfonça dans son fauteuil, soulagé et presque heureux.

Enfin, l'espoir renaissait.

Il savait ce qu'il ferait lorsqu'il verrait Amélia. Il lui dévoilerait son cœur. Il parviendrait à la convaincre qu'il était fait pour elle. Il l'aimait tant qu'il était prêt à combattre chacune de ses objections pour lui prouver qu'ils étaient destinés à passer leur vie ensemble.

Il ignorait quand il était tombé amoureux d'elle, mais il savait que c'était pour toujours. Elle était la femme parfaite pour lui. Yolanda l'aimait, Mme Deveraux avait pour elle beaucoup d'estime.

Ensemble, ils formeraient la famille la plus heureuse au monde.

Amélia entra dans le vestiaire et ouvrit son casier d'un geste las. Elle était harassée à cause du manque de sommeil.

Depuis quinze jours, elle se rendait à l'hôpital, travaillait jusqu'à épuisement, puis rentrait chez elle et, après une rapide toilette, se laissait tomber sur son lit où elle ressassait les mêmes pensées des heures durant. Et quand enfin, elle parvenait à trouver le sommeil, elle était réveillée peu après par des cauchemars qui lui avaient laissé un goût amer d'angoisse et de solitude.

Harrison lui manquait.

Elle en avait le cœur brisé, mais elle préférait cette coupure franche maintenant. Le proverbe affirmant « loin des yeux, loin du cœur » avait tort, parce que son amour à elle augmentait avec la séparation qu'elle s'imposait.

Elle savait que Harrison essayait d'entrer en contact avec elle, et elle s'était donné beaucoup de mal pour l'éviter. Ses seuls moments de bonheur étaient les quelques heures passées en compagnie de Yolanda. Elle avait réduit ses visites à un jour sur deux, en l'absence de Harrison.

Mme Deveraux avait bien essayé de discuter avec elle, mais elle s'était dérobée. Elle était venue en Australie pour son métier, pas pour tomber amoureuse ; si elle n'arrivait pas au bout de ces quelques semaines de stage, elle risquait de gâcher des années de dur labeur.

— Salut !

Amélia sursauta en entendant la voix de Tina.

— Dis-moi, tu as une mine affreuse, reprit son amie quand elle se tourna vers elle. Tu n'as pas attrapé ce virus qui traîne, par hasard ?

— Je vais bien, Tina.

— Et tu t'imagines que je vais te croire ?

Amélia referma son casier, enroula son stéthoscope autour du cou et accrocha son badge sur sa blouse.

— Laisse-moi tranquille.

— Ne t'inquiète pas, je ne vais pas te faire de sermon. Mais je m'inquiète pour toi. Tu souffres, c'est évident.

— C'est vrai, et je ne parle pas de sentiments. J'ai oublié de prendre mes médicaments il y a quelques jours, et je suis en train de le payer.

— C'est sous contrôle, j'espère ? Tu veux que j'appelle le gynéco ?

— Non, ça ira, merci. J'ai l'habitude d'ajuster le traitement moi-même. D'ailleurs, je me sens mieux aujourd'hui. C'est hier que j'ai eu des douleurs terribles en rentrant chez moi.

Tina hocha la tête d'un air incrédule.

— Quoi encore ? s'écria Amélia, excédée.

— Rien. Je t'ai promis de me taire.

— Oui mais là, tu en as dit trop ou pas assez.

— C'est justement hier que tu as vu Harrison, voilà tout.

— Et tu crois que la douleur s'est aggravée à cause de cette rencontre ?

— Oui.

— C'est un peu tiré par les cheveux, tu ne crois pas ?

— Peut-être… Accorde-lui au moins cinq ou dix minutes de discussion.

Amélia fusilla son amie du regard et se dirigea vers la porte.

— Je croyais que tu voulais me laisser tranquille.

— Amélia, lui aussi souffre, et pas d'endométriose… En tout cas, je l'espère pour lui.

Amélia ne put s'empêcher de sourire.

— Tu lui manques, reprit Tina.

— Je sais.

— Dans ce cas, fais quelque chose. Vous allez si bien ensemble. Pourquoi jeter aux orties l'amour dont tu rêves ?

Mais pour l'instant, Amélia n'avait ni la force ni l'énergie d'en discuter.

— J'y réfléchirai. En attendant, le devoir m'appelle.

Elle se dirigea vers le bureau des infirmières où elle prit plusieurs dossiers, soulagée de pouvoir se concentrer sur autre chose que l'image de Harrison, et le souvenir du bonheur qu'elle ressentait dans ses bras.

Dix minutes plus tard, elle introduisait un échantillon de sang dans une pochette.

— Comme c'est urgent et qu'il n'y a pas grand monde, je vais l'apporter en pathologie moi-même, dit-elle à l'infirmière d'accueil et d'orientation. Bipez-moi en cas d'urgence. Je ne devrais pas en avoir pour longtemps.

— Entendu.

Amélia fut soulagée de quitter l'agitation des urgences pour se retrouver dans le long couloir gris menant au laboratoire. Les membres du personnel éteignaient les lumières et fermaient les bureaux, impatients de rentrer chez eux. On était déjà fin avril, en plein automne austral, et les belles journées ensoleillées du début de son séjour étaient devenues grises et tristes, reflétant d'ailleurs parfaitement son humeur.

Une fois qu'elle eut confié l'échantillon au technicien de laboratoire, elle rebroussa chemin, décidant de prendre l'escalier, mais au moment où elle arriva sur le palier, elle dut se plaquer contre le mur pour laisser passer un homme qui gravissait les marches quatre à quatre.

— Harrison ?

— Amélia ! Dieu merci !

Son agitation visible effraya la jeune femme.

— Que se passe-t-il ? C'est Yolanda ?

— Oui. Je l'ai perdue, dit-il en lui prenant la main.

— Oh non ! Inutile d'aller de ce côté, j'en viens, répondit-elle quand il voulut emprunter le corridor menant au laboratoire.

— Dans ce cas, redescendons.

Il lui tenait toujours la main, mais elle n'essaya pas de se dégager. Il avait besoin d'elle, et malgré leur désaccord, elle le soutiendrait. Quand ils sortirent de la cage d'escalier, elle s'arrêta, mais il ne la lâcha pas pour autant, comme si ce léger contact entre eux allait faire apparaître miraculeusement Yolanda devant eux.

— Attends, il vaut mieux nous séparer, dit-elle. Où l'a-t-on vue en dernier ?

— En thérapie, au troisième étage.

— Elle avait une séance si tard ?

— J'avais modifié le rendez-vous. Quand je suis allé la chercher, la thérapeute sortait du bureau, affolée. Elle a à peine tourné le dos quelques secondes, et quand elle s'est retournée, Yolanda avait disparu.

— Ce n'est pas étonnant. Yolanda est une petite fille très rapide.

— Et têtue.

— Tu as exploré le troisième étage ? s'enquit Amélia, de plus en plus inquiète.

— Oui. Je pensais qu'elle serait descendue aux urgences, mais personne ne l'a vue là-bas.

— Elle est peut-être dans un ascenseur. Tu sais combien elle adore appuyer sur les boutons.

— C'est vrai ! Je n'y avais pas pensé.

— Vérifie les ascenseurs, pendant que je fouille de nouveau le troisième. Elle y est peut-être revenue après ton départ. La dernière fois que je l'ai trouvée, elle pleurait dans un couloir sombre. Il ne faut rien laisser au hasard.

— Tu croiseras sans doute sa psychologue en chemin.

— Allez ! dit Amélia en lui pressant la main pour le réconforter. Ne t'inquiète pas, nous la retrouverons.

— Merci.

Une fois seule, la jeune femme sentit la panique la gagner. Comment savoir ce qui avait traversé la tête de Yolanda ? L'idée de ce petit bout de chou accroupi dans un coin, tout seul, le visage strié de larmes, lui serra le cœur.

Elle fouilla les moindres coins et recoins, espérant voir la fillette sortir de la pénombre, comme si elle jouait à cache-cache.

En vain.

— Yolanda ? appelait-elle régulièrement.

Mais seul le silence lui répondait.

Elle parcourut les différents corridors, essayant d'ouvrir chaque porte, mais la plupart étaient fermées à clé.

— Yolanda ?

Puis elle vit apparaître une femme menue vêtue d'un tailleur, qui devait être la thérapeute.

— Aucun signe d'elle ?

— Non. Vous la cherchez aussi ? demanda la nouvelle venue.

— Oui.

— Elle n'est pas ici.

— Pourriez-vous me dire ce qui s'est passé avant sa disparition ? A-t-elle dit ou fait quoi que ce soit d'anormal ? Avait-elle besoin d'aller aux toilettes ?

— Non, je venais juste de l'y emmener. J'étais assise, je lui parlais et nous jouions, comme d'habitude, puis le téléphone a sonné et je me suis levée pour répondre. Je ne lui ai pas tourné le dos plus d'une minute, mais quand j'ai raccroché, elle s'était volatilisée. Au début, je croyais qu'elle se cachait. J'ai donc cherché dans tous les placards, sous les tables, sous les chaises. Sans succès.

— Combien de temps cela vous a-t-il pris ?

— Une minute environ.

— Une enfant de trois ans peut couvrir une grande distance pendant ce laps de temps. Surtout une petite fille aussi décidée que Yolanda.

— Excusez-moi, mais qui êtes-vous ? Nous n'avons pas été présentées.

— Oh ! Veuillez m'excuser. Dr Watson. Je travaille aux urgences avec Harrison. A quoi jouiez-vous avant son départ ?

— A la dînette.

— A-t-elle dit quoi que ce soit ? Elle voulait peut-être une poupée, ou un autre jouet ?

— Attendez une seconde… Elle a marmonné quelque chose… « mélia », je crois bien. Mais j'ignore ce qu'elle voulait dire.

Amélia blêmit.

— Vous allez bien, docteur Watson ? Vous êtes toute pâle.

— Elle me cherchait. Je m'appelle Amélia.

— Oh…

— Avez-vous parcouru tout le service de pédiatrie ?

— Je me suis chargée des bureaux, et la surveillante, du reste.

— J'y retourne quand même, on ne sait jamais. Elle a peut-être échappé à votre vigilance.

— Entendu.

Amélia se précipita vers le zoo, espérant que Yolanda avait réussi à y pénétrer sans que la surveillante s'en aperçoive. Quand elle arriva devant la salle de jeux aux murs colorés, deux enfants jouaient ensemble, ainsi que deux autres, chacun dans leur coin ; mais aucun signe de Yolanda.

L'angoisse qui envahit Amélia fut si forte qu'elle crut un

instant qu'elle allait s'évanouir. Et si un malheur arrivait à Yolanda ? Si elle avait réussi à sortir de l'hôpital, au nez et à la barbe de tout le monde ?

Soudain, l'idée de retourner en Angleterre et de ne plus jamais voir Harrison et sa fille lui parut insupportable. Avait-elle commis la plus grave erreur de son existence en s'éloignant d'eux ?

Mais l'heure n'était pas à de tels questionnements. Elle devait se reprendre, et continuer ses recherches.

Elle s'apprêtait à repartir quand elle aperçut une petite jambe dans un collant rose, puis une autre.

— Yolanda ? appela-t-elle en tâtonnant pour ouvrir la barrière.

L'enfant s'assit et tourna vers elle un visage strié de larmes.

— Mélia !

L'instant d'après, elle la serrait dans ses bras.

— Oh, ma puce, ma puce… Nous étions si inquiets. Nous n'arrivions pas à te trouver.

— Où t'étais Mélia ?

Le cœur d'Amélia se serra quand elle entendit les sanglots de la fillette.

— Je suis là, ma chérie. Je suis là.

Des pas résonnèrent dans le couloir.

— Qui fait tout ce tapage ? demanda la surveillante. Oh, vous l'avez retrouvée ! Dieu merci. Je vais prévenir Harrison.

— Merci, dit Amélia en allant s'asseoir. Viens sur mes genoux, ma puce. J'ai eu peur de t'avoir perdue et ton papa aussi.

— Moi aussi, j'ai eu peur. Où t'étais ?

— Je suis ici maintenant, la rassura Amélia en déposant un baiser sur son front.

— Je veux pas que tu partes.

— Non, je ne vous quitterai plus.

— Mon bébé, dit une voix grave derrière elles.

Yolanda sauta à terre pour s'élancer dans les bras de son père.

— Papa !

— Mon bébé… Papa était si inquiet.

— Mélia aussi.

— Oui, je n'en doute pas. Je t'ai entendue, Amélia. C'est vrai ? Tu ne nous quitteras plus ? Je ne te laisserai pas nous mentir. Etais-tu sincère ?

— Oui. Je ne peux pas abandonner Yolanda.

— Mais à la fin de ton séjour ?

— Il faudra trouver le moyen de lui expliquer que je dois retourner en Angleterre pour quelque temps.

— Et après tes examens ? Quand tu auras ton diplôme ?

— Je ne sais pas, Harrison.

— Je vais jouer au zoo, intervint la fillette en se tortillant pour descendre des bras de son père.

— A-t-on dit à tout le monde d'arrêter de la chercher ? demanda Amélia.

— La surveillante s'en charge, répondit Harrison en ouvrant les bras. Viens, j'ai besoin de te serrer contre moi.

La jeune femme obéit sans hésiter.

— Je t'aime, Amélia. Yolanda m'a devancé, mais c'était moi qui devais te demander de rester à nos côtés, de faire partie de notre vie.

Elle se raidit aussitôt, mais il resserra son étreinte.

— Je dois retourner en Angleterre. J'ai des examens.

— Je sais, dit-il en plongeant ses yeux dans les siens. Amélia, épouse-moi. J'imaginais un cadre plus romantique pour ma demande, mais l'intention reste la même…

Amélia sentit ses jambes fléchir et ne sut que répondre. Comment pouvait-il lui offrir le mariage quand elle était incapable de lui donner ce dont il avait besoin ?

— Mais…

— Tu ne peux pas avoir d'enfants ? la coupa-t-il. Je l'accepte.

— Harrison, tu ne comprends…

— Je comprends tout à fait, au contraire. Je t'aime, toi. Plus vite tu l'accepteras, plus vite nous pourrons reprendre le cours de notre existence. Je comprends la frustration et la colère que te cause ta maladie depuis des années, mais ce n'est pas une raison pour te renfermer. Ces dernières semaines, j'ai compris que je ne pouvais vivre sans toi, Amélia.

— Mais, les enfants…

— Nous avons Yolanda, et nous pourrions envisager l'adoption. Ce sera à toi de choisir. Je sais que tu es très méfiante envers les hommes depuis ta mauvaise expérience, mais j'espère réussir à te faire admettre que tu es plus importante pour moi que les frères et sœurs que nous pourrions donner à ma fille.

Des larmes d'émotion brillèrent dans les yeux d'Amélia. Inconsciemment, elle avait toujours rêvé d'entendre ces mots dans la bouche d'un homme.

— J'ai tant envie de te croire, murmura-t-elle, la gorge nouée. Et si tu changeais d'avis plus tard ?

— Sur l'amour que j'éprouve pour toi ? Jamais.

— Je parlais des enfants.

— Non plus.

— Comment peux-tu en être aussi sûr ?

— Elémentaire, mon cher Watson. Tu es tout pour moi, avec Yolanda. Sans toi à mes côtés, je ne peux pas fonctionner normalement. Je te désire bien plus qu'un autre bébé, crois-moi. L'amour que j'éprouve pour toi grandit chaque jour. Il n'a rien à voir avec ce que j'ai vécu lors de mon mariage, il n'a rien à voir avec ce que j'ai pu éprouver pour d'autres femmes. Une seule chose manque.

— Laquelle ?

— T'entendre dire que tu m'aimes aussi.

Le cœur d'Amélia se gonfla d'allégresse. Jamais elle n'aurait cru connaître un tel bonheur. L'homme qu'elle aimait l'acceptait telle quelle !

— Je t'aime plus que tout, Harrison. Les semaines qui viennent de s'écouler ont été les pires de toute ma vie.

— Pour moi aussi. Ne recommençons surtout pas ce genre d'expérience.

— Je suis d'accord. Mais l'Angleterre ? Je dois passer mes examens, et nous devrons nous séparer…

— Pas forcément.

— Que veux-tu dire ?

— Je veux dire que nous allons faire des heures supplémentaires avant ton départ.

— Ah bon ?

— Oui, parce que Yolanda et moi allons t'accompagner. Nous t'aiderons à réviser et à réussir ces épreuves avec les honneurs. Puis nous ferons avec toi les cartons pour déménager tes affaires jusqu'ici, en Australie.

— Vraiment ? Et je n'ai pas mon mot à dire ?

— Ce n'est pas une bonne idée selon toi ? s'inquiéta Harrison d'un air contrit.

Amélia baissa les yeux vers Yolanda qui babillait avec ses peluches puis contempla l'homme qu'elle aimait.

Elle s'était cachée trop longtemps, évitant les relations amoureuses de crainte de souffrir. Mais cette fois-ci, c'était différent. L'amour que lui portait Harrison lui permettrait de surmonter ses inquiétudes, elle le savait. Elle désirait plus que tout vivre auprès de lui, devenir une mère pour Yolanda. Et une petite voix lui murmurait que jamais plus elle ne fuirait.

— Ton plan me semble parfait, dit-elle avec un petit sourire.

— Ouf ! Tu m'as fait peur.

— Et que ferai-je à mon retour en Australie ?

— Tu travailleras à l'hôpital.

— Tu me proposes un emploi ?

— Oui. Tu es un médecin brillant.

— Entendu. J'accepte… le poste.

— Et ma demande en mariage ?

— La décision ne m'appartient pas entièrement, dit-elle en regardant Yolanda.

Harrison sourit et prit sa fille sur un bras, enlaçant Amélia de l'autre.

— Ma puce, voudrais-tu qu'Amélia se marie avec papa et devienne ta maman ? demanda-t-il.

— Ma maman ? s'écria la fillette en écarquillant les yeux. Oui, oui, oui !

Se tortillant pour descendre des bras de son père, elle étreignit les jambes d'Amélia quelques secondes, puis se mit à sautiller dans la pièce en applaudissant.

— Elle est ma maman, toi mon papa et moi la grande fille.

— Alors, c'est parfait ! s'exclama Harrison avec un sourire radieux. Qu'en dis-tu, Amélia ?

— Je dis oui.

Harrison l’enlaça tendrement.

— Toi maman.

— Et toi papa.

— Et moi la grande fille ! s’écria Yolanda avant de se remettre à gambader.

Ils éclatèrent de rire, puis unirent de nouveau leurs lèvres en un baiser fervent.

Epilogue

— Peux-tu prendre ce paquet, s'il te plaît ? demanda Amélia à Yolanda.

— Bien sûr, répondit la fillette en attrapant le sac que sa mère lui tendait. Je suis grande, j'ai six ans.

— Je sais, ma chérie.

Amélia verrouilla la serrure, prit l'autre main de la fillette, puis traversa la route pour aller prendre le petit déjeuner sur la plage. Dès qu'elles furent arrivées, Yolanda laissa tomber son fardeau et courut vers son père qui était assis au bord de l'eau, un bébé de huit mois sur les genoux. Amélia posa le sac sur la table de camping, devant laquelle lisait Mme Deveraux.

— Nous allons pouvoir commencer à manger.

— Il faudra d'abord réussir à les sortir de l'eau. Scott est un véritable petit poisson.

Elle avait raison, songea Amélia en observant d'un regard tendre sa petite famille. Scott s'était aussi bien adapté à la mer qu'à eux. Adopter un enfant à l'étranger n'avait pas été un parcours facile, mais ils avaient eu la joie d'accueillir un adorable bébé, très facile à vivre.

Yolanda avait fait d'immenses progrès, et récemment, Mme Deveraux avait voyagé six mois en Europe, où elle avait séjourné dans la famille d'Amélia, en Angleterre. Bien sûr, dès qu'elle avait appris la nouvelle de l'adoption de Scott, elle était revenue sans tarder pour les aider.

— Allez les rejoindre, Amélia. Le repas peut attendre.

— Bonne idée, répondit-elle en laissant tomber son sarong pour révéler son maillot de bain.

La cicatrice laissée par son hystérectomie totale se remarquait à peine. Certes, elle avait mis longtemps à guérir de son opération, mais depuis, elle était dans une forme éblouissante.

Elle ne put s'empêcher de sourire en songeant aux changements survenus dans sa vie ces trois dernières années. Elle se sentait si libre, si heureuse. L'amour qu'elle partageait avec Harrison s'était encore approfondi, et elle avait pu donner libre cours à son instinct maternel.

— Maman ! s'écria Yolanda. Viens faire un autre château. Il faut qu'on s'entraîne pour le concours. Tout le monde a adoré notre palais, l'année dernière.

— C'est vrai, ma chérie, répondit Amélia en caressant les boucles blondes de la fillette qui lui arrivaient à présent jusqu'à la taille.

Harrison la rejoignit et Scott tendit ses bras potelés vers elle dès qu'il la vit. Elle le serra tendrement contre elle.

— Il a barboté avec entrain. Il adore l'eau.

— Comme son père, dit Amélia en souriant.

Harrison se pencha pour déposer un baiser sur ses lèvres.

— Je crois que je ne me fatiguerai jamais de t'embrasser, mon Amélia.

— Beurk..., grimaça Yolanda en tirant la langue. Quand je serai grande, j'embrasserai jamais des garçons.

— Tu me le promets, ma fille ? demanda son père en riant.

— Oui ! lança-t-elle d'un air distrait avant de filer comme une flèche vers la table pour rapporter son seau. De l'eau, papa !

— Tu me prends pour ton esclave ?

La fillette poussa un soupir prononcé.

— S'il te plaît, papa...

— J'aime mieux ça, répondit-il en se levant. Qu'allons-nous bâtir aujourd'hui ?

— Le château du prince charmant et de la princesse.

— Il ressemble à quoi ?

— A notre maison. Toi, papa, tu serais le prince charmant, et toi, Amélia, la princesse. Vous seriez heureux, tous les deux, avec plein d'enfants...

Les contes de fées étaient vraiment une belle création, songea Amélia, heureuse au-delà des mots. Surtout quand ils se réalisaient...

FIONA LOWE

Les deux passions du Dr Tremont

éditions HARLEQUIN

Cet ouvrage a été publié en langue anglaise
sous le titre :
A WEDDING IN WARRAGURRA

Traduction française de
PHILIPPE SZCZECINER

Ce roman a déjà été publié en avril 2008

83-85, boulevard Vincent-Auriol, 75646 PARIS CEDEX 13.
Service Lectrices — Tél. : 01 45 82 47 47
www.harlequin.fr

1.

— Mais il n'est pas rose !

Levant les yeux, Kate Lawson eut juste le temps d'apercevoir le visage consterné de la jeune fille qui venait de pousser ce cri de déception avant qu'une impressionnante paire d'épaules masculines ne lui masque partiellement la vue.

— Il n'y a pas que le rose et le violet dans la vie, Sasha, commenta l'homme, un sourire dans sa voix grave.

Kate grimaça. Le pauvre ! Il ne savait pas à quoi il s'exposait. Faire les magasins avec une adolescente équivalait à s'aventurer dans un champ de mines ! Elle en savait quelque chose, elle qui avait une nièce et toute une troupe de Guides pour la maintenir à la page.

— Merci, papa, je suis au courant !

— Maintenant que tu as douze ans, tu pourrais peut-être passer au vert ou au bleu… Tiens, que penses-tu de celui-ci ? ajouta-t-il en prenant un joli débardeur à rayures.

Fascinée, Kate observait la scène, oubliant qu'elle était entrée dans l'unique magasin de vêtements de la ville afin de choisir un cadeau pour sa nièce, oubliant aussi les mille choses qu'elle avait à faire pour préparer son retour aux réalités de Warragurra, comme de cirer ses chaussures et de repasser son uniforme d'infirmière avant de reprendre son travail. Elle s'était absentée six mois, mais elle ne pouvait pas fuir jusqu'à la fin de ses jours.

Sasha contemplait le débardeur d'un air sceptique.

— Regarde, il est vert avec des rayures roses toutes fines, ajouta le père en caressant le tissu. Je trouve qu'il va très bien avec la couleur de tes yeux… que tu as aussi beaux que ceux de maman.

Comme par magie, le visage de Sasha s'éclaira.

— Je vais l'essayer… Et aussi le short qui va avec, dit-elle en prenant les deux articles avant de se diriger à grands pas vers les cabines d'essayage.

Quel doigté ! Qu'un père parvienne à influencer sa fille en matière vestimentaire forçait l'admiration. Et il était arrivé à ses fins avec une telle adresse que celle-ci ne s'était rendu compte de rien.

A cet instant, l'homme se tourna et son regard croisa celui de Kate. Il lui adressa un sourire de connivence.

— J'espère que ça m'évitera la corvée d'aller jusqu'à Dubbo…

Kate en oublia de respirer. Il avait des yeux d'un bleu azur extraordinaire, et un sourire ravageur de flibustier jouait sur ses lèvres, prometteuses de toutes sortes de félicités…

Elle se reprit aussitôt. Ce n'était pas un homme qu'elle était venue chercher dans ce magasin ! Depuis Shane, elle était à jamais vaccinée contre tout ce qui pouvait ressembler à une relation amoureuse. Et d'ailleurs, ce monsieur était marié et père de famille.

— D'ici peu, Dubbo ne suffira plus, répondit-elle en lui rendant son sourire. Vous ne couperez pas aux joies du shopping à Sydney !

— Je crains que vous n'ayez raison.

— A ton avis, papa ? demanda Sasha, qui venait de reparaître.

Elle fit un tour sur elle-même puis regarda son père, quêtant son approbation.

— Tu es très jolie, mon cœur.

— Tu dis toujours ça ! Même quand je rentre du foot couverte de boue de la tête aux pieds.

— Mais je te le dis parce que c'est vrai.

Kate éprouva soudain un sentiment de vide. Quel bonheur ce devait être de se sentir aimée de la sorte !

— Excusez-moi, trouvez-vous que cette couleur me va ? demanda Sasha en se tournant vers elle.

Kate contempla un instant le teint éclatant de santé de la petite, ses cheveux châtains et ses grands yeux verts.

— Ton papa a raison, ce vert te va à ravir. Et tu sais ce qui le mettrait encore plus en valeur ? Une de ces jolies ceintures, avec un bracelet et un collier assortis, ajouta-t-elle, malicieuse, en désignant un présentoir.

Les yeux de Sasha s'arrondirent à la vue des accessoires.

— Super ! Et ils ont aussi des sacs !

Le flibustier gémit en secouant la tête.

— Je vous remercie pour cette brillante suggestion…

— Il n'y a pas de quoi. J'ai été ravie de pouvoir vous rendre service, répondit Kate en riant. Bonne fin de journée !

Elle prit un débardeur pour sa nièce puis se dirigea vers les caisses, le cœur léger. Pour la première fois depuis son retour, elle comprit qu'elle était tout à fait prête à reprendre le travail. Le soutien et la compréhension de ses collègues lui permettraient de faire face à l'hostilité de la ville.

Après tout, quels risques courait-elle vraiment en revenant à Warragurra ?

— Il faut que je te voie ! cria Jen, la directrice du Service Médical Aérien basé à Warragurra, quand Baden Tremont passa en courant devant son bureau.

— Désolé, Jen, pas le temps ! Je suis en retard. J'ai dû négocier avec la principale parce que Sasha avait perdu son autorisation de sortie pour une excursion, répondit-il tout en vérifiant le contenu de sa trousse.

— J'imagine que ton charme a fait merveille ! Sérieusement, il faut que je te parle de…

— Envoie-moi un e-mail !

Il referma son sac et se dirigea vers la sortie, conscient que Jen le suivait.

— J'ai essayé de t'en envoyer un, mais il n'a pas pu être acheminé. Il a fallu que je change…

— As-tu mis Emily au courant ? Elle pourra tout m'expliquer pendant le vol, dit-il en ouvrant la porte.

— Oui, sauf que…

La voix de Jen fut couverte par le vrombissement des moteurs de l'avion de Broken Hill, en train d'atterrir. Sapristi, il était vraiment en retard ! Une âcre odeur de caoutchouc chauffé lui emplit les narines quand il s'avança sur la piste déjà brûlante sous le soleil matinal.

Jen continua à lui parler, mais le vacarme rendait ses paroles inaudibles.

— Emily… Kate… l'avion…

— Comment ça, Emily me guette ?

Levant les bras en l'air dans un geste d'impuissance, Jen secoua la tête. Il lui adressa le sourire enjôleur grâce auquel il se tirait toujours d'affaire et lui adressa un salut de la main.

— On se verra à 15 heures ! cria-t-il.

Il vit Jen tourner les talons et rentrer dans le bâtiment en grommelant. Il détestait être en retard. Malheureusement, il était obligé de jongler entre ses activités de médecin et de père à plein-temps, et cela lui arrivait souvent. Cinq mois plus tôt, quand il avait quitté Adélaïde pour s'installer à Warragurra, il s'était imaginé que la vie de province lui laisserait davantage de temps libre. Il n'en avait rien été, au contraire, à cause du manque chronique de personnel médical dont souffrait cette région isolée.

Comme il gravissait en courant les marches de la passerelle, un frémissement d'excitation le parcourut. Même si sa vie n'était pas celle qu'il avait imaginée quatre ans plus tôt, son travail de médecin à la base aérienne était très gratifiant. Et que pouvait-il attendre d'autre de l'existence, désormais, sinon des satisfactions professionnelles ?

La porte de l'avion se referma derrière lui et il fit signe à Glen Jacobs, le pilote, qu'il avait vérifié le verrouillage.

— Salut, Emily, dit-il, apercevant les jambes de l'infirmière qui était penchée à l'intérieur d'un compartiment de stockage.

— Bonjour.

Curieux… Emily ne portait que des pantalons, d'habitude. Jamais il n'aurait imaginé qu'une femme d'à peine un mètre soixante pût avoir de si belles jambes… et si longues. Mais à dire vrai, le seul détail physique qui l'avait frappé chez elle jusqu'à présent était la couleur de ses cheveux, qui changeait toutes les trois semaines.

Emily et lui faisaient équipe depuis qu'il était arrivé à Warragurra. Il avait trouvé en elle une collaboratrice efficace et pleine de bon sens sur qui il savait pouvoir compter quand il avait le cafard, ou quand son quotidien devenait trop chaotique. Emily était comme un bon copain. Elle adorait parler tennis, rugby ou mécanique automobile, et il n'était pas rare de la voir au pub, le vendredi soir, en train de battre à plate couture les téméraires qui osaient la défier au billard.

— Pourquoi Jen est-elle dans tous ses états ? poursuivit-il tout en rangeant son sac sur le porte-bagages. Elle m'a crié que tu me « guettais », ou quelque chose comme ça.

— Elle a dû essayer de vous dire que je m'appelle Kate, répondit une voix vaguement familière.

Baden se retourna brusquement pour se trouver face à une jeune femme svelte à l'air sérieux dont les beaux yeux marron s'agrandirent sous l'effet de la surprise.

— Oh… bonjour, dit-elle, esquissant un sourire.

En la reconnaissant, il sentit son cœur faire un petit bond dans sa poitrine.

— Euh… bonjour. Je m'appelle Baden Tremont. Vous m'avez fait débourser quarante-cinq dollars, hier.

Le sourire de l'inconnue s'accentua.

— Les filles ne vivent que pour les colifichets, docteur, vous l'ignoriez ?

— Je l'apprends à mes dépens, dit-il en riant.

Elle vint vers lui d'une démarche gracieuse pour serrer la main qu'il lui tendait.

— Je m'appelle Kate. Je suis infirmière.

Quand leurs doigts se touchèrent, il frissonna comme cela ne lui était plus arrivé depuis la mort d'Annie, alors il lâcha aussitôt la main de la jeune femme, à qui il fit signe de s'asseoir.

— Ravi de faire votre connaissance, Kate, dit-il quand ils se furent installés sur leurs sièges. Appelez-moi Baden. Il faut que nous bouclions nos ceintures à présent. Je suis désolé de vous avoir fait attendre. Emily est malade ?

Kate croisa ses longues jambes dont il eut le plus grand mal à détourner son regard.

— Je ne crois pas. Elle paraissait en forme ce matin, quand elle est partie pour Barcoo avec Linton.

— Linton Gregory ? Le responsable des urgences à l'hôpital de la base ?

— Oui. Il passe une quinzaine de jours sur le terrain une ou deux fois par an. Comme Emily est la plus expérimentée, c'est toujours elle qui fait équipe avec lui. Il est bon que nous échangions nos expériences, lui et nous, expliqua Kate tout en bouclant sa ceinture de ses doigts fuselés. Pourquoi froncez-vous les sourcils ? Quelque chose ne va pas ?

— Euh… Non… Désolé. C'est simplement que je me fais l'impression d'être le petit nouveau dans une classe où tout le monde se connaît déjà. Le problème est qu'en l'occurrence ce n'est pas moi qui suis nouveau, c'est vous !

— En fait, je ne suis pas nouvelle. Cela fait quatre ans que je travaille avec le SMA. J'ai vu votre nom en tête de l'e-mail que Jen nous a envoyé vendredi pour nous avertir du changement. Je ne pensais donc pas que vous seriez surpris de me voir. D'ailleurs, Emily ne vous a pas averti ?

Le fameux e-mail qu'il n'avait pas reçu ! Mais qu'en était-il d'Emily ? Lui avait-elle dit quelque chose ?

— Maintenant que j'y songe… Vendredi soir, après m'avoir ridiculisé au billard, elle m'a donné une grande claque dans le dos en me disant : « Toubib, ça a été super de bosser avec toi. »

— En langage émilien, cela signifie « adieu ».

Adieu ? Non ! Il ne voulait pas cesser de faire équipe avec Emily ! Elle n'éveillait rien de trouble en lui, et il ne courait aucun risque de se compliquer l'existence avec elle. Kate se trompait sûrement. Emily allait revenir. Il ne s'agissait que d'un changement temporaire.

Il y avait eu un temps où il accueillait tous les changements à bras ouverts, puis la maladie d'Annie avait surgi, introduisant dans leur vie un tel élément d'incertitude qu'il n'aspirait plus à présent qu'à la stabilité, pour lui-même comme pour Sasha. Surtout pour Sasha.

Mais puisqu'il était seulement question d'une quinzaine de

jours, il n'y avait pas lieu de s'inquiéter. Même si sa collègue de substitution portait un chemisier d'uniforme particulièrement moulant, c'était une infirmière, tout comme Emily. Puis son regard s'égara sur les mollets au galbe parfait de Kate et il étouffa un soupir. Il ne pouvait tout de même pas lui suggérer de porter des pantalons plutôt que des shorts !

Les moteurs vrombirent avec un fracas qui rendit impossible toute conversation et Baden ajusta sur ses oreilles le casque qui lui permettait de communiquer avec Glen.

Il aimait le moment du décollage, la poussée irrésistible qui le plaquait sur son siège tandis que l'appareil se cabrait vers le ciel. Il se détendit, s'abandonnant au plaisir de ces sensations enivrantes.

Les vastes étendues rouges des plaines de Nouvelle-Galles du Sud, piquées d'herbes porc-épic gris-vert, s'offraient à leur vue à mesure qu'ils montaient. Au loin, tout en bas, un pick-up roulait sur une piste rectiligne, soulevant vers le ciel bleu sans nuage un panache de poussière, tandis que des kangourous bondissaient vers des destinations connues d'eux seuls. Une heure de vol environ et ils seraient à l'ombre des gigantesques gommiers bordant le cours sinueux de la Darling aux eaux limoneuses, jadis unique voie d'accès à ces contrées reculées.

Il était difficile de s'imaginer la rivière un siècle plus tôt, encombrée de bateaux à aubes et de péniches transportant leurs cargaisons de balles de laine vers les villes du sud. Aujourd'hui, la sécheresse avait réduit la majestueuse Darling d'antan à un filet d'eau.

Baden observa un instant Kate en train de contempler le paysage, les doigts sur le hublot, l'air aussi émerveillé qu'une enfant prenant l'avion pour la première fois. Elle se retourna et surprit son regard.

— J'aime cette vue, dit-elle dans son micro.

— C'est une beauté qui peut surprendre si on a l'habitude des collines verdoyantes.

— Je suis allée en Europe, et j'ai apprécié les campagnes de là-bas, mais je me rends compte maintenant à quel point la rudesse de ce quasi-désert me manquait.

— Parce que vous connaissiez déjà la région ? demanda-t-il, persuadé jusque-là qu'elle venait d'une autre base du SMA.

— Oh, oui. Très bien.

— Mais vous n'y êtes pas venue récemment ?

Elle parut hésiter puis secoua la tête, ses cheveux châtains caressant l'ovale délicat de son visage.

— J'ai été absente six mois. Je reprends mon travail aujourd'hui.

Tout s'éclaira soudain. Il se souvint d'avoir lu le nom « Kate Kennedy » sur certains documents lors de son arrivée à la base. Le patronyme avait attiré son attention car les Kennedy étaient une famille très riche de Warragurra, qui avait fait fortune dans le bâtiment. L'entreprise Kennedy construisait ou rénovait à peu près tout ce que la localité comptait d'édifices publics importants, et avait aussi des contrats avec bon nombre de ranchs de la région.

— Nous avons dû nous manquer de peu. J'ai commencé en septembre dernier. Vous devez donc être Kate Kennedy…

— Kate Lawson, rectifia-t-elle aussitôt d'un ton sec.

Il reconnut cette attitude défensive, dont il avait souvent fait usage lui-même pour décourager les curieux. La réaction semblait disproportionnée s'agissant d'un simple nom, mais, diplomate, il jugea préférable de ne pas insister.

— J'ai dû arriver ici juste après votre départ, reprit-il. Quoi qu'il en soit, bienvenue chez vous, Kate !

— Merci. J'espère que tout se passera bien.

— Il est toujours difficile de recommencer à travailler après un long congé, dit-il, songeant à sa propre expérience après le décès d'Annie. Mais les deux semaines que vous allez passer avec moi vous permettront de vous remettre dans le bain avant de retrouver votre secteur habituel.

Elle fronça les sourcils.

— Que voulez-vous dire ? Ce secteur est le mien.

— Mais… Emily…

— Emily était ma remplaçante.

Oh, non ! Non, pas ça !

— Ce qui signifie que… que c'est vous et moi qui constituons désormais l'équipe numéro quatre ?

— Exactement, dit-elle avec un grand sourire.

— Et Emily… a été affectée à un autre secteur ?

— Oui.

— Je vois…

Que faire ? Il fallait réfléchir vite ! L'idée lui vint qu'il pourrait demander à changer d'équipière, mais les paroles du directeur régional lui revinrent à la mémoire : « C'est l'esprit d'équipe qui doit vous guider, pas vos hormones ! »

Le regard de Kate s'assombrit.

— Je suis désolée que cette modification du service vous tombe dessus par surprise, mais je suis sûre que nous nous habituerons vite l'un à l'autre, dit-elle, l'air résigné. Après tout je ne mords pas, ajouta-t-elle avec un petit rire sans joie.

Baden eut une vision fugitive de la bouche sensuelle de Kate en train de lui mordiller le cou.

Que lui arrivait-il ? Depuis des années, il ne voyait dans les femmes que des employées, des sœurs, des mères, ou des copines, et non des objets de fantasmes ! Les femmes, il les rangeait dans des petites boîtes dûment étiquetées.

Et c'était exactement ce qu'il allait faire avec Kate : lui trouver une boîte adéquate et en refermer le couvercle pour qu'elle n'en sorte plus. Une boîte marquée « collègue » ferait l'affaire. Voilà ! Ce n'était pas plus difficile que ça.

2.

Kate avala d'un trait près d'un demi-litre d'eau glacée puis elle s'aspergea le cou pour rafraîchir sa peau brûlante, son regard errant sur les prairies desséchées qui s'étendaient à perte de vue jusqu'à l'horizon rendu flou par l'air surchauffé. Fuyant la chaleur, le bétail s'était rassemblé à l'ombre des rares arbres rabougris.

Passer sans transition de l'hiver européen à l'été australien était épuisant pour l'organisme. Le bon sens aurait voulu qu'elle prolongeât de deux mois son séjour en France et en Italie, mais il lui avait tardé de rentrer à Warragurra, où elle était chez elle, même si tout le monde n'était pas de cet avis.

— On a connu des journées plus fraîches, pas vrai, Kate ? commenta Barry Sanderson, le propriétaire du ranch de Camoora, en soulevant son chapeau avant de s'essuyer le front avec l'avant-bras.

Elle sourit à cet euphémisme typique de l'humour local qui lui avait tant manqué.

— Ça ne doit pas être pire en enfer ! Merci de m'avoir laissé le coin le plus abrité de la véranda pour ma consultation néonatale.

— Tant que Mary et moi serons là, vous aurez toujours une bonne place à Camoora. Et puis le soleil n'est pas bon pour les bébés, dit le fermier d'un ton bourru, comme s'il craignait de s'être montré trop compatissant.

— En tout cas je vous remercie, Barry, répéta Kate. Je ferais mieux de me mettre au travail, maintenant. Je ne tiens pas à me laisser damer le pion par le nouveau médecin dès le premier jour !

— Tâchez quand même de trouver un moment pour prendre un thé avec Mary !

Barry remit son chapeau et s'éloigna sous la véranda, s'arrêtant au passage pour parler à Baden. Kate les observa un instant — le « broussard » aussi blond et râblé que le médecin était svelte et brun.

Un médecin qui n'avait pas eu l'air enchanté, le premier moment de surprise passé, d'apprendre qu'elle était son équipière… Elle en avait été déstabilisée. Si elle était habituée à susciter mépris, haine, voire dégoût chez la moitié des habitants de la ville, elle avait jusqu'à présent toujours été estimée, admirée et respectée par ses collègues.

Une bonne entente était primordiale entre les équipiers du SMA, amenés à passer des journées entières ensemble. C'est pourquoi elle avait espéré retrouver Doug Johnston. Malheureusement celui-ci avait été affecté à Muttawindi pour remplacer Bronte Morrison, en congé de maternité, et il ne reviendrait pas à Warragurra avant un an.

« J'ai commencé en septembre dernier. » Kate eut un coup au cœur en se rappelant les paroles de Baden, dans l'avion. Lui et sa famille avaient dû emménager à Warragurra au moment même où les Kennedy avaient compris qu'ils n'avaient aucun moyen de contester le testament de Shane. C'était l'époque où la presse locale l'avait traînée dans la boue, lui faisant acquérir une réputation exécrable auprès de bon nombre de ses concitoyens. Baden et sa femme avaient dû entendre des racontars et les prendre pour argent comptant.

Elle se sentit soudain assaillie jusque dans son unique sanctuaire : son travail. Pour colmater la brèche, elle devait à tout prix faire en sorte que sa collaboration avec Baden soit une réussite. Elle devait lui prouver par ses actes qu'elle était une vraie professionnelle sur qui il pouvait compter. C'était la seule façon de combattre l'impact qu'avait pu avoir sur lui la rumeur.

Elle regarda le médecin venir vers elle, fascinée.

— Ah ! la consultation néonatale ! s'exclama-t-il en se frottant les mains. C'est le moment que je préfère.

— Je partage votre enthousiasme, dit-elle. Rien de tel qu'un bébé bien dodu pour vous faire voir la vie en rose !

Ils furent bientôt occupés à peser, mesurer et vacciner les nourrissons, ainsi qu'à rassurer les mamans inquiètes, à qui Kate donnait des conseils sur l'allaitement tandis que Baden examinait les bébés souffrant de reflux.

Les tests auditifs donnèrent lieu à bien des éclats de rire, Baden amusant les petits à l'aide d'un pingouin en peluche pendant que Kate agitait un hochet derrière leur tête.

Baden avait vraiment le chic pour captiver son auditoire. Il avait dû raconter des histoires extraordinaires à sa fille quand elle était petite, en changeant de voix pour caractériser chaque personnage.

Un cri d'enfant retentit au loin alors que Kate faisait signe d'approcher à Ginny, la prochaine maman de la file d'attente.

— Ah, je sens que nous allons avoir un genou de plus à raccommoder et un gros chagrin à consoler avec une sucette, dit Baden.

— Ce ne sera jamais que la sixième fois de la journée. Le gravier n'est pas la surface idéale pour apprendre à marcher… Bonjour Ginny, comment va Samantha ?

Avant que Ginny ait pu répondre, une voix de femme paniquée leur parvint depuis l'autre côté de la cour.

— Au secours ! Je vous en prie, aidez-moi !

— Excusez-moi, Ginny ! dit Kate qui tendit la main vers la trousse de secours mais Baden l'avait devancée.

— Je l'ai prise. Suivez-moi !

Ils dévalaient déjà les marches de la véranda quand Mary Sanderson apparut, portant sa fillette de quatre ans dans ses bras, son aînée, Kelly, courant sur ses talons. La petite geignait et son visage était couvert de sang.

— Que s'est-il passé ? demanda Baden en faisant asseoir la fermière.

— Elle donnait du grain aux poules avec sa grande sœur, comme tous les après-midi. Kelly l'a entendue crier et quand elle s'est retournée elle a vu que le coq l'avait fait tomber. Un coq ! C'est incroyable. J'ai passé ma vie à la ferme et je n'ai jamais vu une chose pareille…

— Il était sur elle, expliqua Kelly. Il lui donnait des coups de bec. Je n'arrivais pas à le faire partir. J'ai fini par le chasser en lui lançant le seau, mais quand j'ai soulevé Susie dans mes bras, il a recommencé à l'attaquer… Ça faisait peur, conclut-elle avec un sanglot.

— Tu as fait exactement ce qu'il fallait, Kelly, assura Kate en lui posant une main sur l'épaule. Ne t'inquiète pas, nous allons nous occuper de ta petite sœur.

Elle commença de nettoyer le visage de Susie avec une compresse imbibée de sérum physiologique afin de pouvoir évaluer l'importance des blessures. Mais la petite se débattait en hurlant et son visage gonflait à vue d'œil.

— Susie, je vais écouter ce qui se passe dans ta poitrine avec mon stéthoscope, dit Baden après lui avoir pris le pouls.

Susie se mit à tousser, puis la quinte se calma et elle retomba épuisée contre la poitrine de sa mère.

Un signal d'alarme s'était déclenché dans le cerveau de Kate. Il n'était pas normal que des lacérations superficielles provoquent un tel gonflement. A en juger par son expression, Baden aussi était inquiet.

— Baden ? dit-elle d'une voix neutre, voyant que le sang de Susie recommençait à couler aussi vite qu'elle l'étanchait.

— Oui ?

— Elle a une plaie profonde à la gorge et son cou enfle très vite. Je me demande si la trachée n'est pas atteinte.

— Moi aussi. Ses poumons ne reçoivent pas autant d'air qu'ils devraient.

— Ses poumons ? répéta Mary d'une voix tremblante. Mais elle n'a que des égratignures…

— Elle a de l'emphysème sous-cutané, murmura Baden après avoir palpé délicatement le cou de la petite. Sa trachée doit être percée et, maintenant, de l'air s'échappe sous sa peau…

— Mais elle… elle peut respirer ?

— Pour le moment oui. Mais le gonflement risque d'obstruer le conduit. Il faut la transporter à l'hôpital.

Pendant ce temps, Kate avait pris le talkie-walkie, et elle avait déjà établi le contact avec Glen.

— Nous avons besoin de l'oxygène et du brancard pour évacuer Susie Sanderson, Glen. A toi.

— Je viens tout de suite. Terminé, répondit la voix du pilote dans un crachotement.

— Vous allez l'emmener à Warragurra ? demanda Mary, les yeux écarquillés par la peur.

— Non, je suis navré. Elle doit aller à l'hôpital d'Adélaïde. Mais il faut d'abord que je l'examine à fond.

— Glen arrive avec le brancard, annonça Kate.

Comme elle déroulait la tubulure du masque à oxygène, Glen appela depuis le bas des marches :

— Kate ! Tu peux me donner un coup de main ?

Elle descendit aussitôt et l'aida à hisser le brancard sous la véranda. Puis Baden y installa la fillette en position assise afin de faciliter sa respiration.

— Kate va te mettre un masque pour que tu te sentes mieux, Susie, expliqua-t-il avec douceur. Et maman est là pour te tenir la main.

— J'ai soif, gémit Susie entre deux sanglots.

— Je suis désolée, mon cœur, il ne faut pas que tu avales d'eau maintenant. Mais je vais te donner à boire par le bras, dit Kate en lui ajustant le masque sur le visage. Un Ringer en intraveineuse, Baden ?

— Oui. Vous arriverez à poser la perf ?

Elle faillit répondre non, son inactivité de six mois ajoutée à la campagne de dénigrement des parents de Shane ayant quelque peu sapé sa confiance en elle. Mais elle devait faire ses preuves auprès de Baden.

— Bien sûr. Sans problème… Susie, ça va piquer un peu. Serre très fort la main de maman !

Elle posa le garrot, trouva une veine et frotta la peau de la fillette avec une compresse imbibée d'alcool.

— Allons-y ! murmura-t-elle en introduisant soigneusement la canule dans le bras de Susie.

— Maman ! Arrête-la ! pleurnicha cette dernière.

— Voilà ! C'est déjà fini. Tu vois, ce n'était rien du tout, dit Kate. La perf est en place, Baden, ajouta-t-elle après avoir fixé l'aiguille avec du sparadrap.

Il lui adressa un sourire qui la chavira. Mais par bonheur il était marié, ce qui réglait le problème. Et puis ce n'était vraiment pas le moment de se livrer à ce genre de spéculations !

— Je mets un bolus de trois cents ? demanda-t-elle.

— Oui, bonne idée. L'hémorragie m'inquiète.

— Et pour ce qui est de la sédation ?

— Un peu de morphine apaiserait la douleur, mais risquerait de déprimer son système respiratoire, dit-il en se grattant de nouveau la nuque. Nous allons lui en administrer par l'intermédiaire de la perf. Ainsi, nous pourrons contrôler l'effet et arrêter l'injection si nécessaire.

— Mary ? Combien pèse Susie ? s'enquit Kate. Il me faudrait une réponse assez précise.

— Je… Cela fait longtemps que je ne l'ai pas mise sur la balance, mais je pense qu'elle fait une vingtaine de kilos.

— Ce doit être ça, intervint Baden qui avait soulevé la petite pour la poser sur le brancard. Tu pèses autant que les sacs de farine que j'achète pour faire mon pain, ajouta-t-il, malicieux, ce qui lui valut un pâle sourire de Susie.

— Donc, deux milligrammes de morphine ? demanda Kate.

— Exact, répondit Baden, avant de se tourner vers le pilote. Glen, il faut que nous partions.

Il posa sa main sur l'épaule de Mary.

— Voulez-vous nous accompagner, vous ou Barry ? Ou préférez-vous aller à Adélaïde par vos propres moyens ?

— Mary accompagnera Susie, dit Barry d'une voix tremblante. Moi, je vais tordre le cou à cette saleté de coq.

— Quand vous en aurez fini avec lui, vous n'aurez qu'à préparer une valise pour Mary et Susie, suggéra Kate. Nous vous joindrons par radio dès notre retour à Warragurra.

Elle serra brièvement le fermier dans ses bras puis s'élança vers le terrain d'atterrissage qui, heureusement, était très proche des bâtiments. Deux employés du ranch la suivaient, transportant Susie sur sa civière comme s'il s'agissait d'une porcelaine qu'ils craignaient de briser.

Sept minutes plus tard, le PC-12 roulait sur la piste d'envol poussiéreuse tandis que Kate auscultait de nouveau Susie, dont les battements de cœur et la respiration étaient trop rapides.

Elle attendit que Baden ait achevé sa conversation par radio avec le responsable du service de pédiatrie à Adélaïde pour lui confier à mi-voix :

— Elle est tachycarde à cent dix et sa respiration s'accélère.

Il plaça la plaque de son stéthoscope sur le dos de Susie.

— L'air ne parvient plus dans le lobe inférieur de son poumon gauche…

— Un pneumothorax ?

— Je suis certain que le lobe inférieur est collabé, mais son organisme compense pour l'instant. J'aimerais mieux éviter la thoracentèse tant que nous ne sommes pas en milieu hospitalier… C'est incroyable. Comment le coup de bec d'un coq a-t-il pu causer de tels dégâts ?

— Ce n'est sûrement pas avec son bec qu'il a fait cela, mais avec ses ergots. Ce sont des armes redoutables.

— Vous semblez tout savoir des volatiles de basse-cour.

— C'est que je suis de la campagne. Et vous ?

— Je suis un pur produit de la ville. J'ai passé mon enfance sur les plages d'Adélaïde.

Kate éclata de rire.

— Selon Linton, Adélaïde est tout au plus une bourgade.

— Il est de Sydney, j'imagine. Eh bien sachez qu'à Adélaïde, nous avons quand même une demi-heure d'embouteillages tous les soirs !

— A Warragurra, la seule heure de pointe se situe le samedi soir, quand les employés des ranchs viennent faire un tour en ville. Même pour un natif d'Adélaïde, le dépaysement a dû être complet. Qu'est-ce qui vous a amené ici ? demanda-t-elle en prenant le pouls de Susie.

— C'était un projet que j'avais depuis longtemps…

— Un projet qui est soudain arrivé à maturité ?

— Si on veut, répondit-il, manifestement peu désireux de s'étendre sur le sujet.

Kate n'eut pas le loisir de s'interroger sur les réticences de Baden car Susie se mit soudain à tousser et ses lèvres à bleuir.

— Elle étouffe ! On l'intube ? demanda-t-elle tout en dépliant le laryngoscope.

— Que se passe-t-il ? cria Mary d'une voix angoissée depuis son siège à l'avant de l'appareil.

— Il va falloir que nous glissions un tube dans la trachée de Susie pour l'aider à respirer, répondit Kate sur un ton qu'elle espérait rassurant.

Baden prit le laryngoscope et tenta de l'introduire dans la gorge de l'enfant, mais il dut renoncer car les tissus gonflés interdisaient tout passage.

Susie avait de plus en plus de mal à respirer. L'alarme du moniteur se déclencha, indiquant une chute inquiétante du degré de saturation en oxygène. L'arrêt cardiaque était imminent. Le seul espoir à présent était la trachéotomie.

Sans perdre une seconde, Kate ouvrit le nécessaire de cricothyrotomie. Baden enfila aussitôt les gants stériles et saisit le bistouri.

— Je vous en prie, sauvez ma fille ! supplia Mary.

Kate mit l'enfant sur le dos et lui positionna la tête en arrière. Le regard soucieux, Baden palpa la gorge de Susie à la recherche de l'emplacement correct puis il incisa d'un geste rapide et sûr.

Un instant plus tard, l'oxygénation était rétablie, et Baden s'écarta en ôtant ses gants.

— Nous avons contourné l'obstruction, Mary. Elle respire mieux à présent.

— Oh, merci à tous les deux ! J'avais si peur qu'elle…

— Elle devra sans doute subir une opération à son arrivée à l'hôpital pour remettre en état son poumon et sa trachée. Ce tube pourra être retiré dès que sa gorge aura dégonflé, dit Baden, avant d'ajouter à mi-voix à l'adresse de Kate : si vous comptiez sur une journée tranquille pour votre reprise de contact, c'est plutôt raté ! Je vous remercie, Kate, vous avez fait de l'excellent travail. Bienvenue à bord !

— Merci. Je suis vraiment contente d'être de retour.

Elle était surtout ravie d'être venue à bout des doutes qu'il avait paru nourrir vis-à-vis d'elle. Cette urgence lui avait permis de prouver sa compétence. En fait, Baden et elle se complétaient à merveille. Pour la première fois depuis le matin, elle se sentit détendue. L'équipe numéro quatre serait une bonne équipe, et son travail resterait un refuge où rien ne pourrait lui arriver. Elle avait gagné une bataille.

Un sourire aux lèvres, elle régla le débit d'oxygène puis commença à panser les blessures de Susie. Elle ne regagna son siège que lorsque Glen les informa qu'ils allaient atterrir.

L'équipe pédiatrique les attendait à l'aéroport d'Adélaïde et, quelques minutes après l'atterrissage, Susie et Mary roulaient en ambulance vers l'hôpital.

Comme toujours à la suite d'une urgence particulièrement stressante, Kate sentit ses genoux commencer à trembler. Il lui fallait de la caféine.

Elle alla au bar de l'aéroport commander trois cafés à emporter ainsi que des cookies géants aux pépites de chocolat, puis, jonglant avec son sac de gâteaux et ses trois gobelets de café fermés par des couvercles, elle retourna sans tarder vers l'avion car elle savait que Glen préférait repartir le plus vite possible.

Comme elle approchait de l'appareil, elle aperçut Baden qui allait et venait à grands pas sur le tarmac, son téléphone portable collé à l'oreille. Le sang-froid dont il avait fait preuve quelques instants auparavant semblait s'être évaporé. Il venait de refermer son mobile quand elle parvint à sa hauteur et lui tendit un café et un cookie, qu'il accepta d'un air distrait.

— Allons nous mettre à l'ombre sous l'aile ! suggéra-t-elle. Un problème ?

— Sasha refuse d'aller à l'étude. Je ne comprends pas. Jusqu'à présent, elle y est toujours allée sans rechigner. Et il faut qu'elle me fasse ce coup-là aujourd'hui ! Le seul jour depuis des semaines où j'ai un empêchement !

— Pourquoi est-ce vous que l'école appelle ? demanda Kate, déconcertée.

— Parce que je suis son père, pardi !

— Je comprends bien, mais vous êtes à Adélaïde et votre femme est à Warragurra. Il ne lui est sûrement pas impossible de s'absenter de son travail une demi-heure pour parler avec Sasha.

La mâchoire de Baden se crispa.

— Je n'ai pas de femme. Je suis seul avec Sasha.

Son téléphone sonna et il se détourna pour répondre.

Il n'avait pas de femme ! Les paroles de Baden avaient résonné comme un coup de tonnerre dans la tête de Kate sans qu'elle parvienne à leur donner un sens. Elle brûlait de lui demander des précisions, mais il était tout entier absorbé par sa conversation téléphonique.

La communication achevée, il alla s'entretenir avec Glen. Puis il avala son reste de café d'un trait, froissa le gobelet et fit signe à Kate de le rejoindre.

— Glen est prêt à décoller. Nous partons. Après vous, ajouta-t-il, souriant, en s'écartant pour la laisser monter la première dans l'avion.

Le pouls de la jeune femme s'accéléra. Elle allait côtoyer Baden jour après jour ! Et il n'était pas marié ! Son attirance pour lui, qu'elle avait si facilement mise entre parenthèses jusqu'ici, resurgit avec une force décuplée.

Quant au havre de tranquillité qu'elle avait cru trouver dans le travail, il tenait désormais plus du mirage que de la réalité.

Baden remplit le lave-vaisselle tout en réfléchissant à la meilleure manière de s'y prendre avec Sasha. Elle s'était éclipsée, comprenant qu'il n'était pas ravi de son comportement, et il la voyait par la fenêtre en train de faire du trampoline dans le jardin, ses longs cheveux au vent.

« Elle est châtain, comme Kate », pensa-t-il soudain, sans savoir d'où lui venait cette idée.

La veille, sa coéquipière s'était montrée efficace, calme et expérimentée. Comme Emily. Avec cette différence qu'Emily ne portait pas un parfum ensorcelant qui évoquait les nuits de plaisir sous les tropiques…

Il referma le lave-vaisselle d'un geste brusque. Comment pouvait-il songer à Kate alors que sa seule préoccupation devait être Sasha ? Il se sentait coupable. N'avait-il pas promis à Annie que Sasha serait toujours sa priorité absolue ? Se tenir à cette promesse n'était d'ailleurs pas une contrainte, mais il n'était pas toujours simple d'élever seul un enfant.

Sasha abandonna le trampoline pour venir s'étendre dans

son hamac, installé en permanence entre deux piliers de la véranda. Il avait eu la bonne idée de le lui offrir pour Noël à la place du téléphone portable rose qu'elle désirait, mais dont il préférait différer l'achat le plus longtemps possible.

Poussant la porte grillagée, il se dirigea vers elle et lui tendit une glace.

— J'ai pensé que ceci te ferait plaisir.

— Super ! s'exclama-t-elle en s'asseyant, les jambes pendantes. Merci. Je ne savais pas qu'il en restait.

— J'ai fait des courses.

Il s'assit près d'elle, provoquant des oscillations qui la firent tomber sur lui.

— Papa ! protesta-t-elle.

Mais elle resta blottie contre lui, la tête contre sa poitrine, et il sentit son cœur se serrer. Combien de temps encore le séparait du moment où la puberté éloignerait de lui sa petite fille ?

— Sash, pourquoi as-tu été si désagréable avec Mme Davidson, hier ?

— Je ne voulais pas aller à l'étude.

— Ça, je l'ai bien compris. Mais ce que j'aimerais savoir, c'est pourquoi tu ne veux pas y aller.

— C'est bon pour les petits.

— C'est pour tous les enfants, depuis le CP jusqu'à la cinquième…

— Mais j'ai douze ans ! Je n'ai besoin de personne pour me garder après la classe.

— Nous avons déjà discuté de ça, Sash. Tu n'ignores pas que j'ai des horaires bizarres et que j'ai besoin de te savoir en sécurité quand je ne peux pas venir te chercher à l'école.

— Mais je serais en sécurité ici ! dit-elle, levant vers lui ses grands yeux verts. D'ailleurs, Erin n'y va plus depuis que sa mère a arrêté de travailler. Et elle fait tout un tas de trucs cool, comme d'aller aux Guides le mercredi ou à la piscine le vendredi.

Erin Baxter et Sasha étaient des amies inséparables. Sans Erin, Sasha devait ressentir l'étude comme une brimade.

D'autant que tous les autres enfants qui y étaient inscrits appartenaient aux petites classes.

— Pourquoi ne m'as-tu pas dit qu'Erin n'était plus là ?

— Tu m'aurais forcé à y aller quand même. Je déteste rester là-bas sans elle. Je n'ai personne à qui parler. Je voudrais pouvoir rentrer à la maison après l'école, comme…

Elle s'interrompit, mais Baden ne savait que trop ce qu'elle avait voulu dire. Du vivant d'Annie, Sasha rentrait à la maison…

— Je suis navré de ne pas pouvoir t'attendre à la sortie de l'école, et je suis aussi désolé que maman ne soit plus là, dit-il en passant un bras autour d'elle. Ecoute, voilà ce que je te propose : je vais demander à la mère d'Erin si cela ne la dérangerait pas de t'emmener à la piscine, toi aussi. Et comme je travaille à la base le mercredi, je pourrais peut-être t'accompagner aux Guides, si les horaires concordent. Qu'en penses-tu ? Tu n'aurais plus à aller à l'étude que trois jours. Marché conclu ?

Le regard de Sasha s'illumina.

— Marché conclu. Merci papa !

— Il n'y a pas de quoi, ma chérie.

Il s'étendit dans le hamac et la prit contre lui, heureux d'être parvenu à désamorcer cette nouvelle crise. Eduquer Sasha était décidément un casse-tête à côté duquel les problèmes médicaux de ses patients semblaient bien simples à résoudre !

— Emily avait-elle les cheveux violets, aujourd'hui ? s'enquit Sasha après avoir fini sa glace.

— En fait, Emily ne travaille plus avec moi. Tu te souviens de la dame que nous avons rencontrée en achetant ton débardeur ? Eh bien, figure-toi que c'est elle ma nouvelle coéquipière.

— Ouais, super ! Elle avait un beau sourire, et une jupe trop géniale.

Sasha se redressa sur un coude et le dévisagea un instant avec gravité.

— Comment est-elle ?

— Très compétente.

— Non ! Je veux dire… Tu l'aimes bien ?

La question de sa fille, qui espérait manifestement une réponse positive, l'ébranla. Est-ce qu'il *aimait bien* Kate ?

L'image de la jeune femme s'imposa à son esprit, accompagnée d'une curieuse impression de manque.

Puis un sentiment de honte le submergea et il s'assit, faisant une nouvelle fois tanguer le hamac. Il n'avait aucune envie de poursuivre cette discussion avec Sasha alors que la plus grande confusion régnait dans sa tête au sujet de Kate. Il se leva.

— Allez ! Au lit maintenant !

— Mais papa !

— Il n'y a pas de *mais* ! dit-il en la tirant hors du hamac. File te brosser les dents et va te coucher, sinon tu ne finiras jamais ton livre.

Apparemment impatiente de retrouver son roman d'aventures, Sasha se précipita dans la maison sans plus se préoccuper de Kate. Baden soupira. Lui aussi aurait aimé pouvoir oublier la jeune femme aussi facilement.

3.

— Tout le monde a pris note des changements de service ? demanda Jen au personnel rassemblé. L'équipe numéro quatre, en particulier ? ajouta-t-elle en regardant Baden avec insistance. Pour ceux que cela concerne, je rappelle que le courrier électronique fonctionne de nouveau sans problème et que vous êtes censés vous en servir…

Tous hochèrent la tête, quelques courageux allant même jusqu'à marmonner : « Entendu, Jen. »

— Parfait. Je vous remercie de votre attention… N'oubliez pas de prendre vos dossiers !

— J'ai l'impression que nous avons intérêt à bien vérifier nos e-mails, murmura Baden à l'adresse de Kate.

— Pourquoi *nous* ? Je pense que c'est *toi* que Jen visait. Après tout ce n'est pas moi qui suis allée un jour jusqu'à Opal Ridge assurer une consultation prévue pour le lendemain…, répliqua-t-elle, moqueuse.

— J'avoue que ce n'est guère glorieux, concéda-t-il avec un sourire penaud. Une chance que le vieux Hughie ait justement choisi ce jour-là pour faire une crise d'hypoglycémie. Ça m'aura au moins permis de lui expliquer comment utiliser son nouveau dosimètre… L'éducation des patients constitue une part importante de notre mission, vous savez, mademoiselle Lawson.

— Vraiment, docteur ? Je l'ignorais.

Ils éclatèrent de rire et Kate dut une fois de plus combattre l'émoi que les yeux bleus pétillants et le visage bronzé de son équipier déclenchaient au plus profond d'elle-même.

Il fallait que cela cesse ! A vingt-neuf ans, revenue de ses illusions, elle n'allait quand même pas se conduire comme une adolescente ! Mais son corps restait sourd à toutes ses admonestations. Un sourire de Baden et il se mettait aussitôt à vibrer !

Se levant pour aller chercher leur dossier, Kate et Baden se retrouvèrent près d'Emily et de Linton.

— Alors, toubib, on prospecte les anciennes mines d'Opal Ridge à ses moments perdus ? demanda Emily, railleuse.

— Ne m'en parle pas ! J'avais trouvé une opale énorme, et quand j'ai voulu la reprendre après avoir soigné Hughie, pas moyen de remettre la main dessus !

Kate appréciait la gaieté qui régnait lors de ces réunions du mercredi, auxquelles assistait tout le personnel après les consultations du matin. Il y avait toujours une équipe de garde, mais les gens du cru semblaient s'être donné le mot pour ne pas tomber malades après 13 heures ce jour-là, et les rares appels d'urgence provenaient de touristes en difficulté.

Le mercredi matin, Kate assurait seule une consultation réservée aux femmes, si bien qu'elle ne voyait Baden qu'à la réunion, et elle n'était pas mécontente de ce répit.

Non qu'elle eût une quelconque objection à travailler avec Baden, au contraire. Mais la lutte perpétuelle qu'elle devait mener pour échapper à l'attraction qu'il exerçait sur elle avait quelque chose d'épuisant.

C'était extravagant. Elle aurait dû s'intéresser uniquement à ce qu'il pouvait lui apporter en termes de compétences, et non à la couleur de ses cheveux, à sa façon de rire ou à sa manière de jouer avec son stylo en réfléchissant !

De plus, elle n'arrêtait pas de se poser des questions sur la situation familiale de Baden. Comment se faisait-il qu'il fût parent isolé ? Où était la mère de Sasha ? Etait-il divorcé ? Séparé ? Il n'en avait rien dit, et elle n'avait guère eu l'occasion de l'interroger. Elle aurait peut-être pu s'informer auprès d'Emily, mais elle-même avait suffisamment souffert de la curiosité malsaine de ses concitoyens pour se refuser à agir comme eux.

— Tu viens prendre le café avec nous, Kate ? proposa

Linton. Nous avons des florentins, aujourd'hui, ajouta-t-il avec un air gourmand.

Linton faisait partie du « club des caféinomanes » qui organisaient une dégustation chaque semaine après la réunion. Kate jeta un coup d'œil à sa montre. Déjà 16 heures. Elle consacrait ses soirées du mercredi à s'occuper de la troupe de Guides locale, et elle ne voulait pas se mettre en retard. D'autant qu'une des petites devait amener une nouvelle recrue, ce qui contribuerait à étoffer des effectifs en baisse depuis que certaines familles, influencées par les Kennedy, avaient soit retiré leur fille du groupe, soit refusaient de les faire collaborer aux activités. Seules trois familles continuaient d'apporter leur soutien à Kate mais elle était résolue à ne pas baisser les bras et à reconquérir le terrain après son absence de six mois.

— Non, désolée, pas cette fois. Mettez-moi quand même un florentin de côté !

Pendant qu'Emily et Linton s'éloignaient, elle prit deux dossiers et en tendit un à Baden.

— Tu ne vas pas avec eux non plus ?

— Non. J'ai promis à Sasha qu'elle n'irait plus à la garderie le mercredi.

— Tu as cédé sur le mercredi pour qu'elle accepte mieux d'y aller le restant de la semaine ?

— Quelque chose comme ça, oui. Il faut que je me fasse à l'idée qu'elle grandit, j'imagine. Mais elle est encore trop petite pour rester toute seule.

— Oui, c'est un âge difficile… Les congés scolaires doivent être un vrai casse-tête pour toi. Tu n'as pas de famille pour t'aider ?

— Mes parents la gardent pendant les vacances, répondit Baden sur un ton qui décourageait toute nouvelle question.

Jamais encore elle n'était parvenue à amener leurs conversations sur le terrain personnel. Il se fermait dès qu'elle essayait, comme il l'avait fait à l'aéroport d'Adélaïde, après avoir révélé qu'il vivait seul avec sa fille.

Pourquoi refusait-il de parler de la mère de Sasha ? Leur relation avait-elle été un désastre, comme la sienne avec Shane ?

Si tel était le cas, elle comprenait qu'il n'ait pas envie d'aborder la question… Mais cela ne faisait qu'exacerber sa curiosité !

— As-tu des nouvelles de l'hôpital d'Adélaïde ? s'enquit-elle comme ils quittaient la salle.

— Susie se remet bien. Elle est sortie des soins intensifs et devrait être transférée à Warragurra demain.

— Dieu merci ! Mary et Barry doivent être soulagés.

— Oui. Tout est bien qui finit bien, conclut Baden en s'arrêtant devant la porte de son bureau. Bon… A demain.

— A demain. Bonne soirée.

Kate se dirigea vers la sortie, heureuse de mettre quelque distance entre elle et cet homme qui lui faisait perdre toute lucidité.

Une heure plus tard, après avoir acheté un énorme bidon de sirop d'érable au supermarché, elle dressait les tables à tréteaux dans le local des Guides et branchait les crêpières électriques en priant pour que les vieux fusibles ne sautent pas. Quand elle eut terminé, Sandra, son assistante, n'était toujours pas là.

Les filles commencèrent d'arriver et elle assignait à toutes des tâches pour les occuper.

— Salut, Kate ! Maman a donné des œufs de la ferme. S'il en reste, elle a dit que tu les gardes pour toi.

Phoebe Walton tendit une boîte à la jeune femme.

— Merci, Phoebe. Peux-tu aller chercher les ustensiles dans la cuisine ? Hannah et Jessica y sont déjà.

— J'y vais tout de suite.

— Tu as vu ? Je n'ai pas oublié les citrons ! annonça fièrement Erin Baxter en brandissant un sac en papier.

— Bel exploit, Erin ! Ton amie n'est pas avec toi ?

— Elle va arriver. Maman n'a pas pu l'amener parce que j'avais rendez-vous chez le dentiste.

— Ton appareil dentaire est très chic avec ces bagues rose fluo… Excuse-moi…, dit-elle en entendant vibrer son téléphone.

Sortant le portable de sa poche, elle lut le numéro affiché avant de décrocher.

— Allô, Sandra ?

— Bonjour Kate. J'appelle pour t'avertir que je ne peux

pas venir. Joël est malade. Il vomit tant et plus et je ne me vois vraiment pas le laisser. Je suis navrée. Peut-être une des mamans pourra-t-elle rester te donner un coup de main ?

Toutes les mères susceptibles de l'aider étaient déjà reparties, mais Kate n'eut pas le cœur de le dire à Sandra.

— Ce n'est pas grave, Sandra. J'espère que Joël va aller mieux.

Tandis qu'elle raccrochait, Hilary Smithton entra avec sa fille Lucy, plissant le nez comme si l'air du local lui offensait l'odorat. Elle arrivait systématiquement en retard, et Kate la soupçonnait de le faire exprès. Comme le clan Kennedy, Hilary la tenait pour responsable de la mort de Shane, dont elle avait été l'amie d'enfance.

— Bonsoir, Hilary, dit Kate, s'armant de courage. Salut, Lucy ! Tu as pensé au sucre pour les crêpes ?

Lucy lança à sa mère un regard contrarié puis baissa les yeux vers le sol.

— Oh, mon Dieu ! s'exclama Hilary en posant théâtralement sa main sur sa poitrine, le rouge vif de son vernis à ongles contrastant avec la blancheur de son T-shirt haute couture. Nous étions censées apporter du sucre ?

Kate se força à sourire poliment. Elle aurait pu jurer que Lucy avait parlé du sucre à sa mère.

— C'est sans importance, Lucy. J'en ai apporté un peu par précaution.

Le soulagement se peignit sur les traits de la petite, qui courut rejoindre sa patrouille.

Kate fit un rapide calcul. Etant donné le nombre de filles présentes, elle ne pouvait pas légalement les surveiller seule. Mais pouvait-elle les décevoir en annulant la soirée crêpes ?

— Sandra Dodson est indisponible ce soir car son fils est malade… Pourriez-vous rester pour la remplacer, Hilary ? demanda-t-elle, ravalant sa fierté.

Hilary jeta un regard vers les filles tout excitées à l'idée des réjouissances qui se préparaient.

— Lucy attendait cette soirée avec impatience pour passer la dernière épreuve de son brevet de cuisinière, ajouta Kate. Elle serait déçue si la séance n'avait pas lieu.

— Les déceptions font partie de la vie, répondit froidement Hilary. Plus tôt elle l'apprendra, mieux cela vaudra. Ne comptez pas pouvoir me manipuler comme vous avez manipulé Shane ! Vous avez refusé de lui venir en aide ? Eh bien, moi aussi je refuse de vous aider. Et si vous vous avisez de poursuivre cette soirée sans qu'un autre adulte soit présent, je vous dénonce.

Kate serra les poings, maîtrisant sa colère et son amertume. Elle ne s'était pas attendue à ce que Hilary aille jusqu'à utiliser les Guides comme instrument de sa vengeance. Force était de constater que sa première tentative pour reprendre pied à Warragurra était un fiasco retentissant.

— Moi, je peux rester, dit derrière elle une voix grave qu'elle aurait reconnue entre mille.

Elle se retourna si vite qu'elle faillit trébucher. Baden se tenait au milieu de la pièce, Sasha à son côté. Son regard, plus sombre que d'habitude, exprimait la perplexité.

— Bonsoir, dit-il.

— Bonsoir Baden, répondit Kate, affectant un calme qu'elle était très loin d'éprouver.

— Erin Baxter a invité Sasha, expliqua-t-il. Depuis le temps qu'elle me parle de cette soirée crêpes chez les Guides, il serait dommage que celle-ci soit supprimée... D'ailleurs, je suis un expert en crêpes, ajouta-t-il avec un sourire rayonnant à l'adresse de Hilary.

— Libre à vous de rester, docteur, bien que la présence d'un homme dans un groupe de Guides ne soit pas conforme à l'esprit de l'organisation, répliqua-t-elle, glaciale.

Son sac à main serré sous son bras, elle quitta la salle en faisant résonner ses hauts talons sur le plancher. Quand la porte claqua derrière elle, Kate éprouva un immense soulagement, et même une certaine jubilation. La manœuvre de Hilary avait échoué, et la soirée aurait bel et bien lieu. Elle se tourna vers Baden pour le remercier.

Il l'observait avec un regard interrogateur et elle comprit qu'elle allait devoir lui fournir des explications sur la scène dont il venait d'être témoin. Ce qu'elle avait cherché à éviter à tout prix venait de se produire : sa vie privée avait débordé sur sa vie professionnelle. Son euphorie fit place à la crainte.

Après avoir surveillé la confection de la pâte, fait sauter des douzaines de crêpes et avoir résisté aux attaques conjuguées de seize gamines armées de torchons, Baden n'était pas mécontent de pouvoir enfin souffler.

Toutes les Guides étaient parties avec leurs parents, et Sasha avait été invitée par la mère d'Erin à manger une glace… Comme si cela s'imposait après une orgie de crêpes !

Tout en pliant les tréteaux, il observait Kate — ou Koala, comme l'appelaient les Guides. Elle portait un tablier rose et bleu sur son semblant d'uniforme, et son front était maculé de farine. Ses cheveux, d'ordinaire libres, étaient retenus par un bandeau bleu ciel, mais quelques mèches échappées s'étaient collées à ses joues rougies par la chaleur. On lui aurait donné dix-huit ans, n'était le réseau de fines rides aux coins de ses yeux… Des rides laissées par la vie, comme celles qui marquaient son propre visage depuis deux ans.

Avaient-elles un rapport avec le face-à-face tendu qu'il avait surpris en arrivant ? Quel mystérieux instinct l'avait poussé à défendre Kate contre cette Hilary Smithton qui exsudait la haine ? Il ne se rappelait pas avoir jamais réagi de la sorte, sauf une fois, il y avait longtemps, quand un gros chien avait montré les crocs à sa fille.

Mais Kate n'était pas une enfant qu'il avait à protéger. Il devait plutôt se garder d'elle et se consacrer tout entier à Sasha.

Quelle ironie ! S'il avait pu prévoir que c'était elle qui dirigeait les Guides, il aurait trouvé une autre solution pour occuper Sasha le mercredi. Après avoir soigneusement évité tout contact avec elle en dehors du travail, voilà qu'un concours de circonstances l'amenait à passer une soirée entière en sa compagnie !

Le plus drôle était que deux heures après l'incident, il n'en savait pas plus sur sa signification. Hilary une fois partie, Kate avait fait comme si rien ne s'était passé.

— Un thé ? proposa-t-elle en lui présentant une tasse fumante.

— Par cette chaleur ? Tu as perdu l'esprit ?

— Je t'assure que ça rafraîchit.

— En vertu du principe qui veut qu'on soigne le mal par le mal, je suppose ?

— Exactement, dit-elle en riant. Oserais-tu contester un précepte que je tiens de ma mère ?

— Bien sûr ! s'exclama-t-il, s'efforçant d'ignorer l'effet que produisait sur lui la voix sensuelle de Kate.

Elle se laissa tomber avec élégance dans un fauteuil.

— Tu as raison, c'est une idée absurde, mais il n'y a rien à boire dans le réfrigérateur, et j'avais grand besoin d'un thé.

— Après deux heures à entendre glousser des gamines et un clash avec Mme Smithton, il te faudrait un remontant plus corsé. Une bière fraîche, par exemple.

Elle se raidit.

— Non, j'ai seulement besoin de me poser cinq minutes, répliqua-t-elle d'un ton sec.

Elle ne souhaitait à l'évidence pas s'attarder sur ses relations avec Hilary Smithton, et cela n'était pas pour déplaire à Baden, qui désirait garder ses distances. Mais quelque chose le poussa tout de même à insister.

— Comment se fait-il que Hilary Smithton te déteste ?

— J'ai vraiment apprécié ton aide, ce soir, Baden, dit-elle avec un sourire crispé. Tu as évité une déception aux filles et grâce à toi, trois d'entre elles ont pu obtenir leur brevet de cuisinière. Je te remercie.

— Tu ne réponds pas à ma question.

— Parce que je ne suis pas certaine que tu sois en droit de me la poser.

Comment osait-elle le traiter ainsi après ce qu'il venait de faire pour elle ? songea-t-il, indigné.

— Si tes démêlés avec Hilary doivent avoir une incidence sur la sécurité de Sasha, alors j'ai non seulement le droit de t'interroger, mais aussi celui d'exiger une réponse.

— Jamais je ne ferais quoi que ce soit qui puisse compromettre la sécurité des filles. Jamais.

Elle avait raison, bien sûr, et il le savait. Il s'en voulut d'avoir outrepassé les limites de la discrétion. Pour cette fois, il ne lui restait qu'à ravaler sa frustration. Mais il se réservait le droit de revenir à la charge si le travail de Kate devait être affecté par des événements de sa vie privée. Dans ce cas, il serait tout à fait habilité à lui demander des comptes, et il ne manquerait pas de le faire.

Comme elle en avait l'habitude, Kate s'amusa à décompter mentalement les secondes tout en regardant la piste d'atterrissage de Warragurra qui semblait monter à leur rencontre. Au moment même où elle atteignait zéro, Glen posa l'appareil sans le moindre à-coup.

— Kate, pourras-tu mettre par écrit ta suggestion d'une journée « portes ouvertes sur le ciel » à Coonbunga ? demanda Baden en détachant sa ceinture.

— Tu crois que l'idée vaut la peine d'être creusée ?

— Bien sûr ! Elle combine éducation sanitaire, dépistage, et information personnalisée des patients. Et, de plus, tu rends tout cela attractif en faisant appel à l'esprit ludique des gens. Ils trouveront amusant de se soumettre aux examens de contrôle imposés aux pilotes et ce sera très formateur pour eux. Génial !

— Merci, je suis contente que tu trouves la proposition intéressante, dit Kate, flattée par le compliment.

— C'est vraiment novateur, je t'assure. Félicitations !

Il se leva et lui adressa un de ses sourires qui lui faisaient perdre tous ses moyens.

Elle ne se faisait plus d'illusions sur la nature de ses sentiments pour lui, mais qu'avait-elle à espérer ? Il souriait ainsi à tout le monde, sauf à Sasha. Elle savait pertinemment que l'attirance était à sens unique et qu'il ne voyait en elle qu'une collaboratrice.

Depuis la soirée crêpes des Guides, dix jours plus tôt, il se montrait plutôt réservé avec elle et cela la contrariait malgré elle. Pourquoi se sentait-il autorisé à lui battre froid au prétexte qu'elle refusait de lui parler de sa vie privée alors qu'elle-même s'abstenait de l'interroger sur la sienne ?

Pourtant, combien de nuits blanches avait-elle passées à se demander pourquoi Baden était seul avec Sasha ? Ou à imaginer ce qu'elle ressentirait à enfouir les doigts dans ses épaisses boucles noires, à caresser sa peau dorée…

A cette évocation, elle eut l'impression qu'elle était fiévreuse et elle se précipita la première hors de l'avion, comme si les quarante-cinq degrés de l'air ambiant pouvaient apaiser son feu intérieur.

Baden la devança pour lui ouvrir la porte des locaux administratifs. Quand elle passa près de lui, elle commit l'erreur de respirer son parfum frais et épicé, ce qui ne fit qu'ajouter à son trouble.

— Je commencerai à rédiger mes propositions dès ce soir. Bonsoir, ajouta-t-elle en se tournant vers son bureau.

— Puis-je te demander un service, Kate ? Ma voiture est au garage, chez Jenkin. Tu pourrais m'y déposer ?

Le moyen de refuser ?

— Bien sûr. Sans problème.

— Super ! Je te remercie. Je vais juste chercher mes affaires.

Cinq minutes plus tard, Baden s'installait comme il pouvait dans la petite voiture de sport de la jeune femme.

— J'ai toujours rêvé d'une voiture comme celle-ci, dit-il en caressant le tableau de bord.

— Elle est à vendre, si ça t'intéresse.

— Vraiment ? C'est tentant… Malheureusement, elle ne serait pas assez grande pour transporter toute l'équipe de tennis de Sasha. Dommage. Ce doit être un vrai plaisir de la conduire. Pourquoi la vends-tu ?

« Pour me débarrasser de mon passé. »

— Elle n'est pas très pratique, répondit-elle tout en manœuvrant pour sortir du parking.

— On ne choisit pas ce genre de voiture pour son côté pratique. Pourquoi l'as-tu achetée ?

— Je ne l'ai pas achetée. C'était… On m'en a fait cadeau.

Le visage couperosé de Shane lui apparut. « Katie, ma chérie, ne me quitte pas ! »

Baden émit un sifflement admiratif.

— Tu en as de la chance !

— C'est une façon de voir, marmonna-t-elle.

Il haussa les sourcils, sa curiosité manifestement éveillée. Par bonheur, l'enseigne du garage Jenkin était en vue et elle se gara devant les pompes à essence.

— Et voilà ! Tu es arrivé.

— Merci de m'avoir emmené, dit-il en ouvrant la portière.

— Il n'y a pas de quoi.

Il descendit de la voiture puis se pencha à l'intérieur pour ajouter, tout en désignant un bâtiment de l'autre côté de la rue :

— A propos, Jen m'a prié de te rappeler que le dîner de bienvenue pour le nouveau kiné aura lieu au Royal.

L'Hôtel Royal, récemment réhabilité, était apprécié tout autant pour son salon de thé que pour son restaurant gastronomique. Son bar, équipé d'écrans plasma dernier cri, s'intégrait parfaitement dans l'édifice classé, mais de l'extérieur, l'établissement évoquait le Warragurra de la grande époque des mines d'argent, quand l'on dépensait sans compter. La rénovation avait été le dernier chantier de Shane pour l'entreprise Kennedy.

Du coin de l'œil, Kate aperçut trois hommes qui sortaient de l'hôtel par la porte de derrière, et son sang se figea quand elle reconnut deux d'entre eux. Le plus grand, Josh Martin, avait été le meilleur ami de Shane et son témoin à leur mariage.

Soudain mal à l'aise, elle mit le contact, soucieuse de s'éloigner au plus vite de cette partie de la ville qu'elle avait soigneusement évitée depuis son retour.

Le bruit du moteur attira l'attention de Josh qui leva la tête et un rictus déforma son visage lorsqu'il la vit. Lui et un autre homme soutenaient Richie Santini, qui titubait. Ils commencèrent à traverser la rue, mais quand ils furent au milieu de la chaussée, Richie s'effondra contre Josh, le faisant trébucher.

Kate frissonna de dégoût en enclenchant la première. Richie était encore ivre. Décidément, les habitudes ne se perdaient pas ! Comme elle attendait avec impatience qu'ils dégagent la voie, Josh houspilla son compagnon :

— Richie ! Allons, mon vieux ! Tu vas te faire écraser.

Il tenta sans succès de redresser son acolyte. De cramoisi,

le visage de Richie vira au blanc, puis au bleu. Il venait de perdre connaissance ! Kate ouvrit sa portière.

— Baden ! Vite, par ici ! appela-t-elle avant de se précipiter en direction de la pelouse où Josh avait étendu Richie. Mets-le en chien de fusil, Josh ! ajouta-t-elle tandis que Baden accourait, sa trousse à la main.

— Fiche le camp d'ici, Kate ! Tu as fait assez de dégâts comme ça, dit Josh avec hargne.

Mais après tout le mal que Shane et Josh lui avaient fait, elle avait dépassé le stade où ce genre d'insulte pouvait l'atteindre. Et il n'était pas utile qu'une personne de plus perde la vie.

— Ne sois pas ridicule, Josh ! Je suis infirmière. Mon aide peut être précieuse.

Elle s'agenouilla près de Richie, dont l'haleine chargée d'alcool lui souleva le cœur. Mais Josh la repoussa d'une violente bourrade.

— Ecartez-vous d'elle ! Immédiatement ! ordonna Baden. Je suis médecin. Je prends les choses en main. Vous, ajouta-t-il en pointant son index vers le troisième homme, calmez votre copain ou je l'assomme !

Bien qu'étourdie à cause du choc, Kate comprit qu'il maîtrisait la situation.

— Kate…

Elle se tourna vers lui comme un naufragé vers la bouée qu'on lui lance. Le visage de Baden était impassible, mais son regard exprimait la fureur autant que l'incompréhension.

— Kate… Appelle une ambulance !

Il lui donna son portable et reporta aussitôt son attention sur le patient. Elle s'éloigna de quelques pas pour composer le 000 d'une main tremblante. Josh s'approcha, menaçant, mais fut retenu par son camarade.

— Ici le 000, dit enfin une voix dans l'appareil. Désirez-vous la police, les pompiers ou une ambulance ?

— Une ambulance.

— Plus de pouls ! cria Baden. Je commence le massage.

Kate fit signe qu'elle avait compris.

— Nous avons un arrêt cardiaque. Réanimation en cours par un médecin. Il nous faut un défibrillateur…

— Richie ! Mon pauvre vieux ! s'exclama Josh comme Baden appuyait en rythme sur la poitrine de son ami.

Kate coupa la communication pour venir s'agenouiller près de Baden qui comptait les compressions.

— Vingt-sept, vingt-huit, vingt-neuf, trente !

Kate souffla deux fois dans la bouche de Richie puis lui prit le poignet.

— Toujours pas de pouls ! Continue le massage ! Pourvu qu'on nous apporte vite un défibrillateur !

Ils poursuivirent la manœuvre, Baden se chargeant des compressions, Kate de la ventilation.

— On échange à trente ? proposa-t-elle, sachant quel effort physique exigeaient les compressions.

Baden hocha la tête tout en continuant à compter. Afin que l'échange se fasse sans interruption, Kate se mit à compter en même temps que lui.

— Vingt-huit, vingt-neuf, trente. Je prends le relais !

Ses mains croisées l'une sur l'autre remplacèrent celles de Baden. Elle priait le ciel pour que Richie survive, mais certains détails n'incitaient pas à l'optimisme, comme l'enflure anormale de ses chevilles, un signe qui ne trompait pas. Après des années d'alcoolisme, son cœur affaibli aurait beaucoup de mal à repartir.

Une petite foule de curieux s'était rassemblée, parmi lesquels Scott, le garagiste.

— Alors, Katie, on essaie de se rattraper ? lança Josh, qui s'était de nouveau approché. En sauvant Rich, tu crois nous faire oublier que tu as tué Shane ?

Kate vacilla comme sous l'effet d'une gifle. Elle se mit à compter d'une voix plus forte, tâchant de se concentrer sur son travail.

— Scott, débarrassez-moi de ce guignol ou j'appelle la police ! dit Baden entre ses dents, manifestement hors de lui. On n'est pas au spectacle, ici !

Cinq hommes entraînèrent Josh à l'écart tandis qu'une ambulance s'immobilisait au bord du trottoir. L'ambulancier et un interne de la base prénommé Michael jaillirent du véhicule, portant leur matériel.

Kate continua les compressions pendant que les autres mettaient en place le défibrillateur.

— Il est bien en arrêt, dit Michael dès qu'un tracé apparut sur l'écran du moniteur.

— Choque-le tout de suite ! ordonna Baden en prenant un kit de perfusion.

— On dégage ! cria Michael avant d'envoyer une première décharge électrique dans la poitrine de Richie.

L'électrocardiographe demeura plat.

— Kate, recommence le massage ! Michael, charge à deux cents ! reprit Baden.

Il introduisit une canule dans le bras de Richie puis remplit une seringue d'adrénaline avant d'ajouter :

— Je n'aime pas du tout la tournure que ça prend.

— On dégage ! répéta Michael.

Un second choc électrique secoua l'homme inconscient et tous les yeux se tournèrent vers l'écran du scope.

— Retour en sinusal ! annonça Michael.

— Merci, mon Dieu ! murmura Kate. Il est sauvé.

— Oui, mais peut-être pas pour longtemps ! objecta Baden. Il faut le transférer à l'USIC de toute urgence.

Michael hocha la tête puis se tourna vers l'ambulancier.

— A trois ! Un, deux… et trois !

Les deux hommes soulevèrent Richie, l'allongèrent sur la civière puis le chargèrent dans le fourgon. Quelques secondes plus tard, l'ambulance s'éloignait, sirène hurlante.

Kate fut prise d'une nausée soudaine et de tremblements. Josh, que plusieurs personnes emmenaient de force, eut le temps de lui adresser un geste obscène avant de disparaître.

Baden passa un bras autour d'elle pour l'attirer contre lui.

— Là, c'est fini, Kate, murmura-t-il en lui caressant les cheveux.

Elle aurait dû fuir au plus vite. Elle n'avait rien à faire là, entre les bras de Baden, rêvant de se laisser aller contre lui, de fermer les yeux et d'oublier tout sauf le contact de ce corps masculin qui faisait renaître en elle des sensations depuis longtemps oubliées.

Cédant à la tentation, elle posa quelques secondes sa tête

contre l'épaule de Baden puis se dégagea à regret, certaine néanmoins de conserver pour toujours le souvenir de cet instant fugitif. Il était urgent qu'elle parte, à présent, sans lui laisser le temps de poser les questions qu'elle ne voulait pas entendre.

— Il faut que j'y aille…

— Tu n'iras nulle part sans moi, dit-il d'une voix dure qu'elle ne lui connaissait pas, tout en la retenant par le bras.

— Je vais bien, je t'assure. Tout ce qu'il me faut, c'est un bon thé très sucré.

— Ce n'est pas seulement à ton propos que je m'inquiète. A partir du moment où ta vie privée est susceptible de faire courir des risques à un patient, elle cesse d'être privée. Nous allons nous trouver un endroit tranquille, et tu vas m'expliquer une bonne fois ce qui se passe entre toi et les habitants de cette ville.

Elle ouvrit la bouche pour répondre, mais comprit à l'expression déterminée de Baden qu'elle ne pourrait pas échapper cette fois à la discussion qu'elle redoutait tant.

4.

Assis dans un fauteuil en osier à l'ombre d'une épaisse glycine, Baden dégustait un tonic avec l'impression étrange d'avoir été transporté d'un coup dans le passé.

Un coulis d'air frais issu des profondeurs de la grande maison aux murs de pierre ocre lui caressait le dos. Devant lui, une pelouse étonnamment verte descendait en pente douce jusqu'à la rivière bordée de superbes gommiers vieux de plusieurs siècles. Le tronc torturé de l'un des arbres semblait s'être reconstitué après que des aborigènes en avaient jadis prélevé une partie pour fabriquer une pirogue.

Une profusion de poivriers et de jacarandas adoucissait les lignes rigides de la bâtisse et les parfums suaves d'une roseraie embaumaient l'air du soir. On se serait attendu à voir des dames en robe de mousseline blanche et des messieurs en habit déambuler en bavardant sur le gazon tandis que, sur le ponton au bord de l'eau, des « garçonnes » dansaient le charleston aux accents d'un orchestre de jazz.

Baden croyait même entendre les rires de la fête qui clôturait les campagnes de tonte, à une époque où la laine du mérinos faisait la richesse du pays.

Il n'arrivait pas à croire que Kate habitât la maison Sandon, l'une des plus prestigieuses de Warragurra — un bâtiment classé, avec une plaque de cuivre des Monuments Historiques fixée près de la porte d'entrée au-dessus d'une autre plaque indiquant la date de restauration de la propriété par l'entreprise Kennedy.

La jeune femme avait insisté pour que leur conversation ait lieu chez elle et nulle part ailleurs, mais sans préciser ce qu'était ce « chez elle » ! Baden se rappela qu'Annie lui avait un jour montré un article de magazine agrémenté de photos à propos de cette maison et de sa restauration qui avait coûté un million de dollars. En manière de plaisanterie, il avait dit qu'il la lui achèterait si elle venait à être mise en vente.

Malheureusement, la maladie avait emporté Annie avant même qu'ils aient pu emménager à Warragurra, et maintenant, il se sentait vaguement coupable de se trouver là, et de s'y trouver en compagnie d'une femme qui hantait ses rêves les plus secrets.

Kate était assise en face de lui, manifestement tendue à l'extrême. La colère et le dégoût inspirés à Baden par les événements de l'après-midi s'étaient estompés, mais pas les sensations qu'il avait éprouvées en tenant la jeune femme dans ses bras, en sentant contre son torse la fermeté de ses seins, et sous ses doigts, la souplesse soyeuse de ses cheveux.

Ce qui n'avait été qu'un geste naturel de réconfort avait vite pris une tout autre dimension dès que la chaleur de Kate s'était communiquée à lui. Cela faisait pourtant deux ans qu'il n'avait ressenti aucun besoin d'un contact physique avec une femme… Son sentiment de culpabilité s'accentua lorsqu'il s'aperçut que ses sens n'avaient gardé aucune mémoire d'Annie alors qu'ils conservaient un souvenir plus que vif de Kate.

Il se passa une main sur la nuque. Quoi qu'il arrive, sa résolution de faire passer Sasha avant tout le reste devait rester inébranlable. Et ceci impliquait qu'il maintînt Kate à distance, même s'il était obligé de lui poser certaines questions personnelles dans l'intérêt du service.

— J'imagine les réceptions mondaines et les cocktails que cette maison a dû connaître, commença-t-il.

— Les soirées arrosées n'ont pas manqué ici, je dois dire… Jusqu'à l'an dernier.

— Vraiment ? Qu'est-ce qui les a fait cesser ?

— La mort de Shane… Mon mari.

— Oh, je suis désolé… Les mots ne sont pas d'un grand secours dans ce genre de circonstances, n'est-ce pas ? ajouta-t-il en voyant Kate changer d'expression.

— En fait, « désolé » est un mot que je n'ai pas eu souvent

l'occasion d'entendre, dernièrement. Je suis touchée que tu l'utilises.

— Comment ? Tu veux dire que les gens ne t'ont pas présenté leurs condoléances ? s'exclama-t-il, incrédule.

Elle changea plusieurs fois de position dans son fauteuil puis finit par se lever.

— Si tu juges vraiment cette conversation indispensable, verrais-tu un inconvénient à ce que nous parlions en nous promenant dans le jardin ?

— Ecoute, mon but n'est pas de raviver tes souvenirs douloureux en exigeant que tu me racontes ta vie en détail. J'ai seulement besoin de savoir ce que les gens de cette ville te reprochent, dans la mesure où tes relations avec eux ont une incidence sur notre travail, expliqua Baden, mal à l'aise dans le rôle d'inquisiteur.

— Seulement ? répéta-t-elle avec un petit rire amer. Eh bien voilà : ils m'accusent seulement d'être responsable de la mort de Shane.

— Pourquoi ?

Comme Kate commençait à marcher vers la rivière tout en triturant une feuille d'eucalyptus dont l'arôme puissant se répandait autour d'elle, il la suivit.

— Il n'y a pas de réponse simple à cette question, dit-elle avec un tel air de désarroi qu'il dut se retenir de la prendre dans ses bras.

— Et si tu commençais par le début ?

— Quand nous nous sommes présentés, tu m'as demandé si j'étais bien Kate Kennedy. Je l'ai été pendant cinq ans, après avoir épousé l'aîné des fils Kennedy.

— Les Kennedy entrepreneurs en bâtiment ?

— Oui. Des notabilités à Warragurra. Les Kennedy travaillent ici depuis plusieurs générations. Shane se vantait volontiers de rénover des constructions que son arrière-grand-père avait édifiées. Il avait un grand talent pour faire revivre des maisons anciennes en les dotant du confort moderne. C'est lui et moi qui avons restauré Sandon.

— C'est l'amour des vieilles pierres qui vous a rapprochés ?

— En partie. J'étais surtout sensible à son humour. Shane

était drôle. C'était un personnage haut en couleur et qui ne se prenait pas au sérieux. Le genre de boute-en-train à qui on fait appel pour animer un gala de bienfaisance ou un mariage. Je travaillais aux soins intensifs à cette époque, et après une journée à côtoyer la mort à l'hôpital, retrouver Shane était comme une bouffée d'air pur… Son côté obscur ne m'apparaissait pas du tout.

— Il était dépressif ?

Kate hésita un instant avant de répondre d'une voix tremblante :

— Mon mari était alcoolique. A l'exception de mes collègues, personne à Warragurra ne veut le croire, parce que Shane était un entrepreneur talentueux et respecté qui ne correspondait pas à l'idée qu'on se fait d'un ivrogne. Mais il buvait tous les soirs.

— Cela a dû être dur à vivre, dit Baden avec douceur.

— Au début, ce n'était que quelques verres de bière. Puis il s'est mis à boire aussi du vin. Les repas d'affaires aidant, il en est vite arrivé à quatre bouteilles de vin par jour, plus la bière et les spiritueux. Son comportement à la maison n'avait plus rien à voir avec l'image publique qu'il donnait de lui-même. L'homme que j'avais épousé n'existait plus.

— Comment as-tu réagi ?

— J'ai tout essayé. J'étais mariée pour le meilleur et pour le pire, mais l'alcoolisme n'est pas une maladie qui se guérit facilement. Notre vie tout entière s'en est trouvée altérée. C'était une désolation. Je lui ai demandé de réduire sa consommation et de consulter un médecin ; j'ai banni l'alcool de la maison ; je lui ai suggéré de suivre une hypnothérapie, d'aller chez les Alcooliques anonymes. J'ai même proposé que nous allions voir un conseiller matrimonial. Mais dans une petite ville comme celle-ci, boire fait partie du mode de vie des gens. Shane fréquentait le pub comme tout le monde, et personne ne voyait de mal à ça.

— Et lui-même n'avait pas conscience du problème ?

— Pas du tout. Il me traitait de rabat-joie et m'assurait que c'était moi qui avais un problème. Ses parents aussi refusaient d'admettre l'évidence et m'accusaient de ne pas le comprendre, d'être trop gâtée. Après tout, disaient-ils, il travaillait dur et il avait bien le droit à quelques moments de détente après une rude journée. Quant à ses amis, ils me considéraient comme une empêcheuse de tourner en rond… Et puis, un soir, il est devenu violent et s'est mis à tout casser dans la cuisine. C'est à ce moment-là que je suis partie.

— Tu as bien fait, Kate. Personne n'a le droit de se conduire de la sorte, dit Baden, consterné.

— Shane ne parvenait pas à croire que je l'avais quitté, poursuivit Kate, ignorant l'interruption. Il s'est mis à me couvrir de cadeaux — dont la voiture. Il me suppliait de revenir, me promettait de changer… Tant et si bien que j'ai décidé de lui donner une seconde chance.

— Tu l'aimais, commenta Baden avec une pointe de jalousie.

— Il s'est tenu à sa promesse pendant un mois.

Baden s'efforça de contrôler le mouvement de colère irrationnel que lui inspirait une conduite aussi indigne.

— C'était un malade, Kate…

— On peut le dire. J'ai compris que rien ne changerait tant qu'il ne reconnaîtrait pas lui-même la nature du problème et j'ai officiellement quitté le domicile. Ses parents m'ont sermonnée. Nos amis communs ont cessé de me parler, et les meilleurs copains de Shane se sont mis à me vouer une haine féroce… comme tu as pu le constater tout à l'heure.

— Tu as eu du courage de t'en aller.

— Oui… Malheureusement, cinq mois après mon départ, il s'est pendu.

Un suicide ! Baden en eut le souffle coupé. Shane n'était donc pas mort dans un accident de voiture, ni d'un arrêt cardiaque comme il l'avait imaginé…

— Oh, Kate, je suis vraiment navré. Le suicide d'un proche laisse toujours des blessures à vif. Mais tu n'es pas responsable de sa mort. Tu en es bien consciente, j'espère ?

Elle s'immobilisa, le regard lointain.

— Dans mes bons jours, je parviens à m'en persuader… Je suis restée à Warragurra quatre mois après le décès de Shane, mais quand ses parents ont commencé à me traiter d'aventurière et ont cherché à contester son testament, la situation est devenue intenable pour moi.

— Alors tu es partie pour l'Europe dans l'espoir que les choses se calmeraient, et les gens ont cru que tu avais quitté la ville pour de bon, c'est bien cela ?

— Exactement. J'avais besoin de m'éloigner quelque temps. Je ne doutais pas dans le fond de mon cœur d'être innocente de la mort de Shane, seulement la campagne de haine qu'a lancée contre moi sa famille sapait mon assurance et accentuait mon sentiment de culpabilité… Puis je me suis dit que j'étais chez moi à Warragurra, que j'y avais des amis, et qu'il était temps pour moi de rentrer — ce que j'ai fait il y a quelques semaines. Mais jusqu'à aujourd'hui, les acolytes de Shane ne m'avaient pas encore vue, bien que Hilary ait dû leur annoncer mon retour.

Baden avait un peu de mal à comprendre cette situation complexe qui mêlait douleur, argent et pouvoir. La réaction des parents de Shane paraissait motivée par un chagrin quasi pathologique.

— Les parents Kennedy ont-ils vraiment le pouvoir de faire invalider le testament de leur fils ? demanda-t-il.

— Légalement non. Pourtant, cela ne les a pas empêchés de solliciter l'avis de plusieurs avocats, ni de me diffamer dans le courrier des lecteurs du *Warragurra Times*. Ils avaient besoin de trouver un responsable pour la mort de Shane et j'étais le bouc émissaire tout désigné. Sa mère ne m'avait jamais vraiment appréciée, et elle ne supportait pas de me savoir vivante alors que son fils était mort.

— La peine peut induire des conduites irrationnelles.

— C'est vrai. Mais c'est terminé maintenant, dit-elle d'un ton décidé en secouant la tête. J'ai décidé de me battre et de ne pas payer les pots cassés. Ma place est à Warragurra, où mes parents sont enterrés, où se trouvent mon travail et les gens que j'aime. Je refuse de me laisser chasser par une minorité. Je repars de zéro, et personne ne parviendra à me faire replonger dans le désespoir.

— Tous les mariages ne conduisent pas au désespoir. Certains sont des réussites parfaites.

— Peut-être… N'empêche que je n'ai aucune intention de tenter de nouveau l'expérience. La seule chose qui compte pour moi, Baden, c'est de faire correctement mon métier. Et ma défaillance d'aujourd'hui a peu de chances de se reproduire puisque, n'exerçant pas en ville, mes risques de faire une mauvaise rencontre sont limités. J'aurais sans doute dû te parler de ma situation dès le début, mais je ne pensais pas qu'elle aurait un impact sur notre travail. Je suis désolée que les circonstances t'aient forcé à mettre le nez dans mon passé sordide.

— Je n'ai jamais douté de ton professionnalisme, Kate. Je ne suis guère au courant des subtilités locales et j'étais loin d'imaginer que tu étais en butte à des difficultés de ce genre. Je trouve que tu as eu du cran de rentrer.

— J'ai le droit de vivre ici, seule si je veux. Et quand bien même cette maison serait trop grande pour moi, ce n'est pas le sectarisme de quelques-uns qui me forcera à en partir. Si je la vends un jour, ce sera parce que *moi* je l'aurai décidé, ajouta-t-elle avec un air de défi qui la rendait encore plus belle. Mais en attendant, j'ai parfois du mal à faire face…

Elle semblait si vulnérable, soudain, que Baden en oublia toutes ses bonnes résolutions. S'approchant d'elle, il passa ses bras autour d'elle.

— Là, là, détends-toi, murmura-t-il comme elle se raidissait. Tu es dans une mauvaise passe. Cela arrive à tout le monde.

Elle se laissa aller contre son épaule et il sentit son souffle tiède dans son cou. Il lui caressa les cheveux comme il caressait ceux de Sasha quand elle avait de la peine, mais cela lui procura un sentiment de plénitude qu'il n'éprouvait pas avec sa fille.

A l'instant où il se pencha pour lui poser un baiser sur le front, Kate leva la tête et leurs lèvres se rencontrèrent. Le baiser changea aussitôt de nature. Toute idée de consolation envolée, il ne songeait plus qu'à goûter cette bouche sublime. Kate gémit et ses lèvres s'ouvrirent sous les siennes. L'esprit en feu, il se perdit dans les profondeurs brûlantes et douces qui l'accueillaient, son désir trop longtemps refoulé se libérant soudain avec une force irrésistible.

Il sentit contre sa poitrine les seins durcis de la jeune femme quand elle lui passa les bras autour du cou puis l'agrippa par les cheveux afin de l'attirer encore plus à elle.

Perdant toute notion du temps et de l'espace, il détacha sa bouche de celle de Kate, laissa glisser ses lèvres le long de sa joue, de son cou…

Elle recula soudain, l'entraînant avec elle pour s'appuyer à un arbre tout en levant vers lui un regard voilé par le désir. Il la plaqua contre le tronc et elle lui défit fébrilement les boutons de sa chemise avant de poser ses mains à plat sur son torse. Le plaisir fut si intense qu'il en eut le souffle coupé.

La bouche de Kate ne lui suffisait plus. Il voulait davantage. Il voulait sentir le satin de sa peau contre la sienne, le poids de ses seins au creux de ses paumes. Il voulait la prendre maintenant, contre le tronc de cet arbre aux senteurs d'eucalyptus, et elle en avait manifestement autant envie que lui.

Sourd aux appels de la raison, il fit glisser le chemisier des épaules de la jeune femme, découvrant une peau d'un grain parfait, et des seins ronds et pleins aux mamelons dressés. Quand il y posa ses lèvres, elle s'arc-bouta contre lui avec un gémissement délicieux. La soulevant alors contre le tronc, il enfouit le visage dans son cou tandis qu'elle nouait ses jambes autour de lui. Plus rien n'existait que leur désir d'oublier le passé et de se fondre l'un dans l'autre…

La sonnerie de son portable retentit, le ramenant brutalement aux réalités.

— Tu ferais peut-être mieux de répondre, dit Kate dans un souffle.

Il acquiesça puis, après l'avoir aidée à reprendre pied sur le sol, il appuya sur le bouton vert du téléphone.

— Allô ? dit-il d'une voix enrouée.

— Allô, papa ? Où es-tu ? Il est 19 h 20 !

Sasha ! Il se rappela soudain avec un coup au cœur qu'il devait aller la chercher à la piscine ! Comment avait-il pu oublier sa fille ?

« Promets-moi que Sasha sera toujours ta priorité absolue ! » Les paroles d'Annie résonnèrent dans sa tête, accentuant son sentiment de honte. Il s'était conduit comme un gamin, laissant ses sens prendre le pas sur sa raison. Que pouvait-on penser d'un adulte, d'un médecin soi-disant responsable qui préférait prendre du bon temps avec son infirmière plutôt que d'assumer ses obligations paternelles ? Il était vraiment au-dessous de tout !

— J'arrive, ma chérie. Je serai là dans dix minutes, répondit-il, accablé de remords, avant de couper la communication.

Il se tourna vers Kate, qui se tenait à quelques pas, chemisier reboutonné, gracieuse et élégante. Seules ses lèvres légèrement gonflées rappelaient ce qui venait de se passer entre eux.

— Je suis désolé, marmonna-t-il.

— Oui…

Il se sentait lamentable. Non seulement il l'avait séduite en profitant d'un moment de faiblesse de sa part, mais il ne songeait à présent qu'à la planter là et à partir en courant !

— Je suis désolé, répéta-t-il. Il faut que j'y aille.

— Bien sûr, dit-elle avec un sourire forcé.

5.

— Bonjour, Baden.
— Bonjour, Kate. Ça va ?
— Oui, et toi ?
— Bien. Et Sasha ?
— Très bien, merci.

La tension était palpable, l'atmosphère lourde de non-dits. Contrairement à beaucoup de gens, Kate aimait bien les lundis matin, mais celui-ci était différent. Elle avait passé tout le week-end à se demander comment elle allait pouvoir se retrouver face à Baden après ce qui s'était produit entre eux le vendredi. Comment un simple baiser avait-il pu déclencher en elle une telle tempête et annihiler complètement sa volonté ? Elle en rougissait encore.

L'idée qu'elle aurait pu sans hésiter se donner à Baden dans le jardin avait quelque chose de terrifiant… et aussi de terriblement excitant.

Mais n'était-ce pas elle qui avait pris l'initiative ? L'expression horrifiée de Baden quand son téléphone avait sonné, et sa façon de la fuir comme si elle avait été le diable l'avaient profondément blessée. Etait-ce le souvenir de sa femme qui l'avait fait réagir ainsi ? Ou était-ce elle-même qui était en cause ? Avait-il craint qu'une aventure avec Kate Kennedy ne complique ses relations avec les gens de Warragurra ? Il n'y aurait rien eu d'étonnant à cela.

En attendant, la question était de savoir quelle attitude adopter vis-à-vis d'un patron à qui elle avait failli accorder ses dernières faveurs !

— As-tu les résultats d'analyses de Lucinda Masterton ? demanda Baden, impassible, en bouclant sa ceinture.

Il avait raison. La seule chose à faire était de se cantonner au domaine professionnel. Elle ouvrit sa mallette pendant que l'avion commençait à rouler sur la piste d'envol.

— Oui. Je vais l'inviter à participer à ma prochaine séance d'information sur le diabète.

— Bonne idée. Et as-tu pris des nouvelles de Caroline Lovett ? Emily était inquiète à son sujet.

— Je l'ai appelée la semaine dernière, mais si elle n'est pas à la consultation ce matin, j'irai moi-même la chercher chez elle.

— Avec le pick-up de Cameron ? demanda-t-il, narquois.

— Betsy est la preuve tangible qu'un camion n'a pas besoin de portes pour rouler…

Il éclata de rire et elle se sentit aussitôt envahie par une chaleur bienfaisante. Mais quand elle changea de position, son pied toucha la jambe de Baden et il se figea de nouveau.

Elle sentit son cœur se serrer. C'en était bien fini de leur complicité ! Jamais plus leurs relations de travail ne retrouveraient leur gaieté insouciante d'antan. Elle s'éclaircit la voix et se concentra sur ses dossiers.

— J'aimerais envoyer Prani Veejit au service d'endocrinologie de Warragurra, reprit-elle. Son taux de thyroxine est anormalement élevé.

Au bout de quatre heures de travail ininterrompu, Kate étira ses membres endoloris. Les endroits qu'elle trouvait pour tenir ses consultations étaient toujours des plus bizarres. Cette fois, c'était dans la cuisine du club de football local qu'elle avait installé son stérilisateur et sa table d'examen pliable. L'espace était si restreint qu'à chaque mouvement elle se cognait le dos au four à micro-ondes.

Il ne s'était pas tenu de consultation gynécologique à Gemton depuis plusieurs semaines, si bien que presque toutes les femmes de la région s'étaient présentées. Kate venait d'examiner la dernière de sa liste.

La consultation était aussi une occasion pour ces fermières qui vivaient dans des ranchs isolés de se retrouver pour échanger des nouvelles. Chaque fois que Kate était allée appeler une patiente dans le grand hall qui servait de salle d'attente, elle avait eu l'impression d'interrompre une réunion mondaine. Chacune de ces dames avait apporté quelque chose à manger — sandwichs, quiches, plateaux de fruits — et une bouilloire géante fonctionnait en permanence pour fournir l'eau nécessaire à d'innombrables tasses de thé. Kate avait avalé une telle quantité de génoise aux fruits de la passion qu'elle pourrait se passer de dîner !

— Une tasse, Kate ? proposa Esther Lucas, brandissant une grosse théière en acier inoxydable.

— Avec plaisir, merci.

Esther versa du thé dans un mug, qu'elle lui tendit.

— Vous n'avez pas chômé, aujourd'hui ! dit-elle avec un sourire. Je me demande si votre collègue a vu autant d'hommes que vous avez examiné de femmes.

— Il est vrai que les femmes consultent plus volontiers que les hommes. Mais comme Baden s'est installé dans le pub, il a peut-être eu un certain succès, répondit Kate en riant.

Esther se pencha vers elle avec un air de conspiratrice.

— Il y a tout de même quelqu'un qui aurait dû venir vous voir et qui ne l'a pas fait… Vous devriez aller bavarder un peu avec Brenda, là-bas.

— Bien sûr, si vous pensez que c'est utile.

— J'en ai l'impression. Brenda est à la peine en ce moment. La sécheresse a frappé dur sur leur ranch, et elle se dépense sans compter. Elle n'est passée que pour donner à Tilly son cadeau d'anniversaire, mais puisqu'elle est là…

Le merveilleux esprit de solidarité qui régnait dans les petites localités compensait largement la mesquinerie qu'on pouvait y rencontrer, et dont Kate avait fait l'expérience. C'était cet aspect positif de la vie provinciale qui permettait à la jeune femme de conserver malgré tout sa foi en l'avenir.

Comme elle se dirigeait vers Brenda, avec sa tasse, elle aperçut Baden qui entrait. Il fut aussitôt entouré de femmes qui le mitraillaient de questions.

— Un thé, docteur ?

— Est-ce que mon Geoff vous a parlé ?

— Voulez-vous une part de gâteau, ou un sandwich ?

— Comment va votre amour de fille ? C'est qu'elle doit avoir drôlement grandi !

En l'entendant répondre cordialement à chacune de ses groupies, Kate soupira. Quel contraste avec la froideur qu'il lui avait manifestée dans l'avion ! Mais l'heure n'était pas aux états d'âme. Brenda avait apparemment besoin d'aide.

La jeune femme eut un choc à la vue de la fermière. Affalée dans un fauteuil, les yeux clos, la tête basse, celle-ci semblait exténuée. Elle portait un jean délavé et ses mains fanées pendaient entre ses jambes. Sa large blouse de paysanne cachait mal un ventre proéminent. Elle semblait avoir pris beaucoup de poids en quelques mois, mais c'était un phénomène assez courant à l'approche de la ménopause.

— Vous êtes fatiguée, Brenda ? demanda Kate après s'être assise près d'elle.

La fermière ouvrit les yeux.

— Ah, Kate, vous êtes de retour ! dit-elle avec un faible sourire. Cela fait plaisir de vous revoir.

— Merci, vous êtes gentille. Comment allez-vous ?

— Vous savez ce que c'est…

— Pas vraiment. Si vous me racontiez un peu ?

— Nous sommes obligés d'acheter cher de l'aliment pour le bétail alors que le prix du bœuf n'a jamais été aussi bas, et Des est encore en plus mauvaise forme que moi. Je suis debout à 5 heures tous les matins et ne me couche jamais avant 23 heures. A ce régime-là, il n'y a rien d'étonnant à ce qu'on soit fatigué, je suppose.

— Cela n'a peut-être rien d'anormal, en effet, mais nous pourrions nous en assurer en faisant un check-up puisque vous êtes là, suggéra Kate. Une auscultation, une petite prise de sang et vous seriez fixée !

— Mais Des m'a dit que le médecin voulait repartir avant 14 heures, objecta Brenda, visiblement terrifiée à l'idée de subir un examen.

— Oh, je doute que Baden parvienne à se débarrasser de

ses admiratrices avant une bonne demi-heure. Cela nous laisse plus de temps qu'il n'en faut, dit Kate en se levant.

— Vous alors ! Quand vous avez une idée en tête… Bon, d'accord, allons-y puisque vous y tenez !

Brenda se leva à son tour et se dirigea vers la cuisine où Kate la suivit. Elle referma la porte derrière elles.

— Vous avez toujours des règles ? s'enquit-elle après avoir pris la tension et le pouls de Brenda.

— Oui, mais elles sont un peu irrégulières, et douloureuses, ce qui est nouveau.

— Les douleurs surviennent-elles juste pendant les règles, ou en dehors ?

— Les deux, en fait. Cela me fait mal aussi pendant les rapports. Non que nous en ayons souvent : fatiguée comme je suis, je préfère dormir… Et puis j'ai des nausées… A vrai dire, je crois que je suis enceinte, ajouta-t-elle en soulevant ses vêtements pour découvrir un abdomen très enflé. Kate, je ne peux pas avoir un enfant à mon âge !

— Faisons toujours un test de grossesse ! dit Kate en lui tendant un flacon.

— Ce ne sera pas un problème. J'ai tout le temps envie de faire pipi.

Le test se révéla négatif.

— Eh bien, voilà une hypothèse que nous pouvons écarter, commenta Kate. Maintenant je vais finir de vous examiner.

— Chic ! Au moins par ces chaleurs, vous n'aurez pas les mains froides, dit Brenda avec une expression résignée.

Kate lui palpa les seins, puis vérifia qu'elle n'avait pas de ganglions sous les bras.

— Parfait. A présent, passons au ventre…

Elle appuya doucement au niveau des ovaires et ses doigts ne tardèrent pas à rencontrer une grosseur. Soudain alertée, elle tâta de nouveau. Il y avait bien quelque chose.

— Brenda, je serais plus tranquille si Baden vous faisait un examen interne.

— Pourquoi ne le faites-vous pas vous-même, comme d'habitude ? demanda Brenda, aussitôt sur ses gardes.

— Je suis un peu rouillée après tous ces mois d'inactivité.

La fermière acquiesça, à l'évidence peu convaincue.

— Je vais le chercher, dit Kate en plaçant un drap sur elle.

Baden, toujours entouré de sa cour, la regarda d'un air interrogateur dès qu'elle sortit de la cuisine. Elle lui adressa un signe discret et il s'excusa aussitôt pour venir à elle.

— Besoin d'aide ?

— J'ai là Brenda Cincotta qui présente un tableau clinique avec règles irrégulières, nausées, indigestions, fréquence exagérée des mictions, dyspareunie et douleurs lombaires. De plus, j'ai décelé une grosseur à la palpation. Ce pourrait être un kyste de l'ovaire.

— Qu'a donné l'examen interne ? s'enquit-il d'une voix légèrement altérée.

— Je ne l'ai pas fait. Si j'avais de nouveau senti la grosseur, il aurait fallu que tu fasses une seconde exploration pour vérifier, et je pense que cela aurait été trop stressant pour elle. Je lui ai raconté que j'avais un peu perdu la main.

— Je doute qu'elle t'ait crue.

— Probablement, mais elle a accepté l'explication.

— Bon, je vais l'examiner.

Il posa la main sur la poignée de la porte de la cuisine puis se figea un instant, une expression inhabituellement crispée sur le visage, avant de respirer à fond et d'entrer.

— Bonjour, Brenda ! Ravi de vous voir. J'ai parlé à Des aujourd'hui. Je suis désolé que la sécheresse vous pose tant de problèmes, mais vous avez bien fait de prendre un peu de temps pour vous occuper de votre santé. Il paraît que vous avez un cycle un peu perturbé, ces temps-ci ?

— Je me croyais enceinte, mais ce n'est peut-être qu'un début de ménopause précoce.

— Eh bien, nous allons voir ça tout de suite !

— Ecoutez, il faut que nous rentrions au ranch. Des doit nourrir les bêtes, alors si vous pouviez faire assez vite…

Baden se mit à l'ouvrage, commençant par une palpation externe avant d'enfiler des gants pour procéder à l'examen interne. Intriguée par son comportement, Kate l'observait attentivement. Au bout d'un moment, elle vit son front pâlir et se couvrir de sueur. Il se redressa et retira les gants.

— Nous allons vous laisser vous rhabiller, dit-il en tendant à Brenda quelques feuilles de papier absorbant.

Puis il quitta la pièce sans ajouter un mot.

— Je reviens tout de suite, Brenda, promit Kate avant de le suivre dans un minuscule bureau qui jouxtait la cuisine.

— Ce n'est pas un kyste, n'est-ce pas ? demanda-t-elle.

— Il y a une grosseur de plus de cinq centimètres. C'est sans doute un cancer des ovaires… Nous allons l'évacuer immédiatement sur Warragurra pour des examens.

— Immédiatement ? Ne vaudrait-il pas mieux qu'elle rentre chez elle ce soir préparer une valise et que Des l'accompagne à l'hôpital demain ?

— Non, répliqua-t-il avec une violence qui la fit sursauter.

— Ce n'est pas urgent à ce point…

— Elle doit être évacuée aujourd'hui même, rétorqua-t-il, mâchoire et poings crispés.

— Mais il sera de toute façon impossible de lui faire subir des examens dès ce soir. En ne venant que demain, ils auraient le temps de s'adapter un peu à la situation.

— Personne ne s'adapte au cancer, Kate. Il lui faut un CA 125, une biopsie, une écho et une radio des poumons. Et je te jure qu'elle aura tout ça ce soir !

— Mais ce n'est peut-être même pas un cancer, balbutia Kate, perdant pied.

Baden jura entre ses dents.

— Ne rêve pas ! Elle a tous les symptômes, et une tumeur solide par-dessus le marché. Elle a besoin d'une opération et d'une chimio de toute urgence, et je ferai en sorte qu'elle les ait, même si je dois pour ça l'emmener à Sydney ou à Adélaïde moi-même.

Il semblait comme fou. Kate ne comprenait toujours pas pourquoi, mais une chose était certaine, si Brenda le voyait dans un tel état, elle serait complètement affolée !

— Baden, il serait peut-être préférable que ce soit moi qui lui annonce la nouvelle.

— Non, il n'y a que moi qui puisse le faire. Je suis le seul à pouvoir appréhender le problème.

Kate eut l'impression de recevoir une gifle. Pourtant, son

instinct lui criait que l'attitude anormale de Baden trahissait un malaise profond. Elle s'interposa entre lui et la porte sans savoir si c'était Brenda ou Baden lui-même qu'elle cherchait à protéger.

— Baden, que se passe-t-il ?

— Il ne se passe rien du tout, répondit-il, le regard furibond. Ecarte-toi, que je puisse aller voir ma patiente !

— Brenda est aussi *ma* patiente, répliqua-t-elle, sans bouger malgré ses jambes tremblantes. Je ne t'ai jamais vu réagir ainsi, même quand tu suspectais un cancer du côlon chez Mme Hutton. En quoi le cas de Brenda est-il différent ?

Il se détourna brusquement pour agripper le dossier d'une chaise avec une telle force que ses jointures blanchirent.

— Le cancer des ovaires a empoisonné quatre ans de ma vie.

— C'était ta spécialité à l'hôpital d'Adélaïde ?

Il lui jeta un regard vide qui la fit frissonner.

— C'est un cancer des ovaires qui m'a pris ma femme. Annie est morte il y a deux ans ce mois-ci.

Kate dut s'appuyer à la porte pour ne pas tomber.

— Oh, je suis désolée, Baden, je ne savais pas…, balbutia-t-elle, honteuse d'avoir exacerbé sa douleur en le forçant à évoquer cette horreur.

— Je n'en parle pas souvent, dit-il en se frottant les yeux. Merci.

— Merci ? Il n'y a vraiment pas de quoi… J'ai plutôt l'impression d'avoir aggravé ta peine.

— Tu m'as surtout empêché de laisser mes sentiments personnels influer sur mon comportement vis-à-vis d'une patiente. Tu as eu raison de t'interposer. Si je lui avais parlé il y a deux minutes, elle aurait été terrifiée.

Il sortit son portable et le lui tendit.

— Je voudrais que tu appelles la base et que tu prennes tous les rendez-vous nécessaires pour demain, comme tu l'as suggéré.

— Tu ne veux pas que j'aille avec toi parler à Brenda ?

— Non. Il vaut mieux que nous nous répartissions les tâches pour gagner du temps.

— Tu es sûr ? Parce que…

— Ne t'inquiète pas, ça va aller. Février est un mois un peu difficile pour moi, voilà tout.

— Veux-tu venir dîner à la maison avec Sasha ce soir ? proposa-t-elle sans réfléchir. Je pense qu'elle serait ravie de faire une promenade à cheval ou en canoë.

— Cela lui plairait sûrement beaucoup, mais elle a école demain, répondit-il avec une expression énigmatique.

— Ce week-end, alors ?

— Kate, m'aurais-tu invité à dîner il y a une demi-heure ? demanda-t-il en vrillant son regard au sien.

— Eh bien, je… Euh… Oui.

— Tu sais aussi bien que moi que ce n'est pas vrai. Nous ne sommes que collègues. Tu ne dois pas te sentir obligée de me materner. Je n'ai pas besoin de pitié. Sasha et moi vivons seuls depuis deux ans et nous nous en sortons très bien. La vie continue.

Elle comprenait mieux à présent pour quelle raison leur baiser n'avait pas eu de suite ! Le cœur de Baden appartenait à une autre femme. Elle n'était pour lui qu'une relation de travail. Et, après tout, n'était-ce pas ce qu'elle souhaitait — une vie sans complication ni liens affectifs destructeurs ? Alors pourquoi se sentait-elle si frustrée tout à coup ?

Baden était assis à sa table de cuisine, divers catalogues touristiques étalés devant lui. S'absorber dans la préparation de ses vacances lui permettait d'oublier un peu que Kate lui manquait.

La semaine avait été éprouvante. Après avoir appris la mauvaise nouvelle à Brenda et Des, il les avait soutenus pendant la durée des examens, dont les résultats avaient malheureusement confirmé son premier diagnostic. Brenda avait donc été envoyée à Sydney pour y être opérée. Kate, qui l'accompagnait, avait appelé Baden pour l'informer que l'intervention s'était bien passée et que Brenda commencerait sa chimiothérapie avant de quitter l'hôpital.

De nouveau, l'image de Kate, avec ses courbes parfaites et son regard rieur, qui le hantait sans arrêt depuis qu'elle était partie, flotta devant ses yeux.

Sasha lui passa les bras autour du cou et se pencha par-dessus son épaule, ravivant sa mauvaise conscience.

— Je croyais que nous ne pouvions pas prendre de vacances avant que tu aies travaillé ici une année complète, dit-elle en regardant les brochures. Oh, regarde !

S'asseyant sur ses genoux, elle prit le catalogue des parcs à thèmes du Queensland. Baden désigna un prospectus montrant un paysage tropical avec des parasols multicolores.

— Tu ne préférerais pas Bali ? Maman en rêvait.

Le regard de Sasha se fit lointain.

— Ce serait super de faire les parcs à thèmes... Thalassopolis, par exemple, est très instructif.

— Nous pourrions aller à Bali, cette fois, et faire les parcs l'an prochain...

— Je ne veux pas aller à Bali !

— Mais ça fait partie des choses que nous avions prévu de faire avec maman, dit Baden, surpris.

— Seulement maman n'est plus là.

Alors qu'il l'enlaçait, sa fille se dégagea.

— Pourquoi faut-il toujours qu'on fasse ce que maman voulait ?

— D'abord, ce n'est pas vrai, nous ne faisons pas toujours ce qu'elle voulait...

— Si, c'est vrai ! Nous sommes venus à Warragurra rien que parce que c'était son idée.

— Mais tu t'es fait plein d'amis, ici. Tu ne t'y trouves pas bien ? demanda-t-il en la serrant de nouveau contre lui.

Elle le repoussa et descendit de ses genoux.

— Je me serais peut-être trouvée aussi bien en restant à Adélaïde. Et puis tu ne faisais pas toujours ce que maman voulait quand elle était vivante ! cria-t-elle, les larmes aux yeux. Je n'irai pas à Bali. Je veux aller où moi j'ai envie !

Elle sortit de la cuisine comme un ouragan et alla s'enfermer dans sa chambre dont elle claqua la porte.

Ecartant les catalogues, Baden posa ses coudes sur la table et se prit la tête entre les mains. A l'évidence, la puberté avait commencé son œuvre chez Sasha. Il se sentait à la fois désemparé et indigné par le soudain caprice de sa fille.

Mais il fallait admettre qu'elle n'avait pas eu tout à fait tort en affirmant qu'il ne s'était pas toujours conformé à la volonté d'Annie. Il y avait souvent eu des désaccords entre eux, et des discussions animées sur toutes sortes de sujets. Quant au voyage à Bali, y tenait-il vraiment ? En fait, Annie vivante, il aurait sans doute soutenu l'idée de Sasha !

Il se leva avec un soupir et se versa un verre de jus d'orange. Devait-il demander conseil à quelqu'un à propos des sautes d'humeur de Sasha ? Il songea à Kate, et à sa précieuse expérience avec les Guides… pour se rappeler aussitôt qu'il s'était aliéné les bonnes grâces de la jeune femme. En effet, depuis qu'il avait refusé son invitation à dîner, elle se comportait vis-à-vis de lui avec la plus grande réserve, se contentant de faire parfaitement son travail mais sans manifester le moindre sentiment.

Il aurait dû se réjouir de cette distance qu'elle mettait entre eux. N'était-ce pas ce qu'il avait souhaité lui-même, pour le bien de sa fille ?

Pourtant, c'était du remords qu'il éprouvait à présent, en regardant les premières étoiles s'allumer dans le ciel rose et gris. Qu'aurait-il risqué à accepter cette innocente invitation ? En la déclinant, il n'avait réussi qu'à détériorer ses relations professionnelles avec Kate, or ils étaient appelés à travailler ensemble durablement, et il importait pour le bien des malades qu'ils forment une équipe soudée.

Il n'en pouvait plus de cette atmosphère empesée qui régnait entre eux. Leur badinage et leurs éclats de rire complices lui manquaient.

Il n'avait qu'une solution : demander pardon à Kate et lui offrir son amitié. Tisser des liens de franche camaraderie avec elle ne présenterait aucun danger pour Sasha.

Satisfait, il se promit de présenter ses excuses à la jeune

femme à la première occasion. Mais, auparavant, il devait aller faire la paix avec sa fille.

Peut-être pourrait-il lui proposer quatre ou cinq jours de randonnée à pied dans l'arrière-pays en échange de quelques visites de parcs à thèmes ? Une idée à étudier…

6.

— Bonsoir, Koala, à bientôt ! cria Erin en se retournant dans sa course pour agiter la main.

— C'était vraiment super ce soir, merci, dit Phoebe.

— Je suis contente que vous vous soyez bien amusées. A la semaine prochaine.

Depuis sa véranda, Kate saluait chacune de ses Guides et les regardait sauter dans les voitures de leurs parents puis la saluer bruyamment une dernière fois par les vitres ouvertes tandis que le véhicule s'éloignait dans un crissement de pneus.

Elle avait organisé une soirée spéciale pour elles à Sandon. Elles avaient allumé un feu de camp, confectionné des galettes de pain, fait griller des marshmallows et avaient joué à Tarzan en se lançant dans le vide accrochées à une corde pour se laisser tomber dans la mare. Deux filles étaient venues à titre d'invitées et Kate avait bon espoir d'en faire des nouvelles recrues. Le bruit se répandait à l'école qu'on ne s'ennuyait pas aux Guides.

Refermant la porte, elle jeta un coup d'œil à sa montre avant de se diriger vers la cuisine, où attendait une dernière Guide que son père n'était pas encore venu chercher.

Assise par terre en tailleur, Sasha caressait un chaton noir qui tentait désespérément de fuir en se tortillant dans tous les sens.

— Qu'est-ce qu'il est mignon, Kate ! Comment s'appelle-t-il ?

— Blanche-Neige, c'est une chatte.

— Mais elle est toute noire, à part le bout de ses pattes ! Ah, j'y suis ! C'est le genre de plaisanterie idiote que papa fait tout le temps… Oh, excuse-moi, je ne voulais pas dire que tu étais idiote.

— Ce n'est pas très malin de ma part de l'avoir appelée ainsi, tu as raison, répondit Kate en s'esclaffant. Mais j'ai trouvé ça drôle, et j'avais bien besoin de rire le jour où je l'ai eue.

— Pourquoi ?

— J'avais appris une mauvaise nouvelle à propos d'une patiente qui m'était sympathique. Il arrive parfois des catastrophes à des gens qu'on aime et on trouve cela absurde.

— Oui, je sais… Ma maman est morte d'un cancer quand j'étais en CM2.

— C'est dur.

— Oui, murmura Sasha en serrant le chaton contre elle.

— Elle doit te manquer.

— Bien sûr, mais…

— Tu peux parler librement ici, tu sais. Il n'y a que moi et Blanche-Neige.

— Tu oublies les chevaux, les poules et le chien, dit Sasha en adressant un signe de la main à Rupert, le golden retriever, qui les regardait à travers la porte-fenêtre, l'air très malheureux de voir sa place à l'intérieur de la maison usurpée par un vulgaire chat.

— C'est exact, mais je leur ai appris à tenir leur langue.

Sasha hésita un instant, puis les mots sortirent.

— Tout le monde me répète que maman doit me manquer, et c'est vrai qu'elle me manque, mais pas tout le temps… Certains jours, il m'arrive même de ne pas penser à elle jusqu'au moment d'aller me coucher et j'ai honte.

— Ta réaction est normale, commenta Kate en s'asseyant près d'elle pour lui entourer les épaules de son bras. Ta maman n'aimerait sûrement pas que tu te morfondes en permanence. Elle préférerait savoir que tu grandis, que tu es heureuse, que tu découvres des choses nouvelles.

— Elle me manque surtout le jour de mon anniversaire… ou à certains moments, comme la semaine dernière, quand mon équipe de tennis s'est qualifiée pour la finale. J'aurais tellement voulu pouvoir le lui annoncer… Parfois aussi, je me mets à avoir honte quand je suis en train de vraiment bien m'amuser. Ce soir, par exemple, quand nous avons joué à Tarzan… Maman ne m'aurait jamais laissée faire ça ! Elle était très stricte.

— Elle ne t'aurait sûrement pas interdit de sauter dans l'eau maintenant que tu as douze ans et que tu sais nager, dit Kate qui se releva et renoua son sarong. Je vais me faire un granité au café. Veux-tu que je te prépare un milk-shake à la glace ? Cela aide à voir la vie du bon côté.

— Oh oui, merci !

— Chocolat, caramel, fraise ou bleu des mers du sud ?

— Tu as tous ces parfums, toi ?

— Absolument. On peut très bien grandir et rester gourmande, répondit Kate en riant.

Elle sortit le mixeur et posa sur le bar les flacons de nappages, que Sasha se mit à examiner un à un après être venue s'asseoir sur un tabouret. Une idée germa alors dans l'esprit de Kate tandis qu'elle mélangeait ses ingrédients.

— Sasha, tu te souviens de notre discussion de la semaine dernière, à propos des épreuves que tu pourrais choisir pour passer aspirante ?

— Oui. Je pensais prendre « randonnée et bivouac » pour commencer. Je suis déjà allée en marchant de chez moi jusqu'à Ledger's Gorge. J'ai bien aimé ces gorges. C'est un endroit où on peut réfléchir tranquille.

— Je comprends. Nous avons tous besoin d'un lieu de ce genre pour faire le point quand les choses vont mal.

— Oui… Mais il faut que je passe deux épreuves, non ?

— C'est exact. « Randonnée et bivouac » est un bon premier choix. Pour la seconde épreuve, je te proposerais de prendre « solidarité » et d'aider à lever des fonds pour financer la mise au point d'un test de détection précoce du cancer des ovaires. Tu ferais ainsi quelque chose de vraiment utile, et dont ta maman serait fière. Bien sûr, tu ne ferais pas tout toute seule, les autres Guides t'aideraient. Nous pourrions laver des voitures, vendre des gâteaux…

— Ou organiser une soirée de cinéma en plein air ! Tu sais, un *drive-in*, comme ça se faisait dans le temps ! suggéra Sasha, les yeux brillants d'enthousiasme.

L'expression « dans le temps » fit sourire Kate, qui avait elle-même connu les « cinéparcs » quand elle était enfant, mais l'idée était bonne. Décidément, ses Guides la surprendraient toujours par leur inventivité !

— C'est une excellente idée, dit-elle en sortant la crème glacée du congélateur. Ce serait l'occasion pour toutes les filles de compléter certains de leurs brevets et nous pourrions aussi nous faire aider par d'autres associations. Ce ne sont pas les endroits qui manquent à Warragurra pour installer un *drive-in*, et je pense que l'opération intéresserait l'hôpital, qui s'y associerait sûrement. A mon avis, tout pourrait être prêt d'ici à deux mois et demi.

— Avec Erin, je vais faire une liste de films et…

Sasha fut interrompue par le carillon de l'entrée et les aboiements de Rupert.

— Voilà papa ! s'écria-t-elle avant de se précipiter dans le hall, Blanche-Neige sur ses talons.

Baden ! Le pouls de Kate s'accéléra et elle se sermonna intérieurement. Etant restée à Sydney avec Brenda, elle ne l'avait pas vu pendant une semaine, mais ce n'était pas une raison pour s'emballer. Rien n'avait changé depuis qu'il avait refusé son invitation à dîner en lui signifiant clairement qu'elle n'était qu'une collègue à ses yeux. Il venait chez elle pour chercher sa fille, rien de plus. Et c'était tant mieux !

Elle prit une profonde inspiration puis se dirigea vers l'entrée, d'où provenait un tintamarre indescriptible.

Baden se tenait sur le seuil, les cheveux mouillés comme s'il sortait de la douche. Il portait un bermuda gris tenu par une ceinture marron et une chemise blanche à col ouvert qui, par contraste, donnait à son bronzage un aspect doré. Comment faisait-il pour avoir l'air toujours plus séduisant ?

Rupert courait en aboyant après Blanche-Neige qui, miaulant de terreur, sauta sur la jambe de Baden et s'agrippa à son short de toutes ses griffes. Cherchant à chasser le chat, Baden se mit à danser sur place avec des contorsions du plus bel effet et Kate eut beaucoup de mal à ne pas éclater de rire.

Pendant ce temps, indifférente aux mésaventures de son père, Sasha faisait des bonds devant lui sans cesser de jacasser.

— Papa, c'est vraiment cool ici ! Ça, c'est Blanche-Neige, elle est nouvelle. Et lui, c'est Rupert. Il était déjà là avant. Assis Rupert !

Le ton autoritaire de la fillette surprit le chien, qui obéit, mais sans quitter le chat des yeux.

— Et j'ai appris à allumer un feu, et en plus, on va faire une séance de *drive-in* pour avoir de l'argent contre les cancers comme celui de maman, et…

Baden leva une main tout en attrapant de l'autre le chaton par la peau du cou.

— Du calme, Sash ! dit-il en riant. Tout cela m'a l'air passionnant, mais le pauvre cerveau fatigué de ton vieux père ne peut enregistrer qu'une information à la fois.

Il regarda Kate par-dessus la tête de Sasha et son expression redevint sérieuse.

— Navré d'être en retard, dit-il d'un ton neutre qui mortifia la jeune femme.

— Ce n'est pas grave, répondit-elle, s'efforçant de faire bonne figure. Les autres ne sont parties que depuis un quart d'heure. Sasha et moi en profitions pour faire connaissance… Désolée que la chatte t'ait pris pour un arbre.

Baden maintint Blanche-Neige contre lui d'une main ferme et se pencha pour gratter Rupert derrière l'oreille.

— Les chats raffolent de moi, mais personnellement, je choisis le camp du chien, dit-il.

— Papa, Kate me faisait un milk-shake, intervint Sasha. Je peux rester pour le boire ? S'il te plaît ! Tu peux en avoir un aussi… Si tu es d'accord, bien sûr, Kate.

La jeune femme ouvrit la bouche pour confirmer l'invitation, mais ce fut Baden qui parla le premier.

— Qu'en dis-tu, Kate ? Trouverais-tu que nous abusons si nous restions boire un milk-shake ?

— Pas du tout, répondit-elle, ravie autant que stupéfaite.

— Papa, comme parfum, elle a même bleu des mers du sud !

— Vraiment ? Dans ce cas, Kate, nous ne pouvons pas faire autrement que d'accepter ton invitation, dit-il en lui adressant un sourire irrésistible.

*
* *

Baden regardait sa fille, assise à la table de jardin, déguster avec ravissement un milk-shake bleu surmonté d'une montagne de chantilly avec une cerise au sommet.

La préparation des boissons s'était déroulée dans la plus parfaite bonne humeur, émaillée de rires et de taquineries. Sasha, souvent réservée en présence des grandes personnes, s'était changée en véritable moulin à paroles au contact de Kate. Et elle était très excitée par son projet de *drive-in*.

Kate lui demandait son avis sur toutes sortes de choses et l'aidait avec doigté à transformer son enthousiasme débordant en projets concrètement réalisables. Baden suspectait la jeune femme d'être derrière cette initiative de collecte de fonds contre le cancer des ovaires, mais il trouvait la démarche excellente à tous points de vue.

— Kate a des idées super cool, déclara Sasha en raclant le fond de son verre avec sa longue cuiller.

— J'espère que tu mesures bien la portée du compliment, Kate, dit Baden en riant.

— Bien sûr. Quand j'entends « super cool » ou « c'est trop génial », je sais que je suis sur la bonne voie.

Rupert, un bâton dans la gueule, vint vers Sasha et la regarda avec insistance.

— Je peux jouer avec lui ? demanda-t-elle, se levant déjà.

— Pas longtemps, alors, répondit Baden. Il va bientôt être l'heure de partir… Et mets-toi du produit contre les moustiques ! Le soleil se couche et ils ne vont pas tarder à arriver. Il ne faudrait pas que tu attrapes la malaria.

— Papa, je t'en prie ! s'exclama Sasha, les yeux au ciel.

Kate prit un stick et des allumettes sur une desserte derrière elle, qu'elle tendit respectivement à Sasha et à Baden.

— Tiens, Sasha, enduis-toi la peau avec ça, dit-elle. Pendant ce temps-là ton père n'a qu'à allumer les torches à la citronnelle. Comme ça nous serons tous protégés.

— D'accord, répondit Sasha. Allez, papa, au boulot !

— Viens un peu par ici, espèce d'insolente !

Empoignant sa fille, il se mit à la chatouiller, ce qui la fit rire aux éclats tandis qu'elle se dégageait pour s'enfuir sur la pelouse, le stick à la main et Rupert à ses trousses.

Baden alluma les torches tout en réfléchissant à la petite scène qui venait de se dérouler. Avec tact, Kate avait désamorcé un nouveau conflit entre lui et Sasha et avait réussi à transformer un moment de tension naissante en un de ces instants de complicité père fille qu'il aimait tant.

Il se tourna vers la jeune femme. Elle était toujours assise, ses cheveux et son visage baignés par les derniers rayons du soleil qui doraient sa peau, mettant en valeur ses pommettes et ses lèvres. Il eut brusquement chaud quand leurs regards se croisèrent, et alors qu'il soufflait l'allumette qu'il tenait, il regretta de ne pas pouvoir éteindre aussi facilement le feu qui le consumait.

— Tu as une charmante petite fille, Baden, déclara Kate après avoir suivi un instant des yeux Sasha et Rupert.

— C'est vrai qu'elle est mignonne… Sauf quand elle ne l'est pas !

— Nous avons tous nos moments difficiles…

Elle se laissa aller contre le dossier de son fauteuil en osier et son sarong s'écarta légèrement, découvrant une petite surface de peau dont Baden eut du mal à détacher son regard.

— Tu as raison, dit-il après s'être éclairci la voix. Moi-même, j'ai eu un comportement dont je ne suis pas très fier, la semaine dernière…

Elle le dévisagea, l'air surpris, mais resta silencieuse.

— J'ai réagi comme un goujat quand tu nous as invités à dîner, Sasha et moi. Je voudrais te présenter mes excuses.

— Février est un mois particulier pour toi. Chacun affronte ce genre de période comme il peut, et certains préfèrent le faire seuls. Je comprends cela.

— N'empêche que je n'avais pas à te rembarrer alors que tu voulais seulement m'aider…

— Tu n'as rien à craindre de moi, tu sais, dit-elle après l'avoir regardé quelques secondes droit dans les yeux. Je n'ai aucune intention de te courir après.

Il eut l'impression de recevoir un coup dans la poitrine. Elle avait lu en lui comme dans un livre ouvert !

— Après ce que j'ai vécu, je fuis les aventures comme la peste, et je pense qu'il en va de même pour toi, reprit-elle. Mais j'aimerais croire que nous pouvons être amis.

Baden se sentit soudain libéré d'un grand poids.

— Etre ton ami ne me dérangerait pas du tout, au contraire. Tu as vu juste. Sasha occupe toute la place dans ma vie, et j'ai déjà bien du mal à jongler avec mes rôles de père et de médecin.

— Je trouve que tu réussis très bien dans les deux.

— Dans mon rôle de médecin, je veux bien. Mais pour ce qui est d'élever ma fille, c'est autre chose. Elle n'a pas eu la vie facile. La maladie de sa mère a été une épreuve pour elle.

— Pour toi aussi, j'imagine.

— Oui. Annie et moi étions ensemble depuis le lycée. Nous nous connaissions si bien que l'un pouvait finir une phrase qu'avait commencée l'autre. Il y avait parfois des désaccords entre nous, bien sûr, mais nous savions les mettre entre parenthèses pour décider ensemble de ce qui convenait le mieux pour Sasha… Le cancer nous a volé tout ça. Sasha a encore tant de « grandes premières » devant elle, et Annie ne sera plus là pour fêter ses succès.

— Mais toi, tu seras là, dit Kate en lui touchant la main.

— Je me demande si cela suffira. J'essaye de l'aider en conservant les choses dans l'état où elles auraient été si sa mère avait survécu.

— Comment est-ce possible, alors que c'est justement le décès de sa mère qui a tout changé ?

— C'est simple, je continue d'appliquer le plan que nous avions élaboré avec Annie.

— Et c'est pour te conformer à ce plan que tu es venu à Warragurra ?

— Tout à fait. Il était impératif de faire ce qui était prévu.

— Vraiment ? Tu sais, Sasha me semble assez mûre pour son âge. Je pense qu'elle a plus de capacités à rebondir que tu ne le crois.

— Si elle a retrouvé un équilibre, c'est uniquement parce que nous avons suivi notre plan, répliqua Baden, agacé qu'elle refuse de comprendre. Il était important pour elle de venir ici parce que cela avait été la volonté de sa mère.

— A mon avis, c'est surtout pour toi que c'était important. Tu voyais en Warragurra un repère rassurant.

Il resta un instant sans voix. Comment osait-elle insinuer qu'il avait agi dans son propre intérêt, et non dans celui de Sasha ? Cette fois, elle se trompait sur toute la ligne.

— Ma décision de m'installer ici était mûrement pesée. Je ne suis pas accablé de douleur au point de suivre aveuglément un chemin tout tracé.

— Ce n'est pas ce que j'ai dit.

Le ton calme de Kate l'exaspéra encore un peu plus.

— J'aurais pu travailler n'importe où, mais les enfants ont besoin de stabilité, et c'est ce que j'apporte à Sasha. Je sais que sa mère lui manque, donc j'essaye de lui faciliter les choses au maximum.

— Il est impossible de mettre les gens qu'on aime à l'abri de tout. Les surprotéger est parfois même le pire service qu'on puisse leur rendre…

— Mais je ne surprotège pas Sasha ! protesta-t-il, tout en s'efforçant de ne pas élever le ton. J'agis dans son intérêt en faisant ce que sa mère souhaitait pour elle.

Il se rendit compte qu'il était en fait en train de quémander l'approbation de la jeune femme. C'était ridicule ! Qu'avait-il à faire de son opinion ?

— Papa ! Kate ! Enlevez le Frisbee à Rupert avant qu'il se sauve avec ! cria Sasha, montrant le chien qui courait.

Laissant Baden à ses états d'âme, Kate se leva en riant, rattrapa Rupert en quelques enjambées et roula joyeusement avec lui sur la pelouse.

Baden se sentit soudain très seul. Il aurait voulu partager cet instant de gaieté avec Kate, sentir ses bras autour de lui…

Mais cela ne faisait pas partie de son plan. Son objectif était de tenir sa promesse et de veiller sur Sasha. Il devait agir en adulte responsable et maintenir son cap, quel que fût l'avis de sa fille, ou d'une collègue plus qu'attirante, mais qui n'avait jamais eu d'enfant.

C'était lui qui avait raison. Il n'avait pas lieu d'en douter.

7.

Kate sortit de l'ascenseur au deuxième étage. Les odeurs qui assaillirent aussitôt ses narines la ramenèrent quatre ans en arrière, à l'époque où elle travaillait dans ce même service de l'hôpital de Warragurra. Elle suivit le couloir jusqu'à la chambre 7E, frappa et entrouvrit la porte.

— Brenda, c'est Kate, dit-elle.

— Ah, entrez, Kate, répondit une voix fatiguée.

La jeune femme alla s'asseoir dans le fauteuil près du lit après avoir refermé sans bruit la porte derrière elle. Un turban rouge pendait à l'un des crochets de la potence pour perfusions, à l'autre était suspendue la poche contenant le cocktail chimiothérapique que l'on administrait à Brenda.

— J'ai appris que vous étiez là, alors j'ai décidé de passer vous faire un petit coucou.

— C'est gentil à vous, Kate. Visiter des malades après une journée de travail n'est pas exactement un moyen de se détendre, commenta Brenda avec un faible sourire.

Kate lui pressa la main.

— Comment se passe la chimio ?

— Bien. J'en suis à ma troisième séance depuis deux mois, et j'en ai encore autant qui m'attendent. C'est fou ce que les trois semaines entre chaque séjour ici passent vite ! La première fois, j'appréhendais les effets secondaires du traitement, mais en fait, je n'ai pas trop la nausée grâce aux antiémétiques qu'on me donne… Quant à mes cheveux, comme vous voyez, ils sont tous tombés. Vous n'avez pas idée du temps que je gagne, maintenant que je n'ai plus à les sécher !

Kate sourit. L'humour et la combativité de Brenda n'étaient

décidément pas des légendes ! Même face au cancer elle trouvait le moyen de plaisanter.

— Mangez-vous suffisamment ? Vous semblez amaigrie.

— Chez moi, je mange quand j'en ai envie. Ici, la cuisine n'est pas toujours très appétissante…

— Je peux vous apporter quelque chose qui vous ferait plaisir ? proposa Kate. Tenez, je fais une soupe au riz qui est un vrai régal. Je pourrais vous en préparer un peu pour ce soir.

— C'est aimable à vous, mais…

Brenda s'interrompit en entendant frapper à la porte, et Kate vit entrer Baden, un Tupperware à la main.

— Bonjour ! Voici votre commande !

— Ah, je vois que Baden s'est mis aux fourneaux plus vite que moi ! commenta Kate.

— C'est plutôt Walter Wong qui s'y est mis, rectifia-t-il. Mon consommé de poulet n'est pas mauvais, mais le sien est imbattable pour vous remettre d'aplomb…

Il tendit à Brenda le Tupperware et une cuiller chinoise.

— Mangez pendant que c'est chaud !

— Comme ça sent bon ! s'exclama Brenda. Je vous remercie d'avoir pensé à moi, Baden. D'habitude, Des m'apporte ce qu'il faut, mais aujourd'hui, il a dû rentrer au ranch nourrir les bêtes.

— Ne me remerciez pas, le plaisir est pour moi, assura Baden tout en prenant la fiche de Brenda.

— Tu ne peux pas t'empêcher de jouer au docteur, n'est-ce pas ? remarqua Kate en riant.

— Je vérifie juste que l'oncologiste n'a rien oublié… Brenda, insistez bien pour que les infirmières vous donnent la dexaméthasone au bon moment !

— A vos ordres, docteur, répliqua Brenda, mimant un salut militaire avec la cuiller.

Baden éclata de rire.

— Très bien, puisque vous semblez disposée à obéir, je vais vous donner une autre consigne. Dès que vous aurez fini votre soupe, je vous ordonne de dormir pour pouvoir profiter de la visite de Des demain ! Kate et moi allons vous laisser tranquille à présent. Nous vous verrons à la consultation de Gemton, dans quinze jours.

Brenda posa sa cuiller et tendit les mains pour les toucher tous les deux.

— Je vous remercie pour tout ce que vous faites, l'un comme l'autre. C'est trop.

— Heureux de pouvoir vous rendre service, marmonna Baden d'un ton bourru.

— A dans quinze jours, Brenda, dit Kate. Il me tarde de voir à quoi vous ressemblez avec votre turban sur la tête.

— En réalité, je vous reverrai avant Gemton car je serai à la soirée *drive-in*. J'y ai aussi invité toute ma famille, y compris mes cousins de Dubbo. Les femmes porteront un turban bleu-vert, la couleur qui symbolise la lutte contre le cancer des ovaires dans le monde entier.

— C'est fantastique, commenta Kate, émerveillée par tant de courage.

— Baden m'a expliqué que le test CA 125 donne parfois des résultats positifs alors que les patientes concernées n'ont en fait qu'un fibrome ou une endométriose, reprit Brenda. Dans mon cas, malheureusement, il n'y avait pas d'erreur, mais il me semble important que des tests plus fiables soient mis au point afin d'éviter un stress inutile à d'autres femmes dans l'avenir. Ce sera mon combat, désormais… Mais assez de discours ! Allez-vous-en maintenant ! Ma soupe refroidit.

Baden posa la main sur l'épaule de Kate et la poussa vers la porte. Elle attendit qu'ils soient dans le couloir pour se dégager à contrecœur.

— Je ne m'attendais pas à te voir ici.

— Ma visite n'était pas prévue. Sasha a été invitée à l'improviste chez Phoebe Walton, et j'en ai profité pour venir voir Brenda. Et toi ?

— Oh, je n'avais rien de particulier à faire, alors j'ai eu l'idée de passer un instant avec elle avant de rentrer.

Il la dévisagea un instant, les mains dans les poches, sexy en diable avec ses joues mal rasées et son regard malicieux.

— Plutôt que d'errer comme des âmes en peine dans un hôpital un vendredi soir alors que personne ne nous attend chez nous, pourquoi ne dînerions-nous pas ensemble ? Je ne dois aller chercher Sasha qu'à 22 heures.

— Pourquoi pas ? dit-elle, ignorant la petite voix qui lui criait prudence. Où allons-nous ?

Après tout, leurs relations étaient redevenues parfaitement amicales depuis la discussion qu'ils avaient eue chez elle, et même si ses fantasmes n'avaient pas disparu pour autant, elle devait bien apprendre à les contrôler.

— L'Hôtel Royal est tout près, et Jen ne tarit pas d'éloges sur l'entrecôte qu'elle y a dégustée l'autre soir, répondit Baden en appelant l'ascenseur.

Kate se sentit soudain pâlir.

— Je ne peux pas aller au Royal…

— Tu ne peux pas, ou tu ne veux pas ?

— Tu sais très bien ce qu'il en est. Comment peux-tu me proposer une chose pareille ?

Les portes de l'ascenseur s'ouvrirent et Baden l'entraîna dans la cabine. Elle appuya d'un geste rageur sur le bouton du rez-de-chaussée, la colère prenant en elle le pas sur l'effroi et la panique.

— Cette ville est la tienne, Kate, et tu as le droit de dîner où bon te semble. Le Royal est le meilleur restaurant de Warragurra. Il vient d'obtenir trois toques pour sa cuisine du terroir et je tiens à te faire connaître sa carte.

— Mais tu ne comprends donc pas ? Cet hôtel appartient à la famille de Shane.

— Tu ne peux pas vivre cachée jusqu'à la fin de tes jours…

— Ma présence au Royal serait ressentie comme une provocation par les Kennedy, tu ne peux pas l'ignorer.

L'ascenseur étant parvenu à destination, elle en sortit presque en courant, sourde aux appels de Baden. Mais il la rattrapa, la prit par la main et l'attira dans un bureau vide dont il referma la porte.

— Parlons un peu de cette histoire !

Furieuse, elle dégagea sa main… pour se sentir aussitôt désemparée comme un navire ayant rompu ses amarres.

— Il serait temps que tu cesses de culpabiliser pour un drame dont tu n'es en rien responsable, tu ne crois pas ? reprit Baden. On dirait que tu agis uniquement en fonction de ce que peuvent ressentir les Kennedy. Ce n'est pas en te dérobant que tu résoudras le problème.

— Je ne me dérobe pas du tout ! La preuve, je suis revenue à Warragurra, je m'occupe des Guides…

—… Et tu fuis le centre-ville comme la peste !

— Je ne veux pas brusquer les parents de Shane. Il leur faut du temps pour faire leur deuil.

— Ils ont déjà eu plus d'un an. Tu es quelqu'un de bien, Kate. Et tout le monde sait, au fond, que les Kennedy t'accusent parce que le chagrin les égare.

— Oui, mais…

— Il n'y a pas de *mais*. Tu dois te montrer en ville, surtout à quelques jours de cette soirée *drive-in* que tu as organisée contre le cancer ! Pense à toutes les heures que tu as passées à convaincre l'hôpital et l'école de participer, à négocier avec le loueur de films, ou avec l'imprimeur, pour les tracts ! Ce n'est pas rien ! Et je ne parle pas des trésors de diplomatie que tu as dû déployer pour répartir les différents stands entre six organismes concurrents ! Il faut que les Kennedy et tout ce que cette ville compte de familles riches et influentes soient au courant de ce que tu fais. S'ils se rendent compte que la plupart des gens t'estiment assez pour soutenir ton projet, ils suivront, et ce sera excellent pour la recherche contre le cancer.

— C'est donc uniquement dans l'espoir de glaner davantage de fonds que tu veux m'entraîner au Royal contre mon gré ? s'exclama-t-elle, révoltée par tant de cynisme.

— Non. C'est à toi que je pense avant tout. Si tu entres avec moi dans ce restaurant, tu te sentiras plus forte, et ce sera une façon de montrer aux gens que le passé est révolu.

« C'est à toi que je pense avant tout. » La colère de Kate tomba d'un seul coup. Jamais depuis son retour elle n'avait reçu une telle marque de solidarité !

— J'ai déjà parlé au gérant, poursuivit Baden. Il a collé une affiche pour le *drive-in* et il fait placer des tracts sur toutes les tables du bar. Tu n'as pas à t'inquiéter, tu seras bien accueillie. Je sais que c'est une épreuve pour toi, mais tu dois la surmonter, et tu y arriveras.

Les pensées se bousculaient dans la tête de Kate. Baden

avait raison, c'était évident, mais elle ne pouvait s'empêcher de paniquer. Il la regarda dans les yeux avant d'ajouter :

— Si tu ne le fais pas pour toi, fais-le pour Brenda, et pour toutes les femmes qui sont dans son cas…

Que valaient en vérité ses états d'âme, comparés aux souffrances qu'enduraient les victimes du cancer et leurs proches, comme Baden et Sasha ?

— Tu ne me laisseras pas seule ?

— A aucun moment.

— Bon. Si Brenda est capable de braver sa maladie et d'en plaisanter, j'arriverai bien à affronter les Kennedy.

— Fantastique ! Allons-y !

— Pas si vite ! Je dînerai au Royal à deux conditions.

— Je t'écoute.

— Je prends les fruits de mer et c'est toi qui payes.

— Tu es dure en affaires, Kate Lawson. Sasha t'a donné des cours ?

— Nous autres filles devons nous serrer les coudes, répondit-elle en riant.

Il lui fallut un petit moment pour mettre un nom sur ce qu'elle éprouvait : elle était heureuse ! Et cela ne lui était pas arrivé depuis très longtemps.

— Bon, allons-y avant que je change d'avis, ou que l'idée te vienne d'exiger du champagne avec les huîtres ! dit Baden.

— Pas de danger ! Je ne bois que de l'eau.

Il la prit par la main et l'entraîna vers la sortie.

— On fait la course ? proposa-t-il, avant de la lâcher et de partir coudes au corps.

— Hé ! attends-moi ! cria-t-elle comme il tournait le coin de la rue en lui adressant un petit signe provocateur.

Elle se lança à sa poursuite, mais ne le rejoignit que devant le Royal, où il l'attendait nonchalamment appuyé à la rampe de cuivre rutilante du perron.

— Tu en as mis un temps !

— C'est de la triche, protesta-t-elle, s'efforçant de reprendre son souffle. Tu aurais dû me rendre au moins cinquante mètres !

— Bah, l'important est que tu sois arrivée, dit-il en lui prenant le bras pour l'aider à monter les marches.

Elle comprit alors qu'il avait imaginé ce stratagème de la course pour lui éviter de se sentir stressée pendant le trajet, et elle lui en fut infiniment reconnaissante.

La porte franchie, ils furent accueillis par le maître d'hôtel, qui les pria de le suivre. Lorsqu'ils pénétrèrent dans la salle de restaurant, le cœur de Kate se mit à battre la chamade et son regard se brouilla.

— Avance, je suis là, murmura Baden.

Un instant plus tard, elle était assise en face de lui à une table couverte d'une nappe blanche, les yeux fixés sur une carte qu'elle ne parvenait pas à lire.

— Je croyais que tu savais déjà ce que tu voulais manger, dit Baden, narquois. Tu n'as pas besoin de baisser la tête, tu sais…

— Ce n'est pas toi qui es sur le point de te faire lyncher !

— Personne ne va te lyncher.

S'enhardissant à regarder autour d'elle pendant que Baden passait la commande, elle reconnut certains visages. Quelques personnes la saluèrent et elle leur répondit d'un sourire crispé.

Le serveur leur apporta de l'eau minérale, des pinces pour briser les pattes de homard et du pain, dont Kate se mit à triturer nerveusement un morceau.

— Docteur Tremont, Katie…

Elle se redressa et vit Richie Santini près de leur table, un verre d'eau à la main. Baden se leva pour le saluer.

— Bonsoir, Richie, dit Kate, affectant un air naturel. Tu sembles en meilleure forme qu'à notre dernière rencontre.

— Ce n'est pas difficile ! Je vous ai vus entrer et je voulais vous… vous remercier. On m'a expliqué à l'hôpital que sans votre intervention je ne serais plus là.

— Nous sommes ravis de nous être trouvés là au bon moment, n'est-ce pas, Kate ? intervint Baden en la regardant avec insistance.

— Oui… Cela fait vraiment plaisir de te revoir, répondit-elle avant de choquer légèrement son verre contre celui de Richie.

— Comme vous le voyez, je me suis mis à l'eau minérale. Josh, qui essaye d'en faire autant, est en désintoxication à Adélaïde. Ce sont les Kennedy qui payent la cure… En fin de compte, c'est toi qui avais raison, Katie. Nous étions tous devenus alcooliques sans nous en apercevoir.

— Ce qui importe, c'est que quelqu'un vous aide à vous en sortir, tous les deux. Je suis contente pour vous.

— Bon… Eh bien… Je vous verrai sans doute à la soirée *drive-in*. Je vous souhaite bon appétit.

Puis Richie regagna sa table, laissant Kate ébahie.

— Ça alors ! Je n'en reviens pas… Et les parents de Shane qui financent la cure de Josh !

— Je t'avais bien dit que tu ne risquais rien à venir ici, répondit Baden avec un petit sourire satisfait. A ton avenir à Warragurra ! ajouta-t-il en levant son verre.

Pendant qu'ils trinquaient, le serveur posa devant eux un plat chargé d'un énorme amoncellement de crevettes, d'huîtres et de cigales de mer sur lequel trônait une superbe langouste.

— C'est la pêche de cette nuit arrivée ce matin par avion, dit-il tout en leur attachant une serviette en papier autour du cou. On ne peut pas faire plus frais. Bon appétit !

— J'ai l'impression d'être chez le dentiste, dit Kate en désignant son « bavoir ».

— Espérons que le repas sera moins désagréable qu'une séance de roulette ! répondit Baden.

Le dîner, excellent, se déroula sous le signe de la plus franche gaieté, et ils abordèrent toutes sortes de sujets — à l'exception du travail. Kate ne s'était jamais amusée autant, jusqu'au moment où, comme elle plongeait ses doigts dans l'eau citronnée du rince-doigts, elle aperçut Hilary Smithton qui fonçait vers eux d'un pas décidé.

— Bonsoir, Hilary, dit-elle, espérant prendre l'avantage en parlant la première.

Hilary appuya ses mains sur leur table pour se pencher vers elle, le regard étincelant de fureur.

— Comment osez-vous vous montrer ici après ce que vous avez fait à Shane ? Ah, on peut dire qu'il a commis l'erreur de sa vie en vous préférant à moi. S'il m'avait épousée, il serait encore là.

Tout s'éclairait soudain. Hilary avait été amoureuse de Shane et c'était le chagrin qui la rendait haineuse. Dans un mouvement instinctif de compassion, Kate voulut poser sa main sur la sienne, mais elle la retira vivement comme sous l'effet d'une brûlure.

— Vous pouvez peut-être en tromper certains avec vos soi-disant bonnes œuvres, seulement moi, je ne suis pas dupe de vos simagrées, reprit-elle. Ne comptez pas me voir à votre soirée *drive-in*, et ne comptez pas non plus y voir Lucy !

— C'est votre choix, Hilary, même si c'est un peu dommage pour Lucy…

— Moi, je n'aimerais pas être à votre place, intervint Baden avec calme, mais son regard brillait d'un éclat métallique inhabituel. Il doit être assez compliqué d'expliquer à une gamine qu'elle sera la seule de son école à ne pas tenir un stand de saucisses-frites ou de barbe à papa à la fête du village…

— Qu'est-ce que vous racontez ? répliqua Hilary, se tournant vers lui. Seules les Guides participent à cette mascarade.

— Non, Hilary, vous faites erreur. La municipalité s'est emparée du projet. L'hôpital est de la partie, ainsi que l'école, qui en a fait son thème pédagogique du trimestre. Les Guides auront leur rôle à jouer, bien sûr, mais elles ne seront pas les seules. L'événement dépasse de loin les petits griefs personnels. Tous les habitants de Warragurra qui ont une mère, une sœur ou une fille ont à cœur de contribuer comme ils peuvent à la recherche sur le cancer des ovaires.

Le visage de Hilary blêmit, puis s'empourpra de colère.

— Gardez vos prêches pour vous, docteur Tremont ! Je suis assez grande pour choisir les causes que je souhaite défendre, dit-elle avant de s'éloigner pour se diriger vers la sortie.

— Que veux-tu, Kate, tu ne peux pas non plus espérer avoir tout le monde de ton côté ! commenta Baden, l'air amusé, quand Hilary eut disparu.

— Ce serait un peu trop demander, tu as raison. Au moins Hilary me force à garder les pieds sur terre et ce n'est pas plus mal… Je ne peux pas m'empêcher d'avoir de la peine pour elle, malgré tout. Elle a perdu Shane deux fois. La première quand il m'a épousée, la seconde quand il est mort.

— Toi aussi, tu l'as perdu deux fois. La première quand il s'est mis à boire…

— Ce n'est pas faux… Mais je pense que, de nous deux, c'est Hilary qui est le plus à plaindre, même si cela peut sembler terrible à dire. Moi, au moins, j'ai tourné la page.

— Vraiment ?

— Oui… Et toi ?

Baden se raidit et consulta sa montre, le regard soudain sombre. Quelle idée avait-elle eu de lui poser cette question ? Bien sûr qu'il n'avait pas tourné la page ! Comment l'aurait-il pu, quand la mort avait détruit son bonheur en emportant sa femme, sa compagne, la mère de son enfant ?

Embarrassée, elle fit mine de regarder l'heure à son tour.

— Oh, il se fait tard ! Je te remercie pour ce délicieux dîner, mais il faut que tu songes à aller chercher Sasha.

Elle se leva, aussitôt imitée par Baden.

— Oui. Excuse-moi, il faut vraiment que j'y aille. J'ai passé une très bonne soirée, ajouta-t-il du ton que l'on emploie pour s'adresser à un bon camarade.

Elle eut l'impression que son cœur se brisait. Jamais elle n'aurait imaginé que l'amitié pût faire souffrir à ce point.

Il était 21 h 50 quand Baden arriva à la ferme des Walton. Pendant les vingt minutes qu'avait duré le trajet, il n'avait pas cessé de penser à Kate. Il aurait pu rester des heures en face d'elle, à contempler chaque détail de son visage et à la regarder sourire. Mais c'était surtout ses lèvres qui le subjuguaient. Il gardait de leur goût et de leur contact un souvenir si vif que c'en était inquiétant.

Chassant les pensées interdites qui lui venaient, il pressa résolument la sonnette. Ce fut Evelyn, la mère de Phoebe, qui vint ouvrir.

— Bonsoir, Baden. Entrez, je vais chercher Sasha.

Il la remercia et pénétra dans le vestibule où il put admirer les tableaux qu'Evelyn, peintre amateur, comptait exposer à l'hôpital dans le cadre de la campagne contre le cancer.

Un instant plus tard, il entendit Sasha remercier poliment son hôtesse, mais elle semblait maussade quand elle le rejoignit dans l'entrée.

— Tu es en avance, papa. Aucun des autres parents n'est encore arrivé.

Après avoir salué Evelyn, il entraîna Sasha vers la voiture en lui passant un bras autour des épaules.

— Je ne suis pas vraiment en avance. Mme Walton avait dit 22 heures.

— Oui, mais le second film n'est pas terminé, répliqua Sasha, boudeuse.

— Désolé, ma chérie, mais tu as tennis demain matin, rappela-t-il tandis qu'ils montaient dans la voiture.

Sasha boucla sa ceinture d'un geste rageur.

— C'est vendredi soir, papa ! Pourquoi n'es-tu pas sorti ? C'est parce que tu t'ennuyais tout seul à la maison que tu es venu me chercher si tôt… En fait, il te faudrait des amis. Si tu en avais, tu passerais moins de temps à t'inquiéter pour moi.

— Et si je te disais que je suis sorti ?

Calée au fond de son siège, Sasha lui jeta un coup d'œil torve.

— C'est ça ! Tu es sorti tout seul, peut-être ?

— Non… Avec Kate.

Sasha se redressa si vite que sa ceinture se bloqua.

— C'est vrai ?

— Mais oui.

— Cool ! Kate est *trop* bien… Et qu'est-ce que vous avez fait ? s'enquit-elle après l'avoir dévisagé un instant avec gravité.

— Nous sommes allés dîner au Royal.

— Et ça ne t'a pas plu ?

— Bien sûr que si, quelle question ! C'était très agréable.

— Alors pourquoi es-tu déjà ici ?

Que pouvait-il répondre à sa fille ? Qu'il avait quitté Kate de bonne heure parce qu'il avait mauvaise conscience de se sentir si bien auprès d'elle ? Qu'il n'avait jamais éprouvé pour Annie le désir que lui inspirait Kate ? Que le souvenir même d'Annie pâlissait du fait de la présence rayonnante de Kate ? Qu'il était littéralement obsédé par Kate ?

— Pourquoi je suis en avance ? Mais, ma chère enfant, tu le sais bien. Je suis en avance parce que je ne suis jamais en retard…

— Ha, Ha ! Tu me fais bien rire. Tu es *toujours* en retard !

— Bon, d'accord, c'est vrai. En fait, la responsable est Kate. C'est elle qui m'a fait remarquer que l'heure tournait. La prochaine fois que tu la verras, tu n'auras qu'à lui expliquer que tu as manqué la fin du film par sa faute.

— Comme si j'allais lui dire ça !

Sasha alluma le lecteur de CD et chercha sa chanson préférée.

— Papa ?

— Hmm ?

— C'était super, le soir où Kate nous a fait des milk-shakes. Maintenant que tu as dîné avec elle, tu crois qu'elle nous invitera de nouveau à Sandon ?

— Je ne sais pas, ma chérie, peut-être..., répondit-il, s'efforçant d'ignorer les espoirs que la question de sa fille suscitait en lui.

8.

— Je dois faire une allergie. J'ai des migraines bizarres et je ne peux pas me passer de lunettes de soleil, même dans la maison, dit Debbie Grayson, affalée à sa table de cuisine.

Kate et Baden avaient terminé leur consultation et attendaient que Glen revienne les chercher. Le mari de Debbie, Cameron, avait emmené Baden voir les quads qu'il venait d'acheter dans l'idée d'organiser des randonnées motorisées dans la vallée de la Darling.

— Ça me semble curieux. Veux-tu que je t'examine ? proposa Kate en posant sa tasse de thé.

— Ça ne te dérange pas ? Je ne voudrais pas abuser…

— Ne dis pas de sottises ! Après avoir assuré la consultation toute la journée chez toi, il n'est pas question que je parte sans t'avoir auscultée si tu ne te sens pas bien.

Kate prit la température de Debbie dans l'oreille, puis lui palpa le cou.

— Tu as un peu de fièvre et tes ganglions sont enflés… Cela signale une infection. Tu as des maux de tête « bizarres », dis-tu ? Peux-tu être un peu plus précise ?

— Je ne supporte pas la lumière vive, et j'ai comme des fourmis autour de l'œil et jusqu'au sommet du crâne. Cela me fait si mal parfois que j'en pleurerais.

— Tu n'es pourtant pas douillette…

Kate connaissait bien Debbie, qui avait été secrétaire médicale à l'hôpital de Warragurra avant d'épouser Cameron Grayson et de venir vivre avec lui au ranch de Bungarra.

— Je vais jeter un coup d'œil dans tes cheveux, dit-elle en enfilant des gants.

— Mais je n'ai pas de poux !

Malgré les protestations de Debbie, Kate examina son cuir chevelu et ne tarda pas à déceler une ligne rouge pâle ponctuée de vésicules qui se prolongeait, presque imperceptible, sur le front.

— Avez-vous eu des malades, récemment, parmi vos hôtes ? Des enfants, en particulier ?

— Je ne pense pas… Ah, si ! Il y a quelques semaines, une famille a dû écourter son séjour parce que les deux enfants avaient la varicelle. Mais ils ne peuvent pas me l'avoir transmise puisque je l'ai eue quand j'étais petite.

— C'est exact. Par contre, tu peux avoir un zona.

— Un zona ? répéta Debbie. Mais je n'ai que trente ans et le zona est une maladie de personnes âgées !

— Pas seulement. La mise en route de votre entreprise de tourisme rural t'a réclamé beaucoup d'efforts, et quand on est épuisé comme tu l'es, il suffit d'un contact avec le virus de la varicelle pour réveiller celui que l'on porte en soi depuis des années. Sauf que cette réactivation ne se traduit pas par une varicelle. Le virus, cette fois, se propage le long du nerf où il s'était réfugié. Chez toi, c'est le cinquième nerf crânien…

— Et que va-t-il se passer maintenant ? demanda Debbie avec inquiétude.

— Nous allons commencer par consulter Baden et s'il confirme mon diagnostic, nous te prescrirons un traitement antiviral. Je vais voir où il est. Cam et lui doivent avoir fini d'essayer les quads, à présent.

Kate sortit sous la véranda. Baden et Cameron revenaient effectivement vers la maison, absorbés dans leur conversation. Ils accélérèrent le pas quand elle les appela.

— Nous partons ? s'enquit Baden.

— Non. Glen ne s'est pas encore manifesté… Baden, je crois que Debbie a un zona.

— Un quoi ? intervint Cameron, l'air soudain alarmé.

— Entrons ! dit Baden. Je vais vous expliquer à tous les deux de quoi il s'agit.

Ils rejoignirent Debbie dans la cuisine et Baden l'examina.

— Vous avez de la chance que nous soyons là aujourd'hui,

déclara-t-il quand il eut terminé. Plus tôt on traite un zona, moindres sont les risques de séquelles. C'est une affection qui peut être très douloureuse, comme vous l'avez remarqué. Je vais vous donner un traitement ainsi que des analgésiques… Et ce sera repos complet jusqu'à nouvel ordre dans une chambre à l'abri de la lumière !

— Ce n'est pas possible ! gémit Debbie. Cam n'arrivera jamais à s'occuper seul du ranch et des touristes.

— Debbie, tu es en quarantaine, expliqua Kate avec douceur. Tu ne devras être en contact avec personne tant que tu seras contagieuse.

— Mais notre carnet de réservations est plein !

Debbie enfouit son visage dans ses mains et Cam s'assit près d'elle pour la serrer contre lui.

— Je vais téléphoner à Beth Johnson, dit-il. Elle pourra cuisiner pour les visiteurs dans le hangar. Ainsi, personne n'aura à entrer dans la maison. Cela ne posera aucun problème aux touristes, ma chérie, je t'assure, ajouta-t-il, manifestement désemparé quand elle se mit à pleurer.

— Je ne pourrai même pas aller au *drive-in* samedi… ni rendre visite à Brenda parce que ce serait dangereux pour elle, dit Debbie entre deux sanglots.

Kate échangea un regard avec Baden. Debbie était à l'évidence totalement épuisée.

— Dans son état, attraper votre virus risquerait de la tuer, c'est un fait, confirma Baden, qui sortit des médicaments de sa trousse et remplit un verre d'eau. Tenez, avalez déjà ces comprimés antidouleur ! Nous allons vous laisser une crème qui est un agent antiviral, de la pommade à appliquer en cas de démangeaisons importantes, et des analgésiques puissants. Je veux que vous téléphoniez à la base de Warragurra demain pour donner de vos nouvelles… Mais si la rougeur s'étend vers l'œil, téléphonez immédiatement !

— Pourquoi ?

— Le zona atteint parfois les yeux. Si cela arrivait, un ophtalmologiste devrait vous examiner d'urgence.

La peur se peignit sur les traits de la jeune femme.

— Que puis-je faire pour empêcher que ça se produise ?

— Rien sinon prendre les médicaments que je vous ai donnés et dormir le plus possible.

— Je veillerai à ce qu'elle se repose et à ce qu'elle n'oublie pas ses comprimés, dit Cam tout en aidant sa femme à se lever. Maintenant, au lit, ma chérie !

— Je viens avec toi pour fermer les volets et m'assurer qu'il ne te manque rien, dit Kate, qui prit une cruche d'eau et un verre puis suivit Debbie jusqu'à une vaste chambre dont les portes-fenêtres donnaient sous la véranda. Mets ta chemise de nuit, pendant ce temps-là je vais préparer ton lit !

Après avoir posé la cruche sur la table de nuit, elle replia les draps, ferma les volets et tira les rideaux pour que la malade n'ait pas trop à souffrir de sa photophobie.

— Comme ce lit semble bon ! s'exclama Debbie avant de s'y étendre avec un soulagement évident.

— L'analgésique ne va pas tarder à agir, et il se peut que tu aies une impression de vertige, alors n'essaye surtout pas de te mettre debout, dit Kate tout en la bordant.

— Bien, chef !

Debbie s'installa confortablement contre ses oreillers puis fixa sur Kate un regard aigu.

— Ce Baden n'est pas mal du tout, tu ne trouves pas ?

Kate soupira. Depuis que Debbie avait épousé Cam, elle s'était mis en tête de marier tous les gens seuls.

— Il peut plaire, j'imagine. A condition d'apprécier le genre pirate des Caraïbes.

— Et ce n'est pas ton cas ?

— Les pirates sont des gens dangereux…

— Dangereux, mais surtout excitants, Kate. Tu ne crois pas qu'il serait temps pour toi de goûter un peu à l'aventure ?

— Avec Shane j'ai fait plus qu'y goûter, j'en ai eu une indigestion ! Ecoute, Deb, je ne veux pas de complications, tu comprends ? J'aspire à la tranquillité désormais.

— Ce n'est pas l'aventure que tu as connue avec Shane, c'est le malheur. Réfléchis quand même…

A bout de forces, Debbie bâilla, ferma les yeux et s'endormit aussitôt.

Kate sortit sans bruit, laissant son esprit vagabonder.

L'aventure ! Le mot éveillait en elle des échos délectables… Mais elle n'allait quand même pas prendre au sérieux les babillages de Debbie, qui parlait à tort et à travers à cause des calmants ! Et, de toute façon, Baden ne voulait pas d'elle. Revenant sur terre, elle regagna la cuisine, où elle entra juste à temps pour entendre son portable sonner.

A l'expression de la jeune femme, Baden comprit qu'il y avait un problème.

— C'était Glen, dit-elle en refermant son téléphone. La météo l'inquiète et il préfère venir nous prendre à l'ancienne piste d'atterrissage, près de la cabane des Fourbus.

— La cabane des Fourbus ? Quel drôle de nom !

— C'est mon arrière-grand-père qui l'a construite et l'a appelée comme ça après une transhumance particulièrement exténuante, expliqua Cameron. Elle lui servait d'étape lorsqu'il conduisait ses troupeaux vers le sud. Aujourd'hui, nous l'utilisons comme point de ravitaillement en vivres et en carburant. La piste est entretenue car l'hélicoptère s'y pose pour faire le plein.

Il regarda le ciel par la fenêtre avant d'ajouter :

— Je n'aime pas l'aspect de ces nuages… Enfin, Glen a dû étudier les images radar et estimer possible d'atteindre la piste avant que la pluie la transforme en marécage.

— Cela fait une semaine que l'orage menace sans éclater, remarqua Baden.

— Oui, mais ce matin mon père s'est plaint de ses douleurs aux genoux. C'est un signe qui ne trompe pas.

— Voilà de la rigueur scientifique ou je ne m'y connais pas, Cam ! dit Baden, malicieux.

— J'avoue que ça n'a pas l'air très sérieux. N'empêche que, malgré le certificat de météorologie que j'ai dû passer pour mon diplôme d'agriculture, je continue à faire confiance aux genoux de mon père pour prévoir le temps… Vous n'avez qu'à prendre Betsy pour aller jusqu'à la cabane. Je passerai la récupérer dans la semaine.

Cam sortit une clé de sa poche et la lança à Kate.

— Il serait préférable que ce soit toi qui conduises, dit-il. Mais montre au toubib comment on passe les vitesses au volant. Ça lui sera utile pour la prochaine fois.

— Je vais lui faire un tel charme qu'elle va démarrer au quart de tour, déclara Kate en prenant son sac. Veille sur Deb, Cam, et n'hésite pas à nous appeler quelle que soit l'heure… J'espère pour vous qu'il va finir par pleuvoir, mais pas avant que je sois rentrée chez moi, ajouta-t-elle après avoir regardé le ciel.

Baden serra la main au fermier et suivit Kate. Betsy, le pick-up sans portes de Cameron, était une légende dans la région, mais jamais encore il n'avait eu à s'en servir. Posant sa trousse et celle de Kate sur le plateau, il les recouvrit d'un vieux sac en toile de jute puis prit place à côté de la jeune femme qui lui tendit un masque chirurgical.

— Pourquoi me donnes-tu ça ? demanda-t-il, étonné.

— Pour te protéger de la poussière. Un conseil, éloigne-toi de la porte et trouve un endroit où te tenir, parce qu'il n'y a pas de ceinture de sécurité !

Un endroit éloigné de la portière où il pourrait se tenir ? Il n'existait qu'une solution. Se rapprochant de Kate sur l'antique banquette, il étendit négligemment son bras derrière elle, sur le dossier du siège.

La jeune femme glissa la clé dans le démarreur puis se mit à flatter le tableau de bord du plat de la main en murmurant :

— Bien, ma jolie, tu vas être gentille avec moi aujourd'hui, n'est-ce pas ?

— Tu parles aux voitures, maintenant ?

— Ne sois pas sarcastique ! Betsy est très susceptible. On peut compter sur elle dans les situations d'urgence, mais elle est capable de faire des siennes quand elle sait qu'on ne la prend que pour une promenade.

— Je ferais peut-être mieux de me présenter pour la mettre à l'aise.

— Ce n'est pas nécessaire quand on n'est que passager. Par contre c'est une obligation absolue pour le conducteur… Maintenant, appuyer deux fois sur l'accélérateur avant de mettre le contact…

Son pied enfonça deux fois la pédale puis, l'air très concentré, elle tourna la clé. Quand le moteur démarra, elle adressa à Baden un sourire de triomphe.

— Bravo ! Et maintenant ?

— Mets ton masque ! dit-elle tout en ajustant le sien.

Elle enclencha la première et Betsy se mit en marche.

— C'est surtout le passage en seconde qui pose problème, reprit-elle. Il faut faire le double débrayage… Comme ça.

— Tu sembles t'y connaître en mécanique.

— Pas du tout ! C'est Emily qui m'a expliqué le fonctionnement de Betsy. Emily adore mettre son nez dans les moteurs, comme ses cinq frères. Ce n'est pas comme moi, qui suis une vraie fille. Tout ce que je sais faire en cas de panne de batterie, c'est de donner des coups sur les cosses avec ma chaussure.

— Et ça marche ?

— Cela suffit la plupart du temps pour qu'un automobiliste s'arrête et me propose son aide.

— Ah, je vois ! Tous tes discours sur l'indépendance des femmes ne sont donc que de la poudre aux yeux !

— Absolument pas ! Si l'on excepte les voitures, je me débrouille très bien toute seule. J'ai seulement horreur de mettre les mains dans le cambouis.

— Pourquoi crois-tu qu'on a inventé le savon ? Vous êtes incroyables, toutes ! J'ai l'impression d'entendre Sasha.

— Ta fille est pleine de bon sens, répliqua Kate en lui adressant un sourire à la fois tendre et moqueur qui le troubla au plus haut point.

Il se rapprocha d'elle à la toucher et, toute conversation étant devenue impossible à cause des cahots de la piste, il se laissa aller au ravissement de sentir les cheveux de la jeune femme lui caresser le visage et sa peau douce effleurer la sienne. Il ne pensait plus à rien — ni à son travail ni même à Sasha. Il se sentait à sa place, seul avec Kate sur cette route poussiéreuse, et rien d'autre ne comptait.

Il aurait voulu que le trajet ne finisse jamais.

*
* *

La pluie se mit à tomber trois kilomètres avant la cabane. S'efforçant d'oublier la pression troublante de la jambe de Baden contre la sienne, Kate concentra son attention sur la piste, qui devenait vite boueuse et glissante.

— Cette pluie m'inquiète, murmura-t-elle tout en scrutant l'horizon. Je pensais que Glen serait déjà là à nous attendre, mais je ne vois pas l'avion.

— Il ne doit pas être loin…

Comme ils approchaient de la cabane, la pluie redoubla, inondant par moments l'intérieur du pick-up. Kate ôta son masque et arrêta Betsy, qui dérapa avant de s'immobiliser.

— Courons nous abriter dans la cabane ! cria-t-elle.

Elle sauta sur le sol et s'enfonça jusqu'aux chevilles dans la boue rouge. Levant avec difficulté un pied après l'autre, elle se dirigea vers l'arrière du pick-up. Baden, qui l'avait devancée, lui tendit son sac, mais elle glissa lorsqu'elle voulut s'en saisir et tomba de tout son long dans la gadoue.

— Ça va ? Tu ne t'es pas fait mal ? demanda Baden, qui avait visiblement du mal à contenir son hilarité.

Se redressant à demi, elle contempla le désastre. Elle était couverte de boue de la tête aux pieds. Elle tenta de décoller de sa peau son chemisier d'uniforme, qui ne cachait plus grand-chose de son anatomie, mais dut vite se résigner à abandonner la partie.

— Comment ai-je fait mon compte ? Quelle horreur !

— Au moins, ce n'est pas du cambouis, commenta Baden en l'aidant à se remettre debout.

Ils éclatèrent de rire.

— Je me demande si ce n'est pas pire…

La pluie dégoulinait dans son cou et dans ses chaussures. Elle étendit les bras dans l'espoir que l'eau la laverait un peu.

— Viens, tu es trempée !

Baden lui prit la main et s'élança vers la cabane.

Le portable de Kate sonna au moment où ils franchissaient le seuil. Après avoir essuyé comme elle pouvait ses mains sales sur son short, elle prit l'appareil, lut le numéro affiché et répondit sans oublier de mettre le haut-parleur :

— Allô, Glen ? Nous sommes à la cabane. Où es-tu ?

— Désolé, j'ai dû me dérouter à cause du mauvais temps. Je ne peux pas prendre le risque d'atterrir où vous êtes, mais je peux vous récupérer au ranch McCurdy.

— Mais c'est à une bonne centaine de kilomètres, et la piste doit être impraticable, objecta Baden.

Kate acquiesça.

— Glen, même si nous pouvions aller jusque là-bas, ce qui est douteux, nous n'arriverions pas avant la nuit.

— Je ne peux pas atterrir de nuit, répondit le pilote. Navré, mais j'ai l'impression que vous allez devoir dormir sur place. Nous ferons de nouveau le point demain matin.

Kate regarda Baden.

— Sasha ! s'exclamèrent-ils tous les deux en même temps.

— Glen, reprit-elle. Je n'ai presque plus de batterie. Il faut que quelqu'un aille chercher Sasha Tremont à l'école et l'héberge pour la nuit. Peux-tu organiser ça ?

— Pas de problème. Je vais dire à Jen par radio de s'en occuper. Ne t'inquiète pas, Baden, tout ira bien. Mes gamins seront ravis d'avoir une invitée surprise ce soir. En attendant, profitez bien de votre escapade à la campagne ! Terminé.

Dès que la communication fut coupée, Baden se mit à arpenter la cabane de long en large.

— Ça ne peut pas durer, il va falloir que je choisisse entre mon métier de médecin et mon rôle de père, grommela-t-il. Sasha connaît à peine Jen et Glen, elle n'aurait jamais dû avoir à dormir chez eux !

— Ne te mets donc pas martel en tête ! Ce genre de contretemps est banal par ici. Tu aurais aussi bien pu te faire piéger par l'orage si tu avais été plombier ! Et puis ce n'est pas comme si Sasha ne connaissait pas du tout les Jacob : Hannah est dans sa classe et elles font partie de la même patrouille aux Guides. Elle sera enchantée de passer une nuit chez sa copine.

Baden soupira, l'air peu convaincu.

— Peut-être, mais je lui avais promis que nous ferions des toffees ce soir, pour le stand de confiseries. Et je déteste la laisser tomber.

— Mais tu ne la laisses pas tomber ! Elle se sent aimée, et elle est très sûre d'elle face aux situations inattendues. Aux

Guides, elle est la seule à ne pas paniquer quand quelque chose se passe de façon imprévue. Elle sait que tu n'es pas en danger, et elle ne s'inquiétera pas. En fait, je l'imagine très bien mettant Jen et ses enfants à contribution pour faire des toffees.

— Etant donné la façon dont elle me mène à la baguette, je la crois tout à fait capable d'en faire autant avec quelqu'un d'autre, en effet, admit Baden, se décidant enfin à sourire. Nul doute qu'elle saura s'accommoder de la situation.

Il parut soudain se détendre tout à fait, comme s'il venait de s'alléger d'un lourd fardeau, et prit un air guilleret qu'elle ne lui avait jamais vu. Le changement était spectaculaire !

— En attendant, voyons ce que notre situation à *nous* peut avoir d'intéressant ! reprit-il, parcourant des yeux la cabane avant de poser sur la jeune femme un regard qui lui donna instantanément la fièvre. La première chose à faire est de nous débarrasser de ces vêtements trempés..., ajouta-t-il d'une voix sourde tout en s'approchant d'elle.

— Vraiment ? Mais... Nous n'en avons pas de rechange, dit-elle, le cœur battant à tout rompre.

Il lui repoussa les cheveux derrière les oreilles.

— Il serait pourtant rationnel de nous déshabiller. Cela nous éviterait une hypothermie...

Une hypothermie ? Alors qu'elle était en feu !

— Il y a d'ailleurs là de quoi nous tenir chaud pour cette nuit, poursuivit-il en désignant d'un signe de tête un vieux lit recouvert de quelques couvre-pieds rapiécés.

Il plongea son regard bleu dans le sien et elle eut l'impression d'être hypnotisée. « Kate ! lui criait une voix. Ne sois pas si faible ! Il n'a rien à t'offrir au-delà de cette nuit. » Mais à ce stade, il aurait pu lui demander n'importe quoi. La raison n'avait plus prise sur elle. Après tout, il n'était pas plus question de promesses ou de mariage pour elle que pour lui. Ils ne s'engageaient à rien d'autre qu'à partager un bref instant de leur vie. Alors pourquoi refuserait-elle de profiter de ce moment fugitif dont le souvenir illuminerait ses nuits solitaires à venir ?

— Donc, tu penses que la meilleure solution serait de nous blottir dans ce lit… pour cette nuit ?

— Absolument. La chaleur corporelle est un truc très efficace, tu sais ? répondit-il tout en lui effleurant la joue avec son ongle.

— Mais je suis couverte de boue, dit-elle en posant ses mains à plat sur le torse de Baden.

— Je te laverai.

A l'image qu'évoquait ce mot, elle sentit son sang affluer à ses joues. Puis Baden se mit à lui caresser la bouche du bout de sa langue, la faisant trembler de désir. Alors, elle enfouit les doigts dans ses boucles noires et ouvrit les lèvres à son baiser, tournant résolument le dos à une année de solitude.

De son autre main, elle lui déboutonna fébrilement sa chemise tandis qu'il continuait d'explorer sa bouche, faisant naître en elle des sensations inouïes qui lui faisaient souhaiter davantage encore.

Comme s'il avait lu dans ses pensées, il détacha ses lèvres des siennes pour égrener jusque dans son cou un chapelet de baisers qui la firent délicieusement frissonner.

— Tu es belle, murmura-t-il contre son oreille. Tu es belle couverte de boue, et tu le serais tout autant couverte de cambouis. Je te désire comme un perdu depuis trois mois.

— C'est vrai ?

— Oui, c'est vrai, et maintenant je veux te voir tout entière, boue ou pas, dit-il en faufilant une main sous son chemisier pour dégrafer adroitement son soutien-gorge.

Elle fit glisser la chemise de Baden et appuya ses lèvres sur son torse dénudé, qui avait un goût de sel et de pluie. A son tour, il lui retira son chemisier, qu'il jeta dans un coin avant de la prendre contre lui. Le désir montait en elle, telle une marée voluptueuse par laquelle elle ne demandait qu'à se laisser emporter.

— Tu as froid, reprit-il, l'entraînant vers le lit.

Ils achevèrent de se dévêtir mutuellement à la hâte puis se laissèrent tomber en riant sur le matelas, qui gémit sous leur poids et se creusa en son milieu, les forçant à rouler l'un sur l'autre. Ce fut comme si leurs corps glacés s'embrasaient tout à coup.

— Laisse-moi te réchauffer, murmura Baden en caressant du pouce la pointe de son sein, qui se dressa aussitôt.

Elle avait l'impression que des lumières blanches dansaient devant ses yeux. Jamais elle n'aurait cru qu'on pouvait la toucher avec une telle tendresse, la désirer à ce point. Elle se mit à parcourir de ses doigts avides ce corps masculin qui ne serait bientôt plus qu'un souvenir pour elle. Mais peu importait l'avenir. L'instant seul comptait.

Avec un gémissement, Baden lui emprisonna les deux mains et les lui maintint au-dessus de la tête tandis qu'il s'inclinait sur elle pour déposer sur ses seins une série de baisers exquis. Elle crut défaillir et gémit à son tour quand il referma ses lèvres sur son mamelon. Elle s'arc-bouta contre lui pour mieux se prêter à cette caresse qu'elle aurait souhaitée sans fin…

Il se redressa et la regarda d'un air malicieux.

— Cela ne semble pas te laisser indifférente. Mais j'ai encore mieux…

Il se pencha de nouveau, et cette fois, ce fut sur son ventre qu'il fit glisser ses lèvres, de plus en plus doucement, de plus en plus bas… Elle lui agrippa la tête, folle de désir, incapable d'empêcher son corps de goûter sans réserve ce cadeau magique qui lui était offert, pour la dernière fois peut-être.

Dans un émerveillement croissant, les sensations se succédaient en elle, s'intensifiant au gré des initiatives de plus en plus hardies de Baden. Degré par degré, elle s'élevait vers les sommets vertigineux du plaisir, dans des régions inexplorées où douleur et volupté se mêlaient. Soudain, elle s'entendit crier, puis un feu d'artifice liquide explosa en elle, et elle retomba, pantelante et ravie, sur l'oreiller.

Le visage souriant de Baden, manifestement très content de lui, apparut au-dessus d'elle et les merveilleuses sensations qu'elle éprouvait s'évanouirent aussitôt.

— C'était très bien, merci, dit-elle en lui caressant la joue. Mais je pense que tu peux mieux faire.

— Tu es sûre ?

— Mmm… Oui.

Il approcha sa bouche de son oreille pour lui chuchoter quelques suggestions très séduisantes, mais l'heure n'était plus aux taquineries. Sa soif de lui était trop intense. Elle se cambra pour l'accueillir en elle.

Ensemble, ils trouvèrent un rythme doux et lent qui les conduisit peu à peu au bord de l'extase, où ils basculèrent en même temps dans un cri, liés l'un à l'autre à jamais par l'assouvissement de leur ardent désir.

Baden alimenta le feu et étendit les vêtements rincés de Kate sur le pare-étincelles afin qu'ils sèchent. Emmitouflée dans une couverture, la jeune femme se tenait debout près de la cheminée, encore toute rose du bain qu'elle venait de prendre dans un vieux tub. Elle était si désirable…

Il la prit dans ses bras et ils s'assirent devant les flammes.

— Tes habits seront bientôt secs, dit-il.

— Je te remercie de t'être si bien occupé de moi. Le bain était un délice, et tu as même réussi à rendre mangeable un plat de nouilles instantanées.

Il éclata de rire et déposa un baiser sur ses cheveux, qui sentaient bon le shampoing à la lavande.

— La faim a dû émousser ton sens critique !

— Peut-être, dit-elle en bâillant. Quelle heure est-il ?

— 21 heures. Pourquoi ?

Elle se mit debout puis le força à en faire autant.

— Viens voir !

Elle alla jusqu'à la porte, tirant derrière elle la couverture comme une traîne de mariée, et sortit. Baden la suivit.

Jamais il n'avait vu un ciel semblable. A l'infini, ce n'étaient que scintillements argentés sur un fond noir d'encre. La lune n'étant pas encore levée, toutes les étoiles du firmament semblaient redoubler d'éclat et de splendeur pour compenser son absence. La Croix du Sud brillait à l'horizon.

— C'est magnifique, murmura-t-il.

— Regarde là-bas ! s'écria-t-elle, désignant un point de l'espace.

Il plissa les paupières et discerna une traînée blanche qui se déplaçait.

— Une comète ?

— Oui ! C'est ce soir qu'elle est le plus visible de l'année, et nous avons la chance d'être à un endroit dépourvu de pollution lumineuse.

— Cette soirée est particulière à plus d'un titre, dit-il après l'avoir attirée contre lui.

Elle posa la tête contre son épaule en murmurant :

— Tu as raison, c'est une nuit mémorable.

Une nuit… Une seule nuit… Baden sentit son cœur se serrer. N'était-ce pourtant pas ce qu'ils avaient voulu, l'un et l'autre — une nuit sans lendemain, car ni lui ni elle n'avaient davantage à offrir ?

Il réfléchit un instant puis il força Kate à rentrer avec lui dans la cabane. S'il n'avait qu'une nuit à passer avec elle avant de retrouver le monde réel, ce n'était pas pour faire de l'astronomie.

9.

— Je l'ai !

Sasha s'empara du ballon de water-polo et s'élança vers le but.

— Ah, tu crois ça ?

Baden plongea sous l'eau, resurgit à côté de sa fille et la chatouilla jusqu'à ce qu'elle lâche le ballon.

— C'est de la triche ! cria-t-elle entre deux éclats de rire.

Elle saisit les pieds de son père, qui coula sous la surface dans un nuage de bulles tandis que le ballon jaillissait hors de l'eau. Kate l'attrapa puis, se hissant sur le bord de la piscine, elle s'assit pour observer Baden et Sasha qui poursuivaient leur lutte sans se rendre compte que l'objet de leur convoitise n'était plus là.

C'était un plaisir de les regarder jouer ensemble, même si elle se sentait exclue de leur relation. Après la nuit dans la cabane, elle avait nourri l'espoir insensé que Baden la laisserait se rapprocher de lui et de sa fille, mais il semblait évident qu'elle avait pris ses désirs pour des réalités.

Si Sasha et Baden se trouvaient en ce moment dans sa piscine, c'était uniquement parce qu'ils avaient passé la matinée dans sa cuisine, à confectionner des friands pour la soirée *drive-in.* Seule l'implication de Baden dans ce projet expliquait sa présence chez elle. Bien qu'il lui eût fait l'amour trois nuits plus tôt, il n'avait pas cessé d'être amoureux de sa femme, et il continuait d'agir comme si celle-ci était encore de ce monde.

Kate ne trouvait pas cette attitude très saine, pour le père comme pour la fille, mais qui était-elle pour en juger, elle dont le mariage s'était soldé par un désastre alors que celui de Baden avait sans doute été un modèle du genre ?

Remontant à la surface, les deux nageurs s'aperçurent que Kate tenait le ballon et ils regagnèrent à leur tour le bord du bassin pour s'asseoir près d'elle, tout essoufflés. Sasha se blottit contre la jeune femme, qui éprouva aussitôt une agréable sensation de chaleur et de bien-être.

— Vous avez perdu quelque chose ? demanda-t-elle, narquoise, tout en caressant le ballon. Vous n'êtes vraiment bons à rien, tous les deux. Vous aimez tellement vous chamailler que vous en oubliez le but du jeu.

— Tu me rappelles maman, dit Sasha. Elle nous accusait toujours d'avoir trop l'esprit de compétition, papa et moi.

Kate s'attendait à ce que Baden se crispe comme chaque fois qu'il était question d'Annie, mais il n'en fut rien.

— N'empêche que tu n'es pas près de me battre, Sash…

— On parie ? répliqua Sasha avant de l'éclabousser en frappant l'eau avec son pied.

— En fait, c'est moi la gagnante, déclara Kate en faisant ostensiblement tourner le ballon sur la pointe de son index.

Baden et Sasha échangèrent un regard puis, entourant soudain la jeune femme de leurs bras, ils l'entraînèrent avec eux dans la piscine.

— Vous m'avez prise en traître ! protesta-t-elle quand elle eut refait surface. Ce n'est pas du jeu !

— Tu as tout à fait raison, dit Baden.

Il lui adressa un grand sourire, puis l'immobilisa contre lui et se tourna vers sa fille.

— Je la tiens, Sash. Vas-y, prends-lui la balle !

Sasha plongea de nouveau et, utilisant le stratagème de son père, se mit à la chatouiller pour lui faire lâcher prise.

— Deux contre une ! Ce n'est pas juste ! s'exclama Kate en libérant le ballon après un instant de vaine résistance.

— Je l'ai, papa ! cria Sasha.

Elle nageait déjà vers la cage, mais, contre toute attente, Baden ne se lança pas à sa poursuite. Il plaqua Kate contre lui et le regard qu'il plongea dans le sien ranima instantanément le désir qui couvait en elle. Puis, après avoir jeté un coup d'œil en direction de Sasha, qui armait son tir, il s'empara avec fougue des lèvres de la jeune femme, éveillant dans son corps le souvenir de leurs brûlantes étreintes.

L'instant d'après, il la repoussa pour se mettre à crawler vers sa fille comme s'il disputait un cent mètres.

— Bravo, ma chérie, quel but ! cria-t-il. Et quelle équipe !

Kate nageait sur place, le souffle coupé, et revenait peu à peu à la réalité. Baden avait encore envie d'elle, c'était évident. Leur unique nuit ne lui avait pas suffi. Et elle-même n'aspirait qu'à retrouver les bras de cet homme qui lui donnait le sentiment d'être une personne digne d'affection, de cet homme qui l'avait soutenue sans faiblir dans l'adversité, de ce médecin brillant, de cet amant aussi attentionné qu'inventif, de ce père aimant et dévoué…

En un mot comme en cent, elle l'aimait !

Abasourdie par cette révélation, elle cessa de nager et dut s'accrocher au bord de la piscine pour ne pas sombrer. Comment avait-elle pu se mettre dans une telle situation ? Voilà qu'elle était amoureuse d'un homme prisonnier de son passé, et qui refusait de se laisser aimer par elle !

Des semaines durant, se souvenant que l'amour ne lui valait rien, elle avait résisté, mais désormais, elle ne pouvait plus se le cacher : elle aimait Baden… et Sasha.

Une idée se fit peu à peu jour dans son esprit. Si elle parvenait à montrer à Baden que pour elle, comme pour lui, Sasha constituait une priorité absolue, peut-être parviendrait-elle à le convaincre qu'il était capable d'aimer de nouveau…

— Ça va être juste, remarqua Gwen Lloyd, l'infirmière responsable du dispensaire d'Opal Ridge tout en injectant une dose de pénicilline dans la perfusion de Hughie.

— Ça devrait aller, répondit Baden après avoir consulté sa montre. Je n'ai plus que Dimity à voir.

— Je suis désolé de vous retarder à cause de cette fichue toux, docteur, dit le vieux mineur.

Baden n'avait pas eu une minute de répit. La grippe avait fait des ravages dans la bourgade, et tout le monde était venu à la consultation dans l'espoir d'un remède miracle. Pour la plupart des patients, Baden n'avait pu prescrire que du repos, de la patience et des boissons sucrées, mais les personnes âgées étaient plus durement touchées et il suspectait parmi elles deux cas de pneumonie.

— Toussez et crachez là-dedans, Hughie ! ordonna Gwen, tendant un flacon au vieil homme dont Baden voulait faire mettre les expectorations en culture.

— Je vous téléphonerai ses résultats, Gwen. Il se peut que nous devions lui changer son antibiotique.

— D'accord. Et moi, je vous appelle si son état ne s'améliore pas.

Baden posa sa main sur la main calleuse de Hughie.

— Ne vous inquiétez pas pour moi, Hughie ! J'ai tout mon temps pour rentrer à Warragurra. Occupez-vous seulement de guérir !

Le vieil homme se laissa aller contre son oreiller et fixa sur Baden un regard brillant de fièvre.

— Vous ne croyez pas qu'il serait temps de vous remarier, mon garçon ? Si vous aviez une épouse pour s'occuper de votre fille, vous n'auriez pas à courir sans arrêt.

— Le monde a changé, Hughie, répondit Baden, se forçant à sourire. Même si je me mariais, ma femme travaillerait, et ça ne résoudrait pas le problème.

— Mouais… Eh bien, toute cette agitation n'est pas une bonne chose pour une famille, répliqua Hughie avant de fermer les yeux, mettant un terme à la conversation.

— Gwen va prendre soin de vous, Hughie, dit Baden. Avec un peu de chance, nous n'aurons pas besoin de vous transporter à Warragurra. Surtout, mangez bien tout ce qu'on vous donne pour que votre glycémie reste stable !

Une demi-heure plus tard, il roulait sur la route de Warragurra, un œil sur le compteur. Une amende pour excès de vitesse était bien la dernière chose qu'il souhaitait pour couronner la journée ! Il aurait aimé pouvoir dicter sa correspondance tout en conduisant. Malheureusement, il lui faudrait veiller au moins jusqu'à minuit pour expédier toutes ses tâches administratives.

D'ordinaire, c'était Kate qui s'en chargeait pour lui quand ils travaillaient ensemble, mais elle ne l'accompagnait jamais à Opal Ridge. Les jours où il s'y rendait, elle animait un stage destiné aux infirmières à Warragurra. Et Gwen avait beau être une excellente collaboratrice, ce n'était pas Kate… Kate qui, quatre jours plus tôt, lui avait fait l'amour avec une passion stupéfiante.

Pourtant, lorsqu'il songeait à ces quelques heures d'exception qu'ils avaient passées ensemble, il se rappelait surtout sa joie de sentir la jeune femme pelotonnée contre lui et de pouvoir bavarder avec elle jusqu'au petit matin.

Mais cette nuit ne devait être suivie d'aucune autre. Ils étaient tous les deux d'accord sur ce point. Alors pourquoi ressentait-il cette impression de manque physique quand il pensait à elle ?

La journée lui avait paru longue sans elle, sans ses sourires et son humour. Ils parlaient de tout ensemble, et il aurait aimé, par exemple, lui demander son avis sur la meilleure façon d'aborder le problème des règles avec Sasha, qui refusait systématiquement de dialoguer avec lui sur le sujet. Kate assurait des cours sur la puberté et Sasha, qui était en admiration devant elle, accepterait sans doute ses conseils.

Sa fille l'attendait devant l'école. Elle lui fit un signe quand elle reconnut la voiture et courut chercher son sac. Baden la suivit pour signer le registre des entrées et des sorties.

— Merci, Gloria. A la prochaine fois, dit-il à la responsable en lui tendant l'enveloppe contenant la somme due pour la semaine.

— Je croyais que le départ d'Erin allait poser un problème, répondit l'enseignante à mi-voix, mais Sasha ne m'a jamais paru aussi bien dans sa peau.

— C'est sans doute grâce aux Guides et à la piscine.

— Mmm… A mon sens, il y a autre chose.

— Merci, madame Davidson, dit Sasha, qui venait de reparaître avec son sac. Vous viendrez au *drive-in* samedi ?

— Tu penses bien que je ne manquerais cela pour rien au monde ! répondit Gloria avec un sourire. Je garde un excellent souvenir de mes soirées au *drive-in* avec mon Stan et une grande boîte de chocolats…

— Justement, il y aura plein de bonnes choses à manger ! Kate, la chef des Guides… Enfin, c'est aussi l'infirmière de papa, mais en fait, c'est mon amie… Eh bien, elle nous a fait cuisiner tout un tas de trucs délicieux.

— Mais c'est fantastique ! s'exclama Gloria tout en adressant à Baden un regard indéchiffrable.

— Bien, Sash, il faut que nous partions, maintenant, dit-il.

Comme ils regagnaient la voiture après avoir pris congé de Gloria, Baden se souvint du prélèvement de Hughie.

— Nous allons passer par l'hôpital. J'ai quelque chose à déposer au labo.

— D'accord. Kate y sera ? demanda Sasha tout en choisissant un CD.

— Je ne sais pas. Je ne l'ai pas vue aujourd'hui.

Sasha glissa le CD dans le lecteur avant de reprendre :

— Tu l'aimes bien, Kate, non, papa ?

— Bien sûr, répondit-il machinalement après s'être arrêté à un stop. Elle est très gentille avec nous.

— Elle doit s'ennuyer, toute seule dans sa grande maison.

— Elle a Rupert et Blanche-Neige, dit-il en redémarrant.

— Oui, mais ils ne parlent pas.

— De toute façon, elle songe à vendre Sandon.

Sasha se redressa comme si elle avait reçu une décharge électrique.

— Elle ne peut pas faire ça ! Elle nous a invitées à dormir chez elle, Erin et moi, après la soirée *drive-in*, et j'ai déjà choisi ma chambre. Et puis elle m'a dit que je pouvais venir quand je voulais pour monter Thumper, et…

— Calme-toi, ma chérie ! J'ai juste dit qu'elle envisageait de vendre. Et, d'ailleurs, si elle le fait, cela ne nous regarde pas.

— Mais Sandon est trop cool ! Il faut qu'elle y reste. J'adore cette maison.

— Il existe des choses plus importantes dans la vie qu'une belle propriété avec une piscine et des chevaux, répliqua Baden, agacé. Et puis, nous n'avons pas notre mot à dire. Ce n'est pas comme si nous faisions partie de la famille de Kate.

— Tout ça, je le sais, papa ! N'empêche qu'à mon avis Kate s'ennuie toute seule. Il lui faudrait quelqu'un.

— Je pense qu'elle est très contente de la vie qu'elle mène.

— Je n'en suis pas sûre… Moi, je crois qu'elle a besoin de quelqu'un… Elle est comme toi.

— Moi ? Mais je n'ai besoin de personne d'autre que toi, ma chérie. Nous formons une équipe tous les deux et je suis très heureux comme ça, assura Baden avec une conviction qu'il ne ressentait pas.

Le grand soir que tous les enfants — et aussi les adultes — de Warragurra attendaient avec impatience arriva enfin. Un immense écran était accroché à une semi-remorque garée dans le pré qui jouxtait l'école. La cour de récréation avait été transformée en champ de foire, avec des stands où l'on trouvait de tout, depuis les hot-dogs et les hamburgers jusqu'à la traditionnelle barbe à papa en passant par les sodas et les bonbons.

Les haut-parleurs déversaient une musique assourdissante et des enfants couraient en tous sens, brandissant leurs épées fluorescentes. Le pique-nique battait son plein avant la séance de cinéma. Warragurra n'avait pas connu telle fête depuis longtemps. L'aéroport était littéralement submergé par les petits avions venus des ranchs éloignés. Les gens discutaient avec animation, ravis de se retrouver après des semaines d'isolation. Même les parents de Shane étaient là.

La semaine précédente, ils avaient présenté à Kate tous leurs vœux de réussite dans une lettre à laquelle était joint un gros chèque à titre de don. Même si leurs rapports avec elle devaient rester distants, ils semblaient au moins désireux d'enterrer la hache de guerre.

Bon nombre de stands étaient tenus par des Guides aidées de leurs parents. Sasha, pour sa part, avait préféré faire équipe avec Kate plutôt qu'avec son père. Sans se formaliser, Baden avait mis un tablier et s'occupait de la cuisson des viandes avec Richard, le père de Phoebe Walton.

Quand Kate le regarda, il lui sourit et lui adressa un grand signe avec sa fourchette. Elle se détourna, essayant d'oublier les fantasmes qui la taraudaient chaque fois qu'elle posait les yeux sur lui et se concentra sur la confection des souvlakis, brochettes à la sauce satay et autres hamburgers dont elle avait la charge.

A son côté, radieuse, Sasha encaissait l'argent des clients, tout en les incitant à ne pas oublier de faire le plein de bonbons avant le film.

— Tu es une commerçante-née, Sasha, commenta Kate.

— C'est super génial. Je ne me suis jamais autant amusée !

— Eh bien moi, j'ai grand plaisir à travailler avec toi. Surtout que c'est pour une bonne cause…

— Je suis sûre que maman serait contente de moi. Elle me disait toujours qu'on a une meilleure opinion de soi quand on aide les autres.

— Ta mère devait être quelqu'un d'intelligent.

— C'est sûr, mais toi aussi, tu l'es. Sans toi, jamais je ne serais arrivée à faire tout ça… Tu n'as pas vraiment l'intention de déménager ?

— Non. Pourquoi me poses-tu cette question ? répondit Kate, surprise.

— Oh, pour rien. C'est juste un truc qu'a dit papa…

— Je lui ai effectivement parlé de cela une fois, mais j'ai abandonné l'idée depuis.

A la grande surprise de la jeune femme, Sasha lui enlaça la taille et la serra contre elle.

— Si tu savais comme je suis heureuse que tu restes ! Tu me manquerais tant si tu partais…

Sasha s'était exprimée avec un tel accent de sincérité que Kate en fut bouleversée et ravie.

— Dites donc, nous avons faim, nous autres !

Devant le stand, coiffé d'un turban bleu-vert et le visage fendu d'un large sourire, se tenait Des Cincotta, la main de Brenda serrée dans la sienne. Derrière eux, s'étirait une longue file d'attente composée de gens portant tous le même turban.

— Oh, les turbans ! s'écria Sasha. Ils sont géants !

— J'en ai un pour chacune de vous, dit Brenda en ouvrant

son sac. Tenez ! Un grand pour Kate et un petit pour toi, Sasha. C'est un symbole d'avenir qui te rappellera aussi ta maman.

— Oh, merci, madame Cincotta ! Tu peux m'aider à le mettre, Kate ?

— Bien sûr.

La jeune femme mit son propre turban, puis enroula la seconde bande d'étoffe autour des cheveux de Sasha.

— Voilà ! Tu es superbe.

— Tu dis ça pour me faire plaisir…

— Mais non, Kate a raison. C'est vrai que tu es superbe, intervint Baden, qui s'était approché pour voir ce qui se passait. A vrai dire, vous êtes superbes toutes les deux, ajouta-t-il en regardant Kate par-dessus la tête de sa fille.

La jeune femme fut aussitôt parcourue par un frisson délicieux.

— Ne l'écoute pas, Kate, il raconte n'importe quoi ! dit Sasha. Même quand je rentre du cours d'arts plastiques couverte de peinture, il prétend qu'il me trouve magnifique. D'ailleurs, sans vouloir t'offenser, tu as de la sauce, là.

Kate s'essuya le nez en riant. Mais la remarque de Sasha lui rappela soudain les mots de Baden. « Tu es belle couverte de boue, et tu le serais tout autant couverte de cambouis. » Ces paroles signifiaient-elles davantage que ce qu'elle avait cru ? Se pouvait-il qu'il ait pour elle la même tendresse qu'il avait pour Sasha ? L'aimait-il ? A l'idée qu'un même amour pourrait les unir tous les trois et faire d'eux une famille, elle sentit son cœur bondir de joie.

— Bon, combien de hamburgers, monsieur Cincotta ? demanda Sasha, pragmatique.

— Vingt-cinq devraient faire l'affaire, répondit le fermier en lui tendant un billet vert.

Sasha contempla un instant la coupure de cent dollars avec des yeux ronds puis la rangea soigneusement dans la caisse.

— Papa, cesse de traîner ! ordonna-t-elle. Nous avons une commande de vingt-cinq hamburgers. Allez, Kate, il faut que tu prépares les pains !

— Ça marche, miss Tremont ! cria Baden en se mettant

au garde-à-vous. Kate, j'ai l'impression que quelqu'un nous a pris en mains, ajouta-t-il avec un clin d'œil.

Baden se dirigea vers les stands de boissons. Kate l'avait libéré de ses fonctions de rôtisseur à condition qu'il lui rapporte un « café ». Le double capuccino avec un supplément de crème qu'elle voulait n'était pas à proprement parler un café, mais il n'allait pas ergoter avec une femme qui travaillait depuis 5 heures du matin et qui avait bien besoin de faire une pause.

— Salut, Baden ! Ça va ?

Quelqu'un lui secouait le bras, le tirant de sa rêverie.

— Emily ! s'exclama-t-il en reconnaissant son ex-coéquipière, coiffée d'un turban bleu-vert d'où dépassaient quelques mèches de cheveux violets. Content de te voir.

— Alors, il paraît que tu as gagné au change avec Kate Lawson et que je ne te manque pas du tout ? dit-elle quand ils se furent embrassés.

— Puisqu'il fallait que tu t'en ailles, j'aime autant que ce soit elle plutôt qu'une autre qui t'ait remplacée, répondit-il, pris au dépourvu.

Emily éclata de rire.

— Quel diplomate tu fais ! N'empêche que tu ne m'as jamais regardée comme tu la regardes elle.

— Kate est une collègue précieuse, tout comme tu l'étais. Ne va pas imaginer des choses !

— Je n'imagine rien du tout. Je crois ce que je vois. J'ai pu t'observer à loisir, tout à l'heure, en attendant mon hamburger. Et je peux t'assurer que tu avais plus souvent les yeux sur Kate que sur ma viande calcinée !

— Calcinée ? Alors, c'est sûrement Richard qui l'a fait cuire, répliqua-t-il, espérant s'en tirer par une pirouette.

Emily lui tapota le bras.

— Je pense que c'est ce qui pouvait t'arriver de mieux... Tu es resté seul assez longtemps.

— Je ne suis pas seul. J'ai Sasha.

— Décidément, tu le fais exprès ! s'exclama-t-elle, se campant devant lui, les mains sur les hanches. Ecoute, tu as perdu ta femme et elle te manque, c'est compréhensible. Mais tu as fait ton deuil, maintenant, et il est normal et sain que tu veuilles aimer quelqu'un d'autre. La vie continue.

A la grande surprise de Baden, la réflexion d'Emily n'éveilla en lui aucune colère. Troublé par cette découverte, il préféra changer de sujet.

— Au fait, ton frère aîné a-t-il obtenu un prêt pour la construction de son système d'irrigation ?

Mais Emily ne l'écoutait pas. Toute son attention était concentrée sur le podium, où Linton annonçait au micro le début imminent de la séance de cinéma.

— Et comment va ce cher Linton ? reprit Baden avec un sourire entendu.

Un haussement d'épaules lui répondit.

— Aucune idée… Je ne l'ai pas vu depuis qu'il a repris son travail aux urgences, il y a trois mois.

— Vraiment ? J'avais pourtant l'impression que tu t'intéressais de près à lui…

— Ne va pas imaginer des choses ! répliqua-t-elle en prenant son air buté. Transmets mon bonjour à Sasha !

Puis, sur un petit signe de la main, elle rejoignit un groupe d'amis avant de se diriger avec eux vers le pré où devait avoir lieu la projection.

Baden prit place dans la file des gens qui attendaient pour se faire servir du café.

— Vous venez vous recharger en énergie avant d'aller surveiller les Guides au *drive-in* ? demanda-t-il à Evelyn Walton, qui se trouvait juste devant lui.

— Tout se passera bien, répondit-elle. Richard a rempli pour elles l'arrière du pick-up avec des cubes de mousse et j'ai assez de sucettes à leur distribuer pour garantir du travail au dentiste pendant une année entière.

— Si je comprends bien, nous pouvons nous attendre à une épidémie d'hyperglycémie !

— C'est bien possible, admit Evelyn en riant. Baden, pourriez-vous me rendre un service ?

— Bien sûr. Lequel ?

— Voilà : nous sommes déjà cinq adultes réquisitionnés

pour assurer la surveillance des filles, sans compter les parents qui se joindront sûrement à nous. Après tout ce que Kate a fait pour organiser cette soirée, elle mériterait au moins de regarder le film tranquillement et…

— Si vous comptez la convaincre de s'asseoir ailleurs que parmi ses Guides, je vous souhaite bon courage !

— Eh bien, en fait, c'est justement cela que je voulais vous demander de faire… Pourriez-vous lui parler ?

— Euh… Vous connaissez Kate. Elle ne se laissera pas facilement persuader de faire autre chose que ce qu'elle a prévu…

Evelyn prit sa tasse de café puis le dévisagea avec un regard sans indulgence.

— Vous êtes médecin, non ? Vous n'aurez qu'à lui expliquer qu'elle risque de tomber d'épuisement, ou quelque chose de ce genre… Ou, mieux encore, achetez-lui une glace ou des chocolats, puis installez-vous avec elle sur une couverture de pique-nique au bord du pré ! Ainsi elle sera hors de la vue des gens et personne ne viendra la déranger. Je suis certaine que vous trouverez un moyen.

Il imagina Kate blottie contre lui sur une couverture, ses cheveux lui chatouillant la joue, les lèvres… S'il se trouvait seul avec elle, les efforts qu'il avait déployés tout au long de la journée pour résister à l'envie de la prendre dans ses bras seraient réduits à néant.

Une idée germa alors dans son esprit, et sa résolution déjà vacillante de se tenir éloigné de la jeune femme acheva de s'effondrer. Il tenait la solution idéale qui conviendrait à Kate aussi bien qu'à lui-même tout en ménageant les sentiments de Sasha !

— D'accord, Evelyn. J'essaierai.

10.

Les genoux de Kate s'entrechoquaient. Si elle savait garder son flegme devant les pires blessures, elle était en revanche terrorisée à l'idée de prendre la parole en public.

— Tu n'as qu'à imaginer qu'ils sont tout nus ! suggéra Baden à voix basse.

— C'est tout ce que tu as trouvé comme conseil à me donner ?

— Fais-moi confiance ! Essaye ! insista-t-il avec un grand sourire tout en la poussant en avant.

Prenant une profonde inspiration, elle traversa la scène, qui n'était pas autre chose que le plateau du semi-remorque.

— Mesdames et messieurs, je m'appelle Kate Lawson…, commença-t-elle, avant de s'interrompre pour se tourner vers Baden, l'esprit vide et le cœur battant à tout rompre.

Les lèvres de Baden formèrent de nouveau les mots « tout nus », puis il leva le pouce en signe d'encouragement. La jeune femme regarda la foule en essayant de se représenter tous ces gens vêtus de leur seul turban bleu-vert et sentit aussitôt monter en elle une envie de rire libératrice.

— Je voulais simplement remercier tous ceux qui se sont impliqués dans ce projet, reprit-elle. Cette soirée est le fruit d'un formidable travail d'équipe, et je suis heureuse de vous informer que, grâce à vos efforts conjugués, la somme incroyable de sept mille dollars a pu être réunie pour la recherche d'un test diagnostique précoce du cancer ovarien.

Un tonnerre d'applaudissements ponctué de coups de Klaxon et de sifflements admiratifs accueillit ses paroles, tandis qu'une partie de la foule se mettait à scander : « Allez, Kate ! » Elle apaisa le tumulte d'un signe de la main.

— Des essais cliniques sont déjà en cours d'expérimentation et votre argent permettra de les mener à bien dans les meilleures conditions afin que cette maladie sournoise puisse être détectée avec certitude et rapidité… Et maintenant, place au cinéma ! Je vous souhaite une bonne soirée. Merci à tous !

Elle faillit sauter du podium tant elle était soulagée d'en avoir fini.

— Dieu merci, c'est terminé ! s'exclama-t-elle en rejoignant Baden. Où sont les Guides ?

— Les Guides sont sous la surveillance avisée des Walton. Quant à toi, tu as quartier libre.

— Tu plaisantes ?

— En ai-je l'air ?

— Et… toi ? Tu as des projets pour la séance de cinéma ?

— Je suis en possession d'une couverture de pique-nique et d'un assortiment de chocolats suisses. Si cela te fait plaisir, je t'invite à partager l'ensemble avec moi.

Si cela lui faisait plaisir ! Elle n'opposa aucune résistance quand il l'entraîna vers un coin tranquille près de sa voiture. Là, dans la pénombre, elle vit une couverture semée de coussins sur laquelle était posée une énorme boîte de chocolats.

— Ce n'est pas le meilleur endroit pour regarder le film, commenta-t-elle. C'est à peine si on distingue l'écran.

Le bras de Baden lui enserra la taille puis il l'attira contre lui pour lui caresser tendrement la joue.

— Je vois que tu commences à comprendre, murmura-t-il avant de prendre doucement ses lèvres.

S'agrippant aux épaules de l'homme qu'elle aimait, elle se laissa aller au plaisir de se perdre dans ce baiser tant désiré sans plus penser à rien. Quand leurs bouches se séparèrent, les dernières lueurs du jour s'éteignaient et la lune se levait.

— J'en rêvais depuis ce matin, dit Baden.

— Vraiment ?

— Vraiment… Tu sais que tu es incroyablement désirable quand tu endosses ton costume d'organisatrice ?

Elle se laissa tomber sur la couverture en riant et, soudain prise d'une faim de loup, elle ouvrit la boîte de chocolats.

— Désirable ? Je doute que Linton ait été de cet avis quand je lui ai imposé de jouer les maîtres de cérémonie ! répondit-elle tandis que Baden s'asseyait près d'elle. Il m'aurait plutôt qualifiée de despote en jupon !

— Si Linton s'avisait de te trouver désirable, il aurait affaire à moi…

Tout en parlant, il avait posé la main sur sa cuisse comme pour signifier qu'elle lui appartenait, et ce geste la remplit d'un bonheur indicible. Baden la voulait pour lui tout seul ! S'étendant sur les coussins, elle s'étira voluptueusement, le cœur en fête.

— Tu le provoquerais en duel ? demanda-t-elle, taquine.

— Par exemple… A moins que je ne t'imprime ma marque sur la peau au fer rouge.

Il se pencha sur elle pour lui mordiller le cou et elle se blottit entre ses bras avec le sentiment de s'y trouver à sa place.

— Je crois bien que nous allons multiplier les moments de ce genre à l'avenir, reprit-il.

Elle n'en revenait pas. Non seulement il la désirait, mais il envisageait un avenir avec elle ! Cette fois, elle ne s'était pas trompée. Elle était tombée amoureuse de l'homme qu'il fallait. Elle se vit à Sandon, entourée de Baden et de Sasha.

— Cela me conviendrait tout à fait, murmura-t-elle comme il s'emparait de nouveau de ses lèvres.

Un pinceau de lumière les éclaira soudain puis des rires étouffés jaillirent des buissons derrière eux. Baden se figea.

— Ce n'est pas le papa de Sasha qui est en train d'embrasser Koala ? chuchota une voix de fillette.

Le faisceau lumineux s'écarta.

— Chut ! Ils vont t'entendre. Allez, il faut vite retourner avec les autres avant que mon père nous cherche !

Reconnaissant la voix de Phoebe Walton, Kate s'esclaffa.

— Baden, j'ai l'impression que nous sommes faits !

Il s'assit, visiblement tendu tout à coup.

— Bon sang ! Elles vont le dire à Sasha !

— Ce n'est pas bien grave, dit-elle en lui prenant la main après s'être assise à son tour.

— Tu trouves ? Je ne voulais pas qu'elle l'apprenne de cette façon !

— Ce n'est pas l'idéal, bien sûr, mais tu pourras tout lui expliquer demain matin. Ou mieux encore, nous pourrons lui parler ensemble après le film.

— Lui parler ? Mais je ne comptais pas le faire !

— Crois-tu qu'il soit vraiment judicieux de lui cacher la vérité ? demanda-t-elle, déconcertée.

Il la dévisagea, l'air interloqué.

— J'ignore ce que tu en penses, mais je ne crois pas ma fille de douze ans en mesure de comprendre ce qu'est une liaison. Car c'est bien cela que nous voulons, toi et moi, n'est-ce pas ? Une aventure sans engagement qui ne concerne que nous deux ?

Kate crut qu'elle allait s'évanouir. Quand il avait parlé de « multiplier les moments de ce genre », il n'était donc question pour lui que de moments passés ensemble clandestinement, à l'insu de Sasha, comme dans la cabane des Fourbus ! Il n'avait jamais eu l'intention de vivre avec elle. Elle n'était qu'un à-côté. Son monde de rêve s'effondra brutalement.

— Pour toi, il s'agissait peut-être d'une simple liaison, mais pas pour moi, dit-elle en lui lâchant la main.

— Mais… Tu viens de dire que ça te conviendrait. A quoi croyais-tu que je faisais allusion ?

— Au fait que nous avions un avenir ensemble, toi, moi et Sasha, répondit-elle avec toute la dignité dont elle était encore capable.

— Je ne comprends pas… Tu m'as pourtant assuré que tu ne voulais pas d'une relation durable…

— C'était vrai à ce moment-là, mais les choses changent.

Elle se leva, imitée par Baden qui s'adossa à sa voiture.

— Nous ne pouvons pas vivre ensemble, Kate. Je dois penser au bien de Sasha. Tu peux comprendre ça…

— Non, je suis désolée. Je ne vois pas en quoi ton entêtement à rester prisonnier du passé peut contribuer au bien de Sasha.

— Elle a besoin que je lui consacre toute mon attention,

et je ne peux permettre à personne de remettre en cause ce principe. Du moins tant qu'elle ne sera pas adulte.

— Par contre, tu ne vois aucun inconvénient à prendre un peu de bon temps avec moi une fois par mois, quand Sasha rend visite à ses grands-parents à Adélaïde ?

A l'expression de Baden, elle comprit qu'elle avait deviné juste. C'était bien à un arrangement commode de ce genre qu'il avait songé.

— Tu enlaidis tout en parlant ainsi, dit-il en se frottant la nuque. Tu sais bien que la réalité est tout autre.

— Tu m'excuseras si je la vois différemment de toi !

Elle se força à respirer posément puis reprit sur un ton plus calme :

— Baden, tes rapports avec Sasha sont d'une qualité exceptionnelle, et en aucun cas je ne voudrais m'immiscer entre vous deux…

— Tu vois bien ! Mon plan est de nature à satisfaire tout le monde !

Il ne comprenait décidément rien !

— Non, Baden, ton plan n'est pas satisfaisant. Il est malsain. Il revient à enfermer ta fille dans un couvent en lui déniant toute chance de mener une vie de famille normale, avec des frères et des sœurs, des chiens et des chats.

Elle rassembla tout son courage avant de poursuivre :

— Au fil des mois, je suis tombée amoureuse de toi et de Sasha. Je veux fonder une famille avec toi, je veux que Sasha ait la chance de devenir une grande sœur.

Baden la dévisagea avec une expression d'horreur.

— Oh, Kate ! Je ne savais pas… Mais Annie m'a fait jurer que Sasha passerait avant tout, et je n'ai pas l'intention de me dérober à ma promesse.

Comment pouvait-elle lutter contre un fantôme ? Pourtant, d'après le portrait qu'en avait fait Sasha, Annie n'avait rien eu d'une mère possessive et égoïste craignant de perdre l'amour de sa fille après sa mort.

— Cette promesse impliquait-elle que tu ne devais jamais aimer quelqu'un d'autre ?

Le sentiment qu'elle lut dans les yeux de Baden à cet instant acheva d'anéantir ses espoirs. C'était de la pitié qu'il éprouvait pour elle, et non de l'amour. Elle prit soudain conscience de l'étendue de son erreur et la douleur qu'elle ressentit dépassait tout ce qu'elle avait connu. Ce fut comme si un raz de marée balayait en elle toute trace de joie et de bonheur pour ne laisser derrière lui qu'une noire dévastation.

— Il est temps que tu ailles te coucher, Sash, dit Baden en embrassant sa fille sur le front.

Vêtue de son pyjama rose, et les cheveux encore mouillés de la douche qu'elle venait de prendre, Sasha se pelotonna contre lui sur le canapé en bâillant.

— Je n'arriverai pas à dormir, papa. J'ai trop de choses qui me trottent dans la tête.

— Dès que tu seras dans ton lit tes yeux se fermeront tout seuls.

Il était beaucoup moins certain de pouvoir trouver le sommeil lui-même. Il pouvait s'attendre à voir défiler les heures en pensant à Kate. Quel désastre ! Jamais il ne s'était attendu à ce qu'elle tombe amoureuse de lui. Il s'en voulait de l'avoir fait souffrir, mais il était dans l'incapacité de lui offrir ce qu'elle désirait.

— C'était la meilleure soirée de ma vie, dit Sasha. Kate a été géniale ! Je me suis trop éclatée à faire la marchande avec elle, et le film était géant… Je veux dire amusant.

— Ah bon ? Et moi qui pensais que tu l'avais trouvé… grave nul.

— Ha, Ha ! Très drôle ! Non, il était super. Et pendant l'entracte, on a bombardé M. Walton avec des cubes de mousse et on s'est assises sur lui jusqu'à ce qu'il accepte de nous acheter des glaces. C'était cool. J'ai hâte d'aller raconter tout ça à Kate demain à Sandon.

— Nous n'irons pas à Sandon, dit Baden d'un ton neutre.

— Pourquoi ? On y va presque tous les jours.

— La soirée *drive-in* est terminée, à présent, et nous n'avons plus aucune raison d'aller chez Kate. Maintenant, va te coucher, je viendrai te border dans deux minutes.

Sasha prit un air buté.

— Kate m'a invitée et je veux y aller.

— Je sais que tu as fait des choses très intéressantes avec elle ces dernières semaines, mais ça ne peut pas durer toujours. Tu continueras à la voir le mercredi, aux Guides.

— Pourquoi est-ce que tu es méchant avec moi ?

Baden s'efforça de rester calme.

— Je ne suis pas méchant. Je veux seulement te faire comprendre que les meilleures choses ont une fin, et que la vie doit reprendre son cours normal. Entre son travail et les Guides, Kate est très occupée et tu dois la laisser respirer.

— Mais c'est mon amie intime ! Elle comprend tout ! s'exclama Sasha avec une expression signifiant clairement que lui ne comprenait rien.

— Qu'est-ce que tu marmonnes ? demanda Baden en l'entendant grommeler.

— Je dis que Kate est presque comme une maman.

— Elle est la cheftaine des Guides, et tu la retrouveras mercredi, répliqua-t-il avec impatience.

Sasha le regarda par en dessous.

— Phoebe m'a expliqué qu'elle t'avait vu embrasser Kate. Ça veut dire qu'elle est ton amie intime à toi aussi. Alors pourquoi tu refuses qu'on lui rende visite ?

Jamais Baden n'avait vu sa fille si déterminée. L'atmosphère lui parut soudain étouffante.

— Phoebe a dû me voir embrasser Kate en signe de remerciement. Cela ne fait pas d'elle une intime. Kate est ma collaboratrice, c'est tout… Enfin, bref, je suis navré, mais il n'est pas question que tu remettes les pieds à Sandon, point final ! Maintenant, va te coucher !

Sasha se leva d'un bond, en larmes, rouge de colère.

— Je te déteste ! Si tu savais comme je te déteste ! cria-t-elle avant de sortir en courant du salon.

Un instant plus tard, il l'entendit claquer la porte de sa chambre avec une telle force que les vitres tremblèrent. Quelle mouche les avait donc piquées, ce soir, elle et Kate ?

Il alla mettre un disque de musique douce afin de faire taire la petite voix qui lui répétait : « C'est ta faute ! » Après tout, il était le seul à savoir ce qui était bon pour sa fille. Il n'allait quand même pas faire le malheur de Sasha en s'engageant avec Kate, qui risquait de les quitter tôt ou tard !

Mais pourquoi sa certitude d'être dans le vrai était-elle si peu réconfortante ?

L'horloge sonna 2 heures, et Baden se détourna de son écran d'ordinateur, où les chiffres de son revenu imposable s'étaient mis à danser devant ses yeux. Incapable de dormir, il avait décidé de faire ses comptes. Il ferait au moins un heureux, ce soir — son comptable !

Il referma le PC, posa sa tasse vide dans l'évier puis se dirigea vers sa chambre. En passant devant celle de Sasha, il s'arrêta et ouvrit doucement la porte. Il n'allait jamais se coucher sans jeter un coup d'œil à Sasha car la vue de sa fille endormie le remplissait immanquablement d'une joie profonde.

La lune éclairait la pièce, et il fut surpris de voir la fenêtre grande ouverte. Il alla la refermer sans bruit puis baissa le store. Sasha avait besoin de onze heures de sommeil et le soleil se levait tôt.

Comme d'habitude, la chambre était un fouillis de livres et de CD. Les tiroirs ouverts de la commode débordaient de vêtements en désordre. Baden se baissa pour ramasser le couvre-pieds rose qui avait glissé par terre, et, quand il se redressa, il vit que le lit était vide.

Sans réfléchir, il posa la main sur le drap… Froid ! Il se tourna vers la fenêtre, la peur au ventre. Pourquoi l'avait-il trouvée ouverte ?

Retournant dans le couloir, il appela :

— Sasha ? Tu es là, ma chérie ?

Il ouvrit une à une les portes de la maison, appelant chaque fois sa fille, de plus en plus angoissé. Puis il prit la lampe torche dans le placard de l'entrée et sortit comme un fou inspecter le jardin. Personne.

Il courut jusqu'à l'arrière de la maison. Là, sous la fenêtre de Sasha, en voyant un buisson aux branches cassées et aplaties, il comprit qu'elle s'était bel et bien enfuie.

La panique le submergea, et les idées se mirent à tournoyer dans sa tête. Sa fille, sa toute petite fille était dehors, seule dans le noir ! Sa gorge se serra.

Se forçant à réfléchir, il se mit à marcher machinalement. Dans l'état d'énervement où elle se trouvait, où avait-elle pu aller ? Erin ! Il se précipita dans l'entrée, saisit le téléphone et composa d'une main tremblante le numéro des Baxter. Au bout d'un temps infini, quelqu'un décrocha enfin.

— James Baxter, grommela une voix ensommeillée. Qui est à l'appareil ?

— James, ici Baden Tremont. Je suis désolé de vous déranger, mais Sasha n'est pas à la maison. Est-elle chez vous ? Elle a pu se glisser discrètement dans la chambre d'Erin…

— Je vais voir, dit James après un silence. Je vous passe Trix.

— Allô, Baden ? Qu'y a-t-il ? demanda la mère d'Erin.

— Je me suis disputé avec Sasha et elle est partie. Comme vous habitez tout près, j'ai pensé qu'elle pouvait être chez vous.

Il entendit la voix de James en arrière-fond puis Trix reprit :

— James me dit qu'Erin dort, et que Sasha n'est pas là. Repensez au motif de votre dispute, cela vous donnera peut-être une idée de l'endroit où elle a pu aller !

Kate !

— Bonne idée ! Merci, Trix, je vous tiens au courant.

Il raccrocha, griffonna un mot — « Je t'aime Sasha. Si tu trouves ceci, appelle-moi sur mon portable. » — puis sortit sans verrouiller les portes et sauta dans sa voiture.

Il conduisit au ralenti jusque chez Kate, en pleins phares, dans l'espoir d'apercevoir une petite silhouette au bord de la route, mais il ne vit pas âme qui vive. Sasha devait être chez Kate. Il le fallait. Il s'engagea dans la longue allée de Sandon, entre les cyprès qui masquaient le clair de lune. Quand il descendit de voiture, Rupert se mit à aboyer.

— Chut, Rupert ! Ce n'est que moi, chuchota-t-il.

Les cellules photoélectriques de la véranda ayant capté sa présence, les projecteurs braqués sur la porte d'entrée s'allumèrent et il se mit à marteler du poing le lourd vantail de chêne.

— Kate ! Ouvre-moi !

Quelques instants plus tard, la voix angoissée de la jeune femme lui répondit derrière la porte.

— Baden ? C'est toi ?

— Oui, c'est moi.

Elle ouvrit et le dévisagea tout en nouant la ceinture de sa robe de chambre.

— Tu as bu ? demanda-t-elle d'un ton glacial. Je te signale qu'il est 2 heures du matin.

Son arrivée inopinée avait à l'évidence réveillé chez elle des souvenirs pénibles, mais, trop inquiet pour se soucier de courtoisie, il écarta la jeune femme, entra et entreprit d'ouvrir toutes les portes qui se présentaient.

— Baden, qu'est-ce que tu fais ? s'écria-t-elle en le saisissant par le bras. Qu'est-ce qui t'arrive ?

— Sasha était épuisée quand nous sommes rentrés du *drive-in*. Nous nous sommes disputés et elle a fugué, expliqua-t-il, évitant délibérément de mentionner la raison de la querelle. Elle n'est pas chez les Baxter et je doute qu'elle ait pu aller chez les Walton. Alors je me suis dit qu'elle était peut-être ici.

La surprise, puis l'inquiétude se peignirent tour à tour sur le visage de Kate, et Baden comprit qu'en dépit de ses griefs envers lui, elle l'aurait immédiatement appelé si Sasha s'était présentée à Sandon.

— Pour quelle raison vous êtes-vous… Depuis combien de temps penses-tu qu'elle est partie ?

— Il était 23 heures quand elle est allée se coucher. Cela fait plus de trois heures.

— Si elle était chez une amie, les parents t'auraient prévenu… A moins que la camarade en question n'ait caché la présence de Sasha par crainte d'une punition.

— Tu as raison, je n'y avais pas pensé, dit Baden, un peu soulagé. Je vais commencer à téléphoner tout de suite…

— Un instant ! Il faut agir avec méthode.

Kate fouilla dans un placard et en sortit un classeur.

— Tu as là-dedans les coordonnées de toutes les Guides, reprit-elle. Prends-le et rentre chez toi pour passer tes coups de fil ! Ainsi, tu ne manqueras pas Sasha si elle revient.

L'angoisse de Baden commençait à se dissiper sous l'effet

des conseils de Kate et il se félicita d'avoir frappé à la bonne porte. Décidément, Kate Lawson était une femme hors du commun.

— D'accord. J'y vais.

Prenant son propre mobile, elle regarda l'écran.

— Ma batterie est chargée au maximum. Je vais faire le tour de la ville en voiture et j'emporte mon portable. Appelle-moi à n'importe quel moment ! Ou plutôt non, appelle-moi dans une heure, à moins que l'un de nous trouve Sasha avant.

Elle posa une main sur son bras avant d'ajouter :

— Nous la trouverons.

— Merci, Kate. J'apprécie ton aide, dit-il, couvrant la main de la jeune femme de la sienne.

— Je fais ça pour Sasha, répliqua-t-elle en se dégageant.

Il se dirigeait déjà vers la porte, mortifié, quand elle ajouta :

— Baden ! Si tu ne la trouves pas, il faudra que tu appelles Daryl Thornton au commissariat pour que des recherches puissent être entreprises dès le lever du jour.

Exactement l'éventualité qu'il se refusait à évoquer depuis une heure ! La terreur s'empara de nouveau de lui.

11.

Kate enfila un jean, des grosses chaussettes, un T-shirt à manches longues et une polaire. Ainsi, si la recherche de Sasha devait se transformer en battue, elle serait prête à y participer.

Quand Baden avait tambouriné contre sa porte, comme Shane le faisait, elle l'avait d'abord cru ivre. Mais en voyant son air hagard, elle avait compris qu'il s'était passé quelque chose de grave et, maintenant qu'elle connaissait la cause de son affolement, elle le comprenait tout à fait.

Qu'est-ce qui avait bien pu se passer dans la tête de Sasha pour qu'elle s'enfuie de chez elle en pleine nuit ?

Après avoir mis dans son sac à dos du matériel de première urgence ainsi qu'une gourde d'eau et quelques barres énergétiques, la jeune femme se dirigea vers sa voiture. Daryl Thornton ne déclencherait aucune opération de recherche avant l'aube. En attendant, elle fouillerait la ville.

Pendant plus d'une heure, elle parcourut les rues désertes, faisant halte pour inspecter l'école, la gare routière, le local des Guides, la piscine et tous les lieux habituellement fréquentés par Sasha. En vain.

Arrêtant la voiture, elle se força à réfléchir. Pour deviner où était allée Sasha, elle devait raisonner comme une fille de douze ans ! Elle resta un long moment les yeux fixés sur un poteau indicateur sans qu'aucune inspiration lui vienne, puis une remarque de la petite lui revint à la mémoire. « Je suis déjà allée en marchant de chez moi jusqu'à Ledger's Gorge. J'ai bien aimé ces gorges. C'est un endroit où on peut réfléchir tranquille. »

Ledger's Gorge ? Non, cela semblait impossible... Sans

doute Sasha avait-elle eu besoin de « réfléchir tranquille » après s'être querellée avec son père, mais le site de Ledger's Gorge était difficilement accessible de nuit… Kate pesa le pour et le contre, puis, ne trouvant pas de meilleure idée, elle redémarra et mit le cap sur la sortie de la ville.

L'aire de pique-nique de Ledger's Gorge était déserte, à l'exception de deux wombats qui broutaient l'herbe au clair de lune. Descendant de voiture, la jeune femme hurla le nom de la jeune fille, les mains placées en porte-voix. Seul l'écho lui répondit.

Elle balaya lentement de sa lampe torche l'obscurité alentour. Le faisceau fit surgir de l'ombre le panneau de bois indiquant le départ du sentier des gorges. L'idée que Sasha ait pu emprunter ce raidillon déjà assez dangereux en plein jour semblait absurde, mais Kate ne parvenait pas à la chasser.

Finalement, elle ajusta son sac à dos, glissa son mobile dans sa poche et, à la lumière de sa lampe, s'engagea sur l'étroit chemin, s'arrêtant tous les dix pas pour appeler. Mais elle avait beau tendre l'oreille, aucun bruit ne lui parvenait. Seul le craquement des brindilles sous ses pas la faisait sursauter.

Pourtant, contre toute raison, elle continuait d'avancer. Elle atteignit bientôt le haut du vertigineux escalier de géant taillé dans la roche rouge et descendit prudemment quelques marches avant d'appeler de nouveau.

Croyant entendre un petit bruit, elle retint son souffle, tous les sens aux aguets, mais tout était silencieux. Elle reprit sa lente progression, s'asseyant sur une marche pour se laisser glisser jusqu'à la suivante.

— Sasha ! cria-t-elle une nouvelle fois après être descendue de quelques dizaines de mètres.

Elle éclaira autour d'elle en arc de cercle, plissant les paupières pour mieux voir. Il n'y avait que des arbres et, à sa gauche, le trou noir du précipice.

A la quarante-septième marche, elle résolut de faire demi-tour. C'était de la folie. Elle était en train de se mettre en danger pour rien. Si Sasha avait été là, elle aurait répondu à ses appels depuis longtemps. Elle hurla une dernière fois le nom de la petite tout en braquant sa lampe ici et là.

Soudain, le faisceau passa sur une tache de couleur et elle le ramena vivement en arrière. Il y avait bien quelque chose là-bas, en dessous d'elle. Quelque chose de rose…

— Sasha ?

Mais la tache rose demeura immobile.

Le cœur battant, Kate descendit encore une quinzaine de marches puis braqua de nouveau sa lampe. Sur une saillie rocheuse en contrebas des marches, soutenu par un buisson épais, gisait le corps inerte de Sasha, en pyjama rose.

Elle s'approcha du bord à quatre pattes, priant le ciel que Sasha soit en vie, puis elle éclaira le surplomb qui n'était pas à plus de trois mètres. Trouvant des prises à tâtons dans la paroi, elle parvint à descendre assez bas pour se laisser tomber sans trop de risques. Des épines l'égratignèrent au passage lorsqu'elle roula sur la corniche, mais quelques mouvements lui permirent de constater avec soulagement qu'elle ne s'était rien cassé dans sa chute.

Elle rampa jusqu'à Sasha qu'elle éloigna du bord du gouffre en la tirant comme elle pouvait, puis elle la secoua doucement par les épaules.

— Sasha, ma chérie… C'est moi, Kate.

Les paupières de Sasha s'entrouvrirent pour se refermer aussitôt. Dieu merci elle était vivante ! Kate l'examina rapidement. Sasha avait le visage couvert d'écorchures et sa tempe était maculée de sang séché, mais ses voies aériennes étaient dégagées et ses réflexes pupillaires normaux, ce qui signifiait qu'elle n'avait pas de lésion cérébrale.

Mais lorsqu'elle lui palpa les membres, Sasha se mit à gémir et poussa un cri lorsqu'elle lui toucha la jambe gauche.

— Je suis désolée, Sash, tu as une jambe cassée…

Sans doute réveillée par la douleur, elle éclata en sanglots.

— Oh, Kate ! J'ai eu si peur ! Papa va me tuer.

— Mais non. Il sera trop content que tu sois saine et sauve.

Elle prit dans son sac une couverture de survie dont elle l'enveloppa.

— Je vais lui téléphoner tout de suite, et il sera là dès le lever du soleil pour t'emmener à l'hôpital.

Elle sortit son portable puis, à la lumière de sa lampe

calée entre les branches d'un buisson, elle afficha le numéro de mobile de Baden et appuya sur la touche d'appel… Rien ne se produisit.

Pas de signal ! Quelle erreur stupide ! Habituée à utiliser le téléphone satellite dans le cadre du travail, il ne lui était même pas venu à l'esprit qu'il existait des zones où son appareil personnel ne captait pas. Et, à présent, elle était coincée sur une corniche avec une jeune fille blessée, sans aucun moyen d'obtenir de l'aide !

Baden ne lui pardonnerait jamais.

— Comment pensez-vous qu'elle était habillée quand elle est partie ? demanda Daryl, debout au milieu de la chambre de Sasha, en ouvrant son calepin.

— Les seules choses que je n'ai pas retrouvées parmi ses affaires sont ses chaussures de marche et son pyjama rose, répondit Baden, s'efforçant de rassembler ses idées. Son sac à dos est là, mais pas sa lampe torche.

— Il fait froid, cette nuit. Elle n'a pas pris de vêtements chauds ?

Baden ouvrit un tiroir et en fouilla le contenu.

— Peut-être un haut rouge avec une capuche, mais je n'en suis pas sûr.

En pyjama, Sasha risquait l'hypothermie. Et c'était sa faute à lui si elle se trouvait seule dehors dans le froid !

— Et vous dites avoir appelé ses amies, qui vous ont affirmé ne pas l'avoir vue ?

— Oui. Et Kate Lawson a entrepris de faire une ronde en ville pendant que je passais les coups de téléphone d'ici dans l'éventualité où Sasha rentrerait.

— Excellente initiative… Bon, cela fait maintenant cinq heures que votre fille est partie. Je vais organiser les recherches et alerter les volontaires en leur donnant rendez-vous au commissariat dans une heure.

— Je viendrai, dit Baden, soulagé de pouvoir enfin faire quelque chose de concret.

— Je préférerais que vous restiez chez vous, docteur, au cas où votre fille rentrerait de sa propre initiative.

— Ecoutez, je n'en peux plus d'attendre… Il faut absolument que j'agisse d'une façon ou d'une autre.

Daryl se gratta la tête.

— Dans ce cas, appelez Kate, puisque la petite la connaît, et dites-lui de venir prendre votre place. Cela vous permettra de participer vous-même aux recherches. Je vous verrai tout à l'heure au commissariat.

— Parfait, j'y serai.

Dès que Daryl eut disparu Baden composa le numéro de Kate, mais au lieu de la sonnerie attendue, il entendit une voix impersonnelle.

« La communication que vous avez demandée ne peut être établie. Il est possible que votre correspondant ait éteint son téléphone ou se trouve dans une zone non couverte par le réseau. Veuillez rappeler ultérieurement. »

Dans sa hâte, il avait dû taper un mauvais chiffre. Il refit une tentative, en utilisant cette fois le répertoire et l'appel automatique pour être sûr de ne pas se tromper. Il obtint le même résultat.

Il regarda la pendule. Il n'avait pas appelé Kate au bout d'une heure, comme convenu, car il était avec Daryl, mais elle n'avait pas appelé non plus… D'autre part, expérimentée comme elle l'était en matière de sauvetage et de recherche, elle n'aurait jamais éteint son portable dans de telles circonstances… L'inquiétude s'insinua en lui.

Il avait dû se passer quelque chose. Quelque chose de grave. Sasha introuvable, et maintenant Kate… Il songea soudain aux manchettes des journaux relatant des faits divers épouvantables survenus tant dans des bourgs de province que dans des grandes villes, et son sang se glaça.

Tombant assis dans un fauteuil, il se prit la tête entre les mains, complètement anéanti par la douleur. Il n'allait tout de même pas les perdre toutes les deux en même temps ? Perdre sa fille et… et la femme qu'il aimait ?

Il aimait Kate ! Cela lui apparaissait comme une évidence à présent. Comment avait-il pu s'aveugler à ce point ? Sa promesse de donner priorité à sa fille ne signifiait pas qu'il lui était interdit d'aimer une autre qu'Annie, mais seulement que cette autre devait aimer Sasha, et en être aimée !

Seulement, Kate avait disparu et il ne pouvait pas lui déclarer son amour.

Il devait agir, vite, et retrouver les deux êtres qui comptaient le plus pour lui ! Il voulait les serrer toutes les deux sur sa poitrine en leur disant ce qu'il éprouvait pour elles.

Saisissant son téléphone, il appela Daryl tout en se ruant dehors vers sa voiture.

— Kate a disparu. Il faut faire venir l'hélicoptère. Et qu'il ne décolle pas sans moi !

Kate prit le pouls de Sasha avec ses doigts gelés. Il était rapide, mais cela pouvait être dû à la douleur.

Des chants d'oiseaux s'élevèrent bientôt pour annoncer le jour, puis ce fut un concert de gazouillis, et le soleil surgit soudain, énorme et rouge, de l'autre côté des gorges, chassant la nuit et le froid.

Dans un tout autre contexte, la jeune femme se serait émerveillée d'un spectacle si grandiose, mais la situation n'incitait guère à contempler la nature. Depuis une heure, réfugiée sous la couverture avec une Sasha terrifiée, elle s'efforçait de la réchauffer en la serrant contre elle.

Courbatue, meurtrie par les branches et les aspérités du sol, elle jura de ne jamais plus se plaindre de la qualité d'un matelas.

Pour essayer de se réconforter, elle se dit que Baden avait dû alerter Daryl et que les recherches étaient sûrement en cours. Mais elles commenceraient à partir de la maison de Baden pour s'élargir peu à peu en cercles concentriques. Cela pouvait prendre des heures !

Pourquoi n'avait-elle pas prévenu Baden avant de quitter la ville ? Il était un peu tard pour se le demander ! Au moins, sa voiture était garée sur le parking du site et si quelqu'un avait l'idée de passer par là, peut-être la reconnaîtrait-il…

— Kate…, dit Sasha en lui agrippant la main. J'ai très mal. Quand est-ce qu'on viendra me chercher ?

— Je ne sais pas, ma chérie. Il faut que tu sois aussi courageuse que tu l'as été pour venir ici toute seule en pleine nuit.

— Ce n'était pas du courage. Je crois plutôt que c'était de la bêtise.

— Peut-être, mais lorsqu'on est triste ou en colère, on ne réagit pas toujours de façon sensée.

— C'est vrai que j'étais en colère contre papa. Quand je lui ai dit que je voulais venir te voir à Sandon, il m'a répondu que je ne te verrais plus ailleurs qu'aux Guides.

— Eh bien, tu me vois maintenant, et quand tu seras bien installée dans un lit d'hôpital, nous reparlerons de tout ça avec ton papa. A mon avis, il ne s'est pas rendu compte de l'importance que cela avait pour toi.

« Et pour moi ! » songea-t-elle, amère.

Comme elle se tournait pour prendre sa trousse, elle vit le précipice qui s'ouvrait à quelques mètres et en eut le souffle coupé. Elle préféra éviter d'imaginer ce qui se serait produit si un buisson n'avait pas interrompu la chute de Sasha.

— Je vais te réexaminer maintenant que je vois clair et te poser une perfusion. Ainsi je pourrai t'administrer un médicament contre la douleur.

— Je vais avoir mal ?

— Pas autant que quand tu es tombée, répondit Kate en lui nouant le garrot autour du bras. Maintenant, garde les yeux sur le sentier pour voir si quelqu'un vient ! Nous commencerons à appeler à l'aide d'ici une heure, quand il y aura davantage de chances qu'un randonneur passe par là et nous entende.

Sasha acquiesça tout en se raidissant quand l'aiguille lui pénétra le bras. Kate suspendit une poche de sérum physiologique à une branche, mais avant d'y fixer la canule, elle ôta sa polaire et la tendit à Sasha.

— Je vais te retirer ton haut de pyjama et te mettre ceci à la place.

— Pourquoi ?

— Le rose fluo se voit de loin et je veux étaler ton pyjama sur le buisson comme signal. Je l'agiterai au-dessus de ma tête si nous apercevons quelqu'un. C'est grâce à ton pyjama que je t'ai retrouvée, et les sauveteurs aussi nous retrouveront grâce à lui.

— Et papa qui disait que je portais trop de rose !

Sasha se mit à rire, mais s'arrêta aussitôt en grimaçant.

L'échange de vêtements accompli, Kate brancha le goutte-à-goutte et immobilisa la jambe à l'aide d'une attelle gonflable, remerciant le ciel que Sasha n'ait pas eu une fracture ouverte avec tous les risques d'infection que cela aurait entraîné. Puis, comme le soleil montait dans le ciel, elle commença à appeler à l'aide à intervalles réguliers.

N'obtenant pour toute réponse que la visite de quelques minuscules lézards sortis de leurs trous pour se chauffer au soleil, elle s'interrompit pour grignoter une barre chocolatée et boire un peu d'eau. Puis l'attente reprit.

— Qu'y a-t-il ? Tu as mal ? demanda Kate, voyant Sasha changer brusquement de position.

— Non. Ecoute… Tu entends ce bruit ?

Kate tendit l'oreille et perçut un ronronnement lointain. Un avion ? Elle bondit sur ses pieds, prit un bâton et l'enfila dans une des manches du pyjama.

— Tu crois qu'ils vont nous voir ? demanda Sasha d'une voix angoissée tandis que le bruit s'amplifiait.

— Je l'espère, ma chérie.

Au moment où elle levait son drapeau improvisé, un hélicoptère jaune apparut soudain au-dessus des falaises rouges et commença à longer les gorges.

— Agite bien le pyjama ! hurla Sasha, essayant de couvrir le sifflement du rotor.

Campée sur ses jambes écartées, Kate se mit à décrire des huit en l'air avec le pyjama, mais l'appareil passa devant elle puis s'éloigna en remontant vers le ciel. Le bruit décrut et s'éteignit.

— Ils vont certainement faire un second passage, dit Kate en baissant son drapeau.

— Ecoute ! Ils reviennent !

Ignorant les protestations de ses muscles endoloris, la jeune femme se remit à agiter frénétiquement son fanion tandis que l'appareil se rapprochait, à petite vitesse cette fois.

Parvenu à leur hauteur, il s'immobilisa en vol stationnaire, faisant voler la poussière dans un vacarme assourdissant. Kate aperçut le visage blême de Baden et lui fit signe pouce levé afin de le rassurer.

— Ton papa nous a retrouvées, ma chérie ! cria-t-elle à Sasha, qui semblait hésiter entre le rire et les larmes.

L'hélicoptère prit un peu d'altitude de façon à se placer à la verticale de la corniche puis Kate vit descendre vers elle un conteneur métallique au bout d'un câble. Elle s'en saisit, l'ouvrit, et en sortit un talkie-walkie.

— Kate ? Tu me reçois ? A toi ! dit la voix de Baden dans l'écouteur.

— Cinq sur cinq. Sasha n'a rien de grave. Sans doute une fracture du tibia et du péroné, mais elle est tout à fait consciente. A toi !

— Ah, Dieu merci ! Je te rejoins. Terminé !

Vêtu d'une combinaison orange et d'un casque, Baden accrocha son harnais au bout du câble et descendit lentement vers elle. Elle le saisit par les hanches pour le stabiliser dès qu'il fut à portée.

— Attache ta radio autour de ton cou ! ordonna-t-il quand il eut pris pied sur la corniche.

Cela sonnait comme un rappel à l'ordre du Dr Tremont. Elle sentit son cœur se serrer.

Puis il se détourna d'elle pour s'agenouiller près de Sasha, qui noua les bras autour de son cou. Le père et la fille étaient enfin réunis… Et Kate toujours seule.

Il lui fit signe de se placer de l'autre côté de Sasha et de parler dans le talkie-walkie pour que le pilote puisse suivre la conversation.

— A-t-elle eu un analgésique ? demanda-t-il après avoir vérifié l'attelle gonflable.

— Oui. Il y a une heure.

— Très bien, merci… Sasha, il ne va pas falloir que tu aies le trac. Je vais t'arrimer à moi avec le harnais puis James nous hélitreuillera tous les deux. Cela te fera peut-être mal à la jambe, mais c'est le plus sûr moyen de te sortir d'ici.

— J'y arriverai papa. N'est-ce pas, Kate ?

— Si tu veux, tu peux, ma chérie, répondit-elle. Et d'ici quelques heures, quand on t'aura plâtrée, tu dégusteras un milk-shake en te demandant si tout ceci n'a pas été qu'un mauvais rêve.

— Tu vas aussi faire monter Kate dans l'hélicoptère, papa ? s'enquit Sasha.

— Non. Elle ira à pied.

Il n'y avait rien d'anormal à cela, bien sûr, car elle n'était pas blessée et son aide n'était pas indispensable. Pourtant, elle sentit une boule se former dans sa gorge.

Mais il ne s'agissait pas de s'apitoyer ! Se ressaisissant, elle aida Baden à attacher Sasha contre lui. Puis il fit un signe à James et le treuil se mit en marche, enlevant dans les airs les deux personnes qu'elle aimait le plus au monde.

Les larmes qu'elle retenait depuis douze heures jaillirent de ses yeux.

La tête de Kate résonnait encore des remontrances de Daryl. Il avait commencé à lui reprocher son imprudence avant même de lui lancer une échelle de corde pour qu'elle puisse grimper sur le chemin, puis il l'avait chapitrée tout le temps qu'avait duré leur remontée jusqu'au parking, et admonestée jusqu'à l'hôpital, où il l'avait lui-même conduite. Enfin, après l'avoir remerciée en la serrant paternellement dans ses bras, il l'avait laissée seule, assise dans un fauteuil de la salle de repos des urgentistes, une tasse de thé brûlant entre les mains.

— Alors, tu te réchauffes ? demanda Linton, passant la tête par la porte entrebâillée. Il paraît que tu as joué les patientes récalcitrantes en refusant de t'installer dans un box ?

Elle leva les yeux au ciel.

— Je ne suis pas une patiente ! Tout ce qu'il me faut, c'est une bonne douche et un peu de sommeil… D'ailleurs, tu ne me sembles pas très en forme non plus. La nuit a été mouvementée ?

L'air un peu contrit, il alla prendre une chaise, la tourna et s'assit à califourchon dessus.

— Eh bien, j'ai eu à cœur de jouer le rôle d'animateur que tu m'avais assigné. Après le *drive-in*, j'ai initié les nouvelles kinés stagiaires aux joies du Warragurra by night…

— Quoi ? Mais je t'avais seulement demandé de faire le maître de cérémonie ! Alors, si je comprends bien, après être sorti avec toutes les infirmières de l'établissement, tu t'attaques aux étudiantes, à présent ? Tu ne trouves pas qu'elles sont un peu jeunes pour toi ?

— Comment peux-tu dire une chose pareille ? Mais à propos… tu n'es jamais sortie avec moi, que je sache. Tu devrais essayer. Je t'assure que tu ne t'ennuierais pas, dit-il, taquin.

— Non merci ! Je ne tiens pas à avoir le cœur brisé ! répliqua-t-elle en riant.

Linton se leva et remit la chaise en place.

— Sasha Tremont est remontée du bloc, dit-il, recouvrant son sérieux. Sa fracture a été réduite et on lui a posé une broche. Elle peut recevoir des visites.

— Merci, Linton. J'irai la voir un peu plus tard… J'espère pour toi que la journée sera calme aux urgences.

Il lui adressa un grand sourire puis quitta la pièce.

Il aurait fallu qu'elle rentre chez elle se doucher. Elle avait des millions de choses à faire, comme d'organiser les activités des Guides pour la semaine suivante, ou de faire le point après la soirée *drive-in*, mais il lui paraissait impossible de mobiliser son énergie.

Le bruit de la porte qui se rouvrait la tira de sa rêverie.

— Linton m'a dit que tu étais là.

Les yeux cernés, les joues noires de barbe, Baden avait l'air épuisé, et elle dut réprimer son envie de le prendre dans ses bras pour le réconforter. Puis elle se rappela que c'était en partie à cause d'elle qu'il avait passé une nuit épouvantable et son sentiment de culpabilité resurgit.

— Sasha dort, reprit-il.

— Elle en avait bien besoin…

— Oui. La nuit a été rude.

— Je suis désolée… J'aurais dû t'avertir que je partais pour

Ledger's Gorge. Mais je ne pensais qu'à retrouver Sasha, et j'ai tellement l'habitude d'utiliser le téléphone satellite que…

— Ne t'avise jamais de refaire ça !

Elle frémit tout en s'efforçant de ne pas perdre contenance. Il lui agrippa soudain les épaules, lui faisant presque peur.

— Tu m'entends ? Jamais plus je ne veux ressentir ce que j'ai ressenti cette nuit !

Puis, sans que rien ait pu le laisser prévoir, il l'attira contre lui pour la serrer dans ses bras comme dans un étau.

— Aller chercher Sasha là-bas était peut-être un trait de génie, mais c'était surtout une idiotie ! Te rends-tu compte que tu aurais pu faire un faux pas sur ces marches ? Que tu aurais pu te tuer ?

— Je ne me suis pas tuée…

Prenant le visage de la jeune femme entre ses mains, il plongea son regard dans le sien.

— Quand j'ai essayé de te joindre sans y parvenir, j'ai cru qu'un déséquilibré vous avait enlevées, toi et Sasha, et que je t'avais perdue pour toujours. J'étais obsédé par l'idée que tu avais disparu sans savoir que je t'aimais.

Elle le regarda sans comprendre, bouche bée.

— Tu… Tu m'aimes ?

— De tout mon être, dit-il en lui prenant les mains.

Elle se libéra et se leva, serrant ses bras autour d'elle pour s'empêcher de trembler.

— Mais tu m'as affirmé hier soir que c'était impossible… Que tu étais tenu par la promesse que tu avais faite à Annie.

— Je me suis conduit comme un imbécile, Kate. Mon univers a vacillé quand j'ai perdu ma femme. Et je me suis persuadé que la meilleure manière d'apporter à Sasha la sécurité dont elle avait besoin pour grandir était de réaliser tous les projets que nous avions faits, Annie et moi.

— Seulement il est impossible d'arrêter le cours de la vie…

— Tout à fait impossible. Sasha l'a compris avant moi. Tu avais raison. En croyant l'aider à s'épanouir je l'empêchais de vivre une vie normale… Sasha t'adore, Kate.

— Est-ce pour cela que tu m'aimes ? Parce que Sasha a de l'affection pour moi ?

— Pas du tout ! s'exclama-t-il en franchissant d'un pas la distance qu'elle avait mise entre eux. Je suis tombé amoureux de toi à l'instant même où j'ai vu tes jambes dans l'avion, la première fois que nous avons travaillé ensemble. Et depuis, tu occupes mes rêves et mes pensées. Mais, surtout, grâce à toi, je revis. Kate, acceptes-tu de m'épouser et de m'aider à élever ma fille ?

— C'est la plus merveilleuse question qu'on m'ait jamais posée, dit-elle, le souffle court.

— Mais as-tu une réponse ?

Elle lui tendit ses lèvres, et ce fut un long baiser qui scella leur pacte d'amour. Pas assez long pour Kate, cependant, qui se sentit frustrée quand Baden s'écarta.

— Nous avons toute la vie pour nous embrasser, dit-il avec un petit rire malicieux. En attendant, allons fêter nos fiançailles avec notre fille ! Elle pourra nous porter un toast avec un milk-shake bleu des mers du sud.

Notre fille ! Le rêve était devenu réalité !

— Excellente idée.

— Et, à propos de couleurs, si tu parviens à la dissuader de porter autre chose qu'une robe rose ou violette au mariage, je te tire mon chapeau.

— N'oublie pas que le rose nous a sauvé la vie, aujourd'hui. Je pense que nous devrions en faire notre couleur fétiche. D'ailleurs, je suis sûre qu'une chemise rose serait très chic sous ton smoking…

Il la regarda d'un air horrifié.

— Il n'est absolument pas question que je…

Mais elle lui ferma la bouche d'un baiser, et il n'émit plus la moindre protestation.

A paraître le 1er mai

Best-Sellers n°559 • suspense

Un tueur dans la nuit - Heather Graham

Un corps atrocement mutilé, déposé dans une ruelle mal éclairée de New York en une pose volontairement suggestive…

En s'avançant vers la victime – la quatrième en quelques jours à peine –, l'inspecteur Jude Crosby comprend aussitôt que le tueur qu'il traque vient une fois de plus d'accomplir son œuvre macabre. Qui est ce déséquilibré, qui semble s'ingénier à imiter les crimes commis par Jack l'Eventreur au 19e siècle ? Et comment l'identifier, alors que le seul témoin à l'avoir aperçu n'a distingué qu'une ombre dans la nuit, vêtue d'une redingote et d'un chapeau haut de forme ? Se pourrait-il, comme le titrent les médias, déchaînés par l'affaire, qu'il s'agisse du fantôme du célèbre assassin, ressuscité d'entre les morts pour venir hanter le quartier de Wall Street, désert la nuit ? Une hypothèse qui exaspère Jude, lui qui sait bien qu'il a affaire à un homme en chair et en os qu'il doit arrêter au plus vite. Quitte pour cela à accepter de collaborer avec la troublante Whitney Tremont, l'agent du FBI qui lui a été envoyé pour l'aider à résoudre l'affaire. Même si Jude ne croit pas un seul instant au don de double vue qu'elle prétend posséder…

Best-Sellers n°560 • suspense

L'ombre du soupçon - Laura Caldwell

Après des mois difficiles durant lesquels elle a été confrontée à la perte d'un être cher ainsi qu'à une déception amoureuse, Izzy McNeil, décidée à ne pas se laisser aller, accepte sans hésiter de devenir présentatrice d'une nouvelle chaîne de télévision. Mais si la chance semble lui sourire à nouveau, il lui reste encore à retrouver sa confiance en elle et à remettre de l'ordre dans sa vie sentimentale. Pourtant, tout cela passe d'un seul coup au second plan quand elle retrouve Jane, sa meilleure amie, sauvagement assassinée. Anéantie, Izzy doit en outre affronter les attaques d'un odieux inspecteur de police qui la soupçonne du meurtre de son amie. Comment se défendre face à ces accusations quand des coïncidences incroyables la désignent comme la coupable idéale – tandis que de sombres secrets que Jane aurait sans doute voulu emporter dans la tombe commencent à remonter à la surface ? Désormais, Izzy le sait, elle est la seule à pouvoir dissiper l'ombre du soupçon.

Best-Sellers n°561 • thriller

L'hiver assassin - Lisa Jackson

Ne meurs pas. Bats-toi. Ne te laisse pas affaiblir par le froid et la morsure du vent. Oublie la corde et l'écorce gelée. Bats-toi. C'est la quatrième femme morte de froid que l'on retrouve attachée à un arbre dans le Montana, un étrange symbole gravé au-dessus de la tête. Horrifiées par cette série macabre, Selena Alvarez et Regan Pescoli, inspecteurs de police, se lancent dans une enquête qui a tout d'un cauchemar, au cœur d'un hiver glacial et de jour en jour plus meurtrier à Grizzly Falls. Au même moment, Jillian Rivers, partie à la recherche de son mari dans le Montana, se retrouve prisonnière d'une violente tempête de neige. Un homme surgit alors pour la secourir avant de la conduire dans une cabane isolée par le blizzard. Malgré son soulagement, Jillian éprouve instinctivement pour cet être taciturne un sentiment de méfiance. Et si ses intentions n'étaient pas aussi bienveillantes qu'il y paraissait ? Et s'il se tramait quelque chose de terrible ? Pour Selena, Regan et Jillian, un hiver assassin se profile peu à peu dans ces forêts inhospitalières…

Best-Sellers n°562 • thriller

Et tu périras par le feu - Karen Rose

Hantée par une enfance dominée par un père brutal – que son entourage considérait comme un homme sans histoire et un flic exemplaire –, murée dans le silence sur ce passé qui l'a brisée affectivement, l'inspecteur Mia Mitchell, de la brigade des Homicides, cache sous des dehors rudes et sarcastiques une femme secrète, vulnérable, pour qui seule compte sa vocation de policier. De retour dans sa brigade après avoir été blessée par balle, elle doit accepter de coopérer avec un nouvel équipier, le lieutenant Reed Solliday, sur une enquête qui s'annonce particulièrement difficile : en l'espace de quelques jours, plusieurs victimes sont mortes assassinées dans des conditions atroces. Le meurtrier ne s'est pas contenté de les violer et de les torturer : il les a fait périr par le feu…Alors que l'enquête commence, ni Mia ni Reed, ne mesurent à quel point le danger va se rapprocher d'eux, au point de les contraindre à cohabiter pour se protéger eux-mêmes, et protéger ceux qu'ils aiment…

Best-Sellers n°563 • roman

La vallée des secrets - Emilie Richards

Si rien ne changeait, le temps aurait raison de son mariage : telle était la terrible vérité dont Kendra venait soudain de prendre conscience. Blessée dans son amour, elle part s'installer dans un chalet isolé au cœur de la Shenandoah Valley, en Virginie. Une demeure héritée par son mari, Isaac, d'une grand-mère qu'il n'a jamais connue, seule trace d'une famille qui l'a abandonné après sa naissance. Dans ce lieu enchanteur et sauvage, elle espère se ressourcer et faire le point sur son mariage. Mais c'est une autre quête qui la passionne bientôt : celle du passé enfoui et mystérieux des ancêtres d'Isaac. Une histoire intimement mêlée aux secrets de la vallée, précieusement protégés par les habitants qui en ont encore la mémoire. Mais qu'importe : Kendra, qui n'a rien oublié de son métier de journaliste, est prête à relever le défi. Car, elle en est persuadée, ce n'est qu'en sachant enfin d'où il vient qu'Isaac pourra construire avec elle un avenir serein…

Best-Sellers n°564 • roman

Un automne à Seattle - Susan Andersen

Quand elle apprend qu'elle hérite de l'hôtel particulier Wolcott, près de Seattle, Jane Kaplinski a l'impression de rêver. Car avec la demeure, elle hérite aussi de la magnifique collection d'art de l'ancienne propriétaire ! Autant dire une véritable aubaine pour elle, conservatrice-adjointe d'un musée de Seattle. Mais à son enthousiasme se mêlent des sentiments plus graves : de la peine, d'abord, parce qu'elle adorait l'ancienne propriétaire de Wolcott, une vieille dame excentrique et charmante qu'elle connaissait depuis l'enfance. Et de l'angoisse, ensuite, parce qu'elle redoute de ne pas être à la hauteur de la tâche. Heureusement, elle peut compter sur l'aide inconditionnelle
de ses deux meilleures amies, Ava et Poppy, qui ont hérité avec elle de Wolcott. Et sur celle, quoique moins chaleureuse, de Devlin Kavanagh, chargé de restaurer la vieille bâtisse. Un homme très séduisant, très viril et très sexy, mais qui l'irrite au plus haut point avec son petit sourire en coin, et son incroyable aplomb. Mais comme il est hors de question qu'elle réponde à ses avances à peine voilées, elle n'a plus qu'à se concentrer sur son travail. Sauf que bien sûr, rien ne va se passer comme prévu…

Best-Sellers n°565 • historique

La maîtresse du roi - Judith James

Cressly Manor, Angleterre, 1662

Belle, sensuelle et déterminée, Hope Matthews a tout fait pour devenir la favorite du roi d'Angleterre, quitte à y laisser sa vertu. Pour elle, une simple fille de courtisane, cette réussite est un exploit, un rêve inespéré auquel elle est profondément attachée. Malheureusement, son existence dorée vole en éclats lorsque le roi lui annonce l'arrivée à la cour de la future reine d'Angleterre. Du statut de maîtresse royale, admirée et enviée de tous, elle passe soudainement à celui d'indésirable. Furieuse, Hope l'est plus encore lorsqu'elle découvre que le roi a mis en place un plan pour l'éloigner de Londres : sans la consulter, il l'a mariée à l'ombrageux et séduisant capitaine Nichols, un homme arrogant qui ne fait rien pour dissimuler le mépris qu'il éprouve pour elle…

Best-Sellers n°566 • historique

Princesse impériale - Jeannie Lin

Chine, 824.

Fei Long n'a pas le choix : s'il veut sauver l'honneur de sa famille, il doit à tout prix trouver une remplaçante à sa sœur fugitive, censée épouser un seigneur khitan sur ordre de l'empereur. Hélas ! à seulement deux mois de la cérémonie, il désespère de rencontrer la candidate idéale. Jusqu'à ce que son chemin croise celui de Yan Ling, une ravissante servante au tempérament de feu. Bien sûr, elle n'a pas l'élégance et le raffinement d'une princesse impériale, mais avec un peu de volonté – et beaucoup de travail –, elle jouera son rôle à la perfection, Fei Long en est convaincu. Oui, Yan Ling est la solution à tous ses problèmes. A condition qu'il ne tombe pas sous son charme avant de la livrer à l'empereur…

Best-Sellers n°567 • érotique

L'emprise du désir - Charlotte Featherstone

Parce qu'il croit avoir perdu à jamais lady Anaïs, la femme qu'il désire plus que tout au monde, lord Lindsay s'est laissé emporter entre les bras d'une autre maîtresse, aussi voluptueuse mais autrement dangereuse : l'opium. Semblables à de langoureux baisers, ses volutes sensuelles caressent son visage et se posent sur ses lèvres, l'emportant vers des cimes inexplorées. Et quand survient l'extase, le rideau de fumée se déchire, et, le temps d'un rêve, il possède en imagination la belle Anaïs. Hélas, pour accéder encore et encore à cet instant magique, Lindsay a besoin de plus en plus d'opium, qui devient vite pour lui une sombre maîtresse, exigeante, insatiable. Alors, le jour où lady Anaïs resurgit dans sa vie, encore plus troublante, encore plus désirable, il comprend qu'il va devoir faire un choix. Car il ne pourra les posséder toutes les deux…

Composé et édité par les
éditions HARLEQUIN
Achevé d'imprimer en mai 2013

BRODARD & TAUPIN

La Flèche
Dépôt légal : juin 2013
N° d'imprimeur : 71933

Imprimé en France